天津市高等职业院校提升办学水平项目建设成果系列教材

计算机联锁系统维护

王素倩　主　编
肖本兔　孙　萍　李丹丹　副主编
穆中华　主　审

中国铁道出版社

2016年·北京

内容简介

本书为天津市高等职业院校提升办学水平项目建设成果系列教材。全书共分为五个项目，分别是：计算机联锁系统认知、TYJL-Ⅱ型计算机联锁系统维护、EI32-JD型计算机联锁系统维护、DS6-K5B型计算机联锁系统维护 和 iLOCK型计算机联锁系统维护。

本书可作为高等职业院校铁道信号自动控制、城市轨道交通信号控制专业教材，也可作为铁道现场技术人员继续教育的培训教材或参考资料。

图书在版编目(CIP)数据

计算机联锁系统维护 / 王素倩主编 . —北京 ：中国铁道出版社，2016.1

天津市高等职业院校提升办学水平项目建设成果系列教材

ISBN 978-7-113-20597-3

Ⅰ.①计… Ⅱ.①王… Ⅲ.①计算机应用—铁路信号—联锁—高等职业教育—教材 Ⅳ.①U284.36

中国版本图书馆 CIP 数据核字(2015)第 162737 号

书　　名：计算机联锁系统维护
作　　者：王素倩　主编

责任编辑：吕继函　　**编辑部电话：**010-63589185-3096　　**电子信箱：**lvjihan@tqbooks.net
封面设计：郑春鹏
责任校对：王　杰
责任印制：李　佳

出版发行：中国铁道出版社(100054，北京市西城区右安门西街8号)
网　　址：http://www.tdpress.com
印　　刷：北京明恒达印务有限公司
版　　次：2016年1月第1版　2016年1月第1次印刷
开　　本：787 mm×1 092 mm　1/16　　**印张：**12.5　　**字数：**320千
书　　号：ISBN 978-7-113-20597-3
定　　价：28.00元

序

为深入贯彻落实《天津市中长期教育改革和发展规划纲要(2010—2020年)》和市政府《关于进一步推进职业教育改革创新的意见》(津政发〔2010〕46号)精神,不断创新高等职业教育办学体制机制,深化教育教学改革,提高人才培养质量和办学水平,全面提升高等职业教育服务经济社会发展能力,加快天津市高水平示范性高等职业院校建设,提升专业服务产业的能力,为天津市经济社会发展和滨海新区开发开放更好的培养高素质高技能人才,天津市政府决定在"十二五"期间,支持我市建设18所高水平示范性高等职业院校(以下简称:示范校)和25个优质特色专业,高等职业院校开展提升办学水平建设。

天津铁道职业技术学院凭借高水平的办学优势和专业定位,被天津市列为18所示范校建设院校之一。学院在示范校建设中各专业依据专业特点和企业要求,深入探索多样化的"工学结合、校企合作、顶岗实习"人才培养模式,形成特色课程体系,以专业为核心,以课程改革为抓手,以教学条件建设为支撑,全面提升办学水平。

天津铁道职业技术学院按照"学院与铁路局(集团)紧密合作,教学系与站段(公司)紧密对接,教学团队(专业)与工区(项目部)紧密对接,教师与工程技术人员紧密对接"的模式开展多层次、紧密型合作办学。以校企合作机制为保障,开发融入职业道德与岗位工作标准的工学结合核心课程,结合天津市经济社会和行业发展特点,校企共同培育满足企业需求、具有可持续发展能力的高技能型专门人才,为了更加有效地实施人才培养模式,制定了融入行业企业标准及岗位工作需求的21门核心课程的课程标准。教材建设正是体现课程标准的有效方式之一。因此,我院在明确高等职业教育人才培养标准和规格的基础上,为了对人才培养提供智力支持,根据人才培养目标的要求,构筑"校企合作,产学结合"的人才培养模式,积极进行课程开发。为此,在院领导大力支持和企业具有丰富实践经验的专家的参与和指导下,我院与生产企业合作开发编写了突出职业能力、注重实践技能培养的系列教材。

本套教材打破了以往学科体系的束缚,具有以下特点:

(1)以项目为导向。本套教材全部采用项目化教学体系,以实际职业岗位为基本出发点,以工作过程为导向,以现场典型真实任务为主要教学内容,充分突出了技能培养。

(2)体现课证融合特色。在学习任务中融入国家职业资格标准的相关内容。

(3)编写内容和组织方式新颖。学习项目和任务附有与教学内容相关的知识、技能目标及相关的案例,以案例引入教学内容,引起学生的学习兴趣。

(4)一体化教学资源配套。充分利用网络等各种信息技术,建设与教材配套的网络资源,把与课程有关的文献资料、电子教案、教学课件、教学视频,与职业资格考试相关的资料及学生与教师的互动等都放到网上,为学生的自主学习提供便利的环境条件,完善教学资源。

编审委员会

2015 年 3 月

前　　言

本书是天津市高等职业院校提升办学水平项目建设成果系列教材，根据当前高职高专学生和教学环境的现状，结合职业需求，采用“工学结合”的思路，基于工作过程、以“任务实做”的形式贯穿全书。全书打破传统的章节编排方式，形式上以任务实做为主，内容上由浅入深，先基础后专业、先实做后理论。

全书采用项目—任务二级结构，对应每一个实做任务，采用“教学做”一体的教学法。围绕工作任务，首先认识计算机联锁系统，再学会操作使用计算机联锁系统，最后具备完成计算机联锁系统维护的能力，从而实现车站与区间维修信号工岗位要求。

本书在内容上力求突出实用、全面、简单、生动的特点。通过本书的学习，使学生接触生产实际，在具备铁路信号基础设备的测试、维护和检修技术的基础上，掌握计算机联锁系统维护设备的基本结构、工作原理、操作使用、检修和故障处理相关知识；具备对计算机联锁系统进行检修作业的能力；具备根据控制台故障现象分析、判断并快速处理计算机联锁系统故障的能力。

学习本书，可使学生具备从事车站与区间维修信号工岗位的技术能力、职业素质及开拓创新能力。依托铁路和城市轨道交通，以计算机联锁系统维护能力培养为主线，以服务为宗旨，以就业为导向，以工学结合为途径，培养德智体美全面发展，能够胜任信号工岗位的“精维修、高技能、高素质”的人才，并考取中级信号工职业资格证书。

本书由天津铁道职业技术学院的王素倩任主编，昆明铁路机械学校肖本兔、北京铁路局天津电务段孙萍、天津铁道职业技术学院李丹丹任副主编，郑州铁路职业技术学院穆中华任主审。其中，项目一、项目三、项目四由王素倩、孙萍、昆明铁路机械学校邓正均编写；项目二、项目五由肖本兔、李丹丹编写。

在全书的编写过程中得到了天津铁道职业技术学院兰天明、王露的大力支持和帮助，在此表示诚挚的感谢。

由于编者水平有限，加之时间仓促，书中错误在所难免，恳切希望读者批评指正。

编　者

2015 年 5 月

目　录

项目一　计算机联锁系统认知

【项目导引】

计算机联锁以计算机为主要技术手段，实现车站各信号设备间的联锁，不仅在功能上可以实现6502电气集中联锁的全部联锁控制功能，而且比继电器联锁系统具有更高的安全性和可靠性，具有占用空间小、技术更先进、能与其他系统（如CTC、TDCS、CTCS等）方便地接口且更经济的优点，是车站联锁设备的发展趋势。计算机联锁系统型号较多，虽各有不同，但在基本结构、功能及工作原理上有很多共性，通过本项目的学习，可以掌握计算机联锁系统的基本结构、功能及工作原理，为快速掌握具体型号的计算机联锁系统的维护方法和技能打下基础。

任　务　计算机联锁系统认知

【知识目标】

1. 了解计算机联锁系统的发展过程。
2. 掌握计算机联锁系统的定义、技术条件、功能及优越性。
3. 掌握计算机联锁系统的硬件结构、组成及作用。
4. 掌握计算机联锁系统接口电路的工作原理。

【能力目标】

1. 能正确从层次结构识别计算机联锁系统的组成及功能。
2. 能正确从冗余结构识别计算机联锁系统的组成及功能。
3. 能正确认知保障计算机联锁系统可靠性、安全性的技术应用。

【相关知识】

车站自动控制系统是保证车站内列车运行安全，提高运输效率的铁路信号设备，它的主要功能是实现对车站内信号机、道岔、轨道电路等基本信号设备的实时控制。为了保证行车安全，车站内信号、道岔、轨道电路等基本信号设备必须遵循一定的条件，按照一定的程序来严格执行动作，称这些条件和程序为联锁，而实现联锁的技术称为联锁技术。由于车站信号控制系统主要是实现联锁功能，所以有时也称车站信号控制系统为车站联锁系统。

目前，我国正在使用中的车站自动控制系统包括：6502电气集中联锁控制系统和计算机联锁系统。

随着微型计算机技术在工业系统中的广泛应用,以及铁路行车速度的提高和密度的增加,对车站作业现代化要求越来越高,于是用计算机技术取代继电电路构成的计算机联锁系统就成为车站联锁系统发展的必然趋势。

一、计算机联锁系统概述

(一)计算机联锁系统的定义

计算机联锁系统是以计算机技术为核心,采用通信技术、可靠性与容错技术,以及“故障—安全”技术实现铁路车站联锁要求的实时控制系统。计算机联锁系统应能满足各种车站(场)规模和运输作业的需要,应保证行车安全,提高运输效率,改善劳动条件,并具备大信息量和联锁能力。

(二)计算机联锁系统的主要技术条件

(1)计算机联锁系统应能满足各种车站规模和运输作业的需要。

(2)计算机联锁系统采用高可靠性硬件和冗余结构,并符合“故障—安全”的原则。

(3)计算机联锁系统系统采用模块化设计,不仅满足各种任务的性能要求,而且便于系统扩展。

(4)计算机联锁系统的各种接口与通道能保证长期使用的高稳定性和高可靠性。

(5)计算机联锁系统内部各模块间安全信息的传输应设置专用通道,构成封闭系统,不应与计算机联锁以外的系统直接连接或通信;与安全有关的接口与通道必须按“故障—安全”的原则进行设计。

(6)计算机联锁系统应能通过外部数据通道或计算机网络与其他信号系统或管理系统连接,并与之交换信息。

(7)计算机联锁系统的软件系统达到软件制式检测要求的可靠性和安全性,所有程序都具备模块化、结构化和标准化的特点。

(8)系统应具有监测、报警、故障记录等功能,可实现车站和控制中心两级维护。

(9)计算机联锁系统设有两路独立电源供电,并且有自动转接的功能,以保证不间断供电。

(10)计算机联锁系统采取了必要的防电磁干扰和防雷措施,以保证在规定严酷性等级的运用环境中,设备都能正常工作。

(11)计算机联锁系统设备的接地电阻不大于 10 Ω,用于防护电子设备的安全保护地线的接地装置其接地电阻值不大于 4 Ω,对于重雷害区,地线设置还采取了特殊措施。

(三)计算机联锁系统与 6502 电气集中联锁系统的关系

计算机联锁系统实际就是将 6502 电气集中联锁控制系统的功能利用计算机技术实现,并采用可靠性、安全性保障技术达到车站联锁系统可靠性、安全性的要求。计算机联锁系统与 6502 电气集中联锁系统关系如图 1-1-1 所示,采用显示器、鼠标等输入/输出设备代替传统的按钮式控制台,实现人机交互;采用上位机代替电气集中联锁的记录、表示灯电路,完成记录、表示功能;采用联锁机代替电气集中联锁的选择组、部分执行组电路,完成的联锁关系判断功能。

由于铁路信号对系统的安全性要求非常高,受到目前国内的计算机联锁系统软、硬件技术平的限制,还不能完全取消继电器。计算机联锁系统还保留了与室外信号设备(转辙机、轨道电路及信号机)控制、监督有关的继电电路。

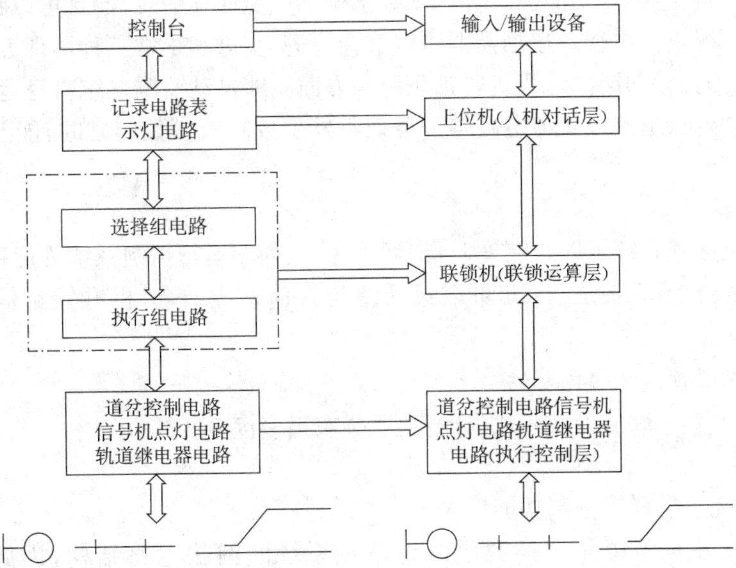

图 1-1-1　计算机联锁系统与 6502 电气集中联锁系统关系图

(四)计算机联锁系统的功能

计算机联锁系统不仅具备电气集中联锁设备的全部联锁控制功能,而且由于采用了计算机技术,还具备一些电气集中联锁设备难以实现的功能。

1. 联锁控制功能

计算机联锁系统具备 6502 电气集中联锁的所有联锁控制功能,主要包括:

(1)进路控制功能。能够实现进路的建立及解除。

(2)信号控制功能。能够实现信号的自动开放、关闭及防止信号因故关闭后的自动重复开放。

(3)道岔控制功能。能够实现对道岔的单独操纵、单独锁闭及单独解锁。

2. 显示功能

计算机联锁系统能够提供非常直观、清晰、形象的各种显示。

(1)站场图形显示:在显示器上,用示意图的形式显示车站站场平面图,并用各种不同颜色、文字表示车站各种信号设备的状态及名称。

(2)按钮操作提示:值班员按下某一按钮后,在显示器上有相应的提示,以确认操作动作是否正确。

(3)系统的工作状态、故障报警显示:在屏幕上,不但能够显示系统的工作状态,而且当系统发生故障时,显示报警提示。

3. 记录储存和故障诊断功能

计算机联锁系统最突出的优点是储存容量大,具有较强的“记忆”功能,系统不但能够及时提供当前的信息显示,而且还能提供历史信息的查询。

(1)自动记录功能。计算机联锁系统能够随时自动记录值班员的操作、现场信号设备的动作、车列的运行情况。上述所有的信息均保存不少于 48 h 或一个月(甚至更长的时间),需要查询设备动作或分析系统的故障时,可随时调用记忆期限内任意时刻的各种信息。

(2)提供图像作业再现功能。计算机联锁系统不但能保存信息,而且可以将记忆期限内任一时间的作业情况重新再现。根据需要可以选择快进、步进和正常三种再现方式。

(3)集中监测报警功能。计算机联锁系统一方面能够自动监测系统自身运行的状况,另一方面,在室外信号机、道岔或轨道电路等信号设备发生故障或参数异常时,能及时给出报警提示,以便及时处理。

4. 结合功能

由于计算机联锁系统可以与调度监督、调度集中、列车运行控制系统等远程自动化系统直接进行数据交换和信息传送,因此可以灵活地与其他系统结合,提升铁路信号系统现代化水平。

(五)计算机联锁系统的优越性

与6502电气集中联锁设备相比,计算机联锁有很多优势。

1. 在技术上

(1)进一步完善了联锁控制功能

由于计算机联锁系统完全摆脱了继电联锁系统的网状电路结构,因此,在技术上能够用较少的硬件投资,充分发挥软件的作用,较容易地克服网状电路难以解决的一些问题。例如,能够防止由于轨道电路分路不良造成的漏解锁;对接近区段小车的跳动,能够防止错误取消进路等。另外,在进路控制方式上,计算机联锁系统为实现进路储存和自动办理创造了条件。

(2)提高了联锁设备的安全性和可靠性

计算机联锁系统可以最大限度地利用软、硬件资源,对直接危及行车安全的联锁逻辑处理和执行表示环节采用冗余及其他容错技术,从而保证整个系统的可靠性和安全性指标比继电联锁系统高。通过理论分析,计算机联锁危险概率比继电联锁小10倍,计算机联锁系统的设计可靠性高于继电联锁10倍。

(3)便于站场的改扩建

计算机联锁系统无论是硬件还是软件均采用标准化、模块化结构。不同规模和作业性质的车站或站场,只需要编制一些站场数据,选用功能不同和数量不等的模块组装即可。当站场有所变更时,计算机联锁系统主要是修改联锁软件,而室内硬件变动很少,即改建周期短,影响运输作业的时间短。

(4)提高了可维护性

与继电联锁系统相比,计算机联锁系统大部分是电子设备,这些电子设备没有机械磨损,大大减少了继电器维修工作量;此外,计算机联锁系统往往具有完善的监测和故障诊断功能,便于维修人员分析查找和及时排除故障。

计算机联锁系统中的联锁功能主要是由软件实现的。我国各种联锁软件制式,都通过了原铁道部特设的“计算机联锁检验中心”的测试。在投入使用前还要经过生产单位测试和工厂测试,以及使用部门的测试。投入使用后,软件不存在磨损、消耗、变质等缺陷。因此,联锁功能是可靠的,几乎不需维护。

(5)具有联网能力

计算机联锁系统便于联网,为铁路信号系统向智能化和网络化方向发展创造了条件。

(6)提供更丰富的信息

计算机联锁系统的信息量非常丰富，为值班员和维护人员提供大量图形、文本、表格等信息。

2. 在经济上

(1)可以降低设备投资成本

随着大规模集成电路的发展，计算机联锁系统的投资将越来越低，与继电联锁相比将更占优势。另外，采用分布式系统结构时，计算机联锁系统可以省去干线电缆，大幅度降低工程造价。

(2)重量轻、体积小，可节省基建费用

计算机联锁系统占地面积小且随车站规模的增大，节省空间更为显著。

(3)计算机联锁系统的标准化程度

计算机联锁系统的标准化程度远高于继电联锁系统，不仅可以缩短设计、制造、施工周期，还有利于降低设计、施工、维护费用，而且减少施工对行车的干扰。

3. 存在问题

虽然计算机联锁系统优势明显，但是也存在如下不足：

(1)应用大量的电子元件，因此电磁干扰及雷害对其影响很大。

(2)核心是计算机，而计算机主要采用集成度高的芯片，一旦出现硬件故障，问题往往会很严重，故障影响面积会很大，甚至系统不能工作。因此计算机联锁系统采用必要的措施提高可靠性，保障安全性。

(六)我国计算机联锁系统的发展现状和趋势

计算机联锁系统始于1978年在瑞典哥德堡投入运用，进入20世纪80年代后，美、日、英、法、德、丹麦、荷兰等国进入试验阶段或开始使用，各国在系统上各有不同的方案。我国第一套计算机联锁系统于1984年在南京梅山铁矿地下运输线正式开通后，陆续在冶金、矿山等铁路试用。1989年中国铁道科学研究院通号所研制的计算机联锁系统首先在郑州北编组站峰尾开通，这是计算机联锁系统应用于国家铁路的开始。在此之后，1993年拉滨线平房站采用了中国铁道科学研究院通号所的计算机联锁系统，1994年浦口交通站采用了通号公司的计算机联锁系统，至此，我国铁路开始在干线采用计算机联锁。

随着与发达国家在计算机联锁技术上的交流增多和计算机技术的发展，我国计算机联锁进入快速发展阶段。1994年原铁道部发布的《铁路主要技术政策》中提出“积极采用微机联锁设备”。根据几年的经验，在“九五”期间原铁道部提出积极稳妥地发展计算机联锁系统的政策，并在“九五”的后期针对计算机联锁系统发展中存在的问题进行了整顿，制定了管理规范。经过审查，明确指定中国铁道科学研究院通号所、北京全路通信信号研究设计院有限公司、北京交大微联科技有限公司和卡斯柯信号有限公司四家为计算机联锁系统的研制单位；指定上海设备通信有限公司、北京铁路信号有限公司、沈阳铁路信号有限责任公司和成都铁路通信设备有限责任公司为计算机硬件生产厂家。自整顿后，使我国的计算机联锁系统的研制、使用进入到了健康有序的发展阶段。这四家研制单位相继开发出具有不同特点的单机、双机热备、三取二和二乘二取二等不同结构的计算机联锁系统，至此计算机联锁系统在铁路系统中广泛应用。为了加快铁路现代化建设，在原铁道部“十五”科技发展技术政策中明确规定要积极发展计算机联锁，在此期间，车站计算机联锁系统获得了更快的发展，计算机联锁系统可靠性、安全性进一步提高，进入了以技术为依托，面向市场和服务，从实现功能到完善拓展功能，从单站联锁到一体化、区域化等扩大应用的新的发展阶段。这个阶段的计算机联锁系统发展有以下几个特点：

(1)随着计算机联锁系统大面积推广使用，铁路相关单位和人员对计算机联锁的认识逐渐深入，计算机联锁系统已经被广为接受，为计算机联锁系统的发展奠定了扎实的市场基础。

(2)计算机联锁系统本身的可靠性、安全性、可维护性、可用性等越来越高，性能逐渐增强，功能逐渐完善，目前，已完全能够满足中国铁路各种站场规模和运输作业的需要。

(3)计算机联锁，系统向多制式方向发展，在路内投入使用的计算机联锁系统有双机热备、三取二、二乘二取二等三种制式，能满足不同线路、不同工程和不同用户的需要。

(4)各种型号的计算机联锁系统均配备有电务维修系统、远程诊断系统，为计算机联锁正常稳定运行提供保障。

(5)在继承现有计算机联锁系统优点、特点的基础上，研究铁路信号控制新技术，积极开发新一代计算机联锁系统，努力拓展计算机联锁系统的功能，以适应铁路信号控制现代化、铁路管理信息化建设、铁路跨越式发展的需要。比如：具有区域控制能力的计算机联锁系统的研究；联锁、列控一体化安全控制系统的研究；车站进路电码化计算机控制系统的研究；与计算机联锁系统结合的现代化行车调度指挥系统的研究；高速铁路计算机联锁系统的研究等。

(6)建立了计算机联锁系统检测制度。铁路总公司电务局在原上海铁道大学建立了计算机联锁检验站，以技术手段加强计算机联锁系统软件安全的检测。除此之外，对要投入使用的所有计算机联锁产品的联锁软件，在出厂前均要经过详细完备的功能测试。通过制式测试和出厂功能测试，有效地保证了计算机联锁产品的质量。

随着新型技术的不断涌现，以及现代化铁路的发展需求，车站计算机联锁系统将朝着以下几个方面发展：

(1)向高可靠性与高安全性方向发展

利用可靠性、安全性保障技术对计算机联锁系统的结构进行优化，使得计算机联锁系统不断向高可靠性、高安全性方向发展，尤其是采用二乘二取二冗余结构的计算机联锁系统，其核心设备是具有“故障—安全”特性的计算机，因此它是未来计算机联锁系统发展的方向。

(2)向全电子化方向发展

目前广泛使用的计算机联锁系统其执行部分仍然采用继电电路。而电子单元具有体积小、功能强大等特点，便于组网、远程管理和远程诊断，还可以为铁路自动化、信息化提供基础信息。因此，取消继电器、实现全电子化控制，是我国计算机联锁系统发展的一个方向。

在国外，只有西门子、ABB京山、瑞典等少数国家有全电子计算机联锁技术。国产车站全电子计算机联锁系统研制始于1996年，1999年纳入原铁道部“铁路科技发展计划项目”，“计算机联锁智能型全电子信号道岔控制一体化的研究”由兰州交通大学主持，中国铁道科学研究院、郑州铁路局参与该项目的研究，并于2000年1月通过原铁道部技术审查。全电子计算机联锁系统2002年通过甘肃省技术成果鉴定；2003年列入科技部国家科技成果重点推广项目计划。该系统从2001年开始，就先后在信阳电厂、襄樊北机务段整备场投产使用。2003年11月，区域全电子计算机联锁系统在洛阳石化工业站及装卸站开通投产使用。随着技术的进一步完善和产品质量的不断提高,全电子计算机联锁系统会得到更广泛的应用。

(3)向站区一体化、区域化的方向发展

站区一体化、区域化信号安全技术代表了当今世界铁路信号安全控制技术的发展方向,并已在法、日、德、意等铁路发达国家得到实际应用。它是我国既有线提速、客运专线、高速铁路、地铁、城市轻轨交通建设所急需的信号安全控制技术。随着我国计算机联锁技术、列控技术的进步,以及网络通信技术、数字信号处理技术的飞跃发展,大大推动了计算机联锁系统一体化、区域化的发展进程。计算机联锁系统可以通过各种制式的通信网络实现多层次控制,使控制范围扩大,即可由一个枢纽站控制周边的若干站及区间的道岔控制点,既优化了控制,又减少了投资和运营成本。如由中国铁道科学研究院研制的 ZQY-Ⅰ型站区一体化信号安全控制系统,就可实现对多个站区的控制,即完成站区一体化、区域控制的功能。

(4)向信息化、智能化和综合自动化的方向发展

随着我国列车运行控制系统的发展,我国已经形成由调度集中系统、列车运行控制系统和计算机联锁系统构成的综合自动化铁路信号系统。由此可见,计算机联锁系统本身将不再是一个孤立的车站信号联锁设备,而是综合调度指挥控制系统的一个重要组成部分,是具有多种功能和安全保证的调度指挥系统的一个基础设备。综合型铁路信号系统的发展与完善,为进一步保证行车安全和提高行车效率创造条件,同时也使铁路信号进入智能化、网络化技术新时代。

二、计算机联锁系统的硬件组成及基本工作过程

计算机联锁系统由室内计算机联锁控制设备和室外现场信号设备组成,室内计算机联锁控制设备根据联锁制约关系,控制室外信号设备(转辙机、轨道电路及信号机)动作,保证列车在车站范围内的运行安全。这里讲的计算机联锁系统多指室内联锁控制设备。目前,我国铁路使用的计算机联锁系统绝大多数都是通过继电电路来实现对室外信号设备的控制。因此,计算机联锁系统实际是通过控制继电器实现对现场信号设备的控制。

(一)计算机联锁系统硬件组成

计算机联锁系统是实现车站联锁控制功能的计算机控制系统,因此它符合一般计算机控制系统的硬件组成,即由控制计算机系统、外部设备、"故障—安全"的输入/输出接口、继电结合电路组成。

1. 控制计算机系统

控制计算机系统也称联锁控制计算机系统,它是计算机联锁系统的核心,完成联锁控制、记录显示、故障诊断、结合及执行控制等功能。为了安全、高效的完成所有功能,目前联锁控制计算机系统采用多机分布式系统结构由多台计算机分别实现不同的功能。联锁控制计算机系统由人机对话计算机、联锁运算计算机、执行控制计算机、电务维修机及实现它们之间信息传送的通道组成。计算机联锁系统硬件组成如图 1-1-2 所示,各部分的功能介绍如下:

(1)人机对话计算机

也称上位机、操作表示计算机、控显计算机、监视控制机等,主要功能:一是接收车务人员的操作命令,将操作信息传送给联锁运算机;二是接收来自联锁运算机的状态和提示信息等,

向车站值班员提供表示及报警信息；三是将各种表示、状态、报警信息及时转发给电务维修机及其他结合设备。

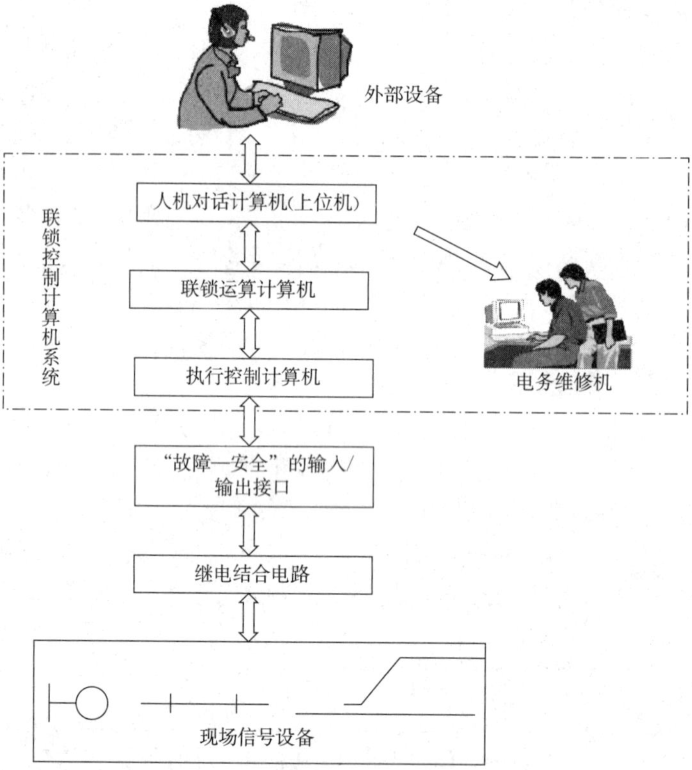

图 1-1-2　计算机联锁系统硬件组成框图

(2)联锁运算计算机

也称下位机、联锁机。联锁运算计算机主要功能：一是接收人机对话计算机传送的操作命令；二是接收执行控制计算机采集的现场信号设备的状态信息；三是对输入的信息进行联锁逻辑运算；四是把联锁逻辑运算结果形成控制命令传送给执行控制计算机；五是将执行控制计算机采集的现场信号设备的状态信息传送给人机对话计算机。

(3)执行控制计算机

也称驱采计算机、电子终端等，有些型号的计算机联锁系统将这一部分功能纳入联锁运算计算机，而没有专门设置执行控制计算机。

执行控制计算机主要功能：一是通过“故障—安全”的采集(输入)接口电路采集相关继电器状态，形成现场信号设备状态信息传送给联锁运算计算机；二是将联锁运算计算机传送来的控制命令，通过“故障—安全”的驱动(输出)接口电路及继电结合电路控制现场信号设备动作。

(4)电务维修机

也称监测机，它是专门为电务维修人员配备的计算机，其主要任务是：接收人机对话计算机发来操作信息、提示信息、系统状态报警信息及现场信号设备的状态信息等，帮助电务维修人员维护、维修设备。

(5)通道

计算机联锁系统的通道指计算机联锁系统内部各组成部分之间信息交换的通信线路,以及计算机联锁系统与外部设备之间的通信线路。

计算机联锁系统采用多机分布式控制结构,由多个子系统组成,各子系统内部及各子系统之间都要进行大量的信息交换,通道是实现联锁控制系统间信息交换的纽带。目前,计算机联锁系统主要采用内部总线、外部通信总线、现场总线、工业网络等方式实现计算机系统间及计算机系统和外部设备间的信息传输。

2. 外部设备

外部设备指的是计算机联锁系统的人机接口设备,即控制台。目前主要使用分离式控制台,也就是显示和操作相分离,操作设备主要采用按钮盘或数字化仪、鼠标等,显示设备有大屏幕显示器或大屏幕表示盘。此外计算机联锁系统也可以采用数字化按钮式控制台。

3."故障—安全"的输入/输出接口

采用计算机为核心设计的计算机联锁控制系统只能接收、处理和输出数字信号,而计算机联锁系统要实现对车站信号设备的控制实际上是通过控制继电器来实现的,继电器本事并不是数字产品,因此必须将继电器的状态,按数字信号的形式送入计算机,还要把计算机联锁系统逻辑运算的结果变换为能驱动继电器的模拟量输出给继电器。所以,在计算机联锁系统和继电结合电路之间,必须设置信息传递和变换装置,同时要求信息传递和变换过程满足符合"故障—安全"的原则,这就是"故障—安全"的输入/输出接口电路的作用。

4. 继电结合电路

目前,我国计算机联锁系统对室外信号设备还是通过继电电路完成控制功能的。其中采用轨道电路占用情况反映进路空闲与否;采用轨道继电器的状态来反映轨道电路占用情况,保留信号点灯电路用的继电电路实现指挥列车运行;沿用道岔控制电路实现对道岔位置的监督和控制。

(二)计算机联锁系统的基本工作过程

下面以实现建立一条接车进路为例,描述计算机联锁系统基本工作过程。

车站值班员通过控制台输入设备按压相应进路按钮办理一条接车进路后,联锁系统的工作过程如下:

首先人机对话计算机接收到车站值班员的操作先分析判断该操作是否正确,如果正确则形成操作命令并传送给联锁运算计算机;如果不正确则形成操作错误提示信息通过显示器告知值班员。由于联锁运算计算机早已通过执行控制计算机获得了,由"故障—安全"的输入接口电路采集的现场信号设备的状态信息,联锁运算计算机根据这些输入信息按照联锁关系的要求判断道岔是否能动作、信号是否能开放,如果判断能,则联锁运算计算机将运算结果形成控制命令传递给执行控制计算机,再通过"故障—安全"的输出接口电路转换成能驱动相关继电器动作的电信号,控制现场信号设备动作,同时联锁运算计算机将上述过程中所有操作、表示、设备状态及故障等信息传递到人机对话计算机中,人机对话计算机通过控制台输出设备显示器告知车站值班员,将与维护有关的信息传递到电务维修机,帮助电务人员了解计算机联锁系统的工作情况;如果判断不能,则联锁运算计算机将判断结果、原因通过人机对话计算机传递到控制台告知车站值班员。计算机联锁系统的基本工作过程如图 1-1-3 所示。

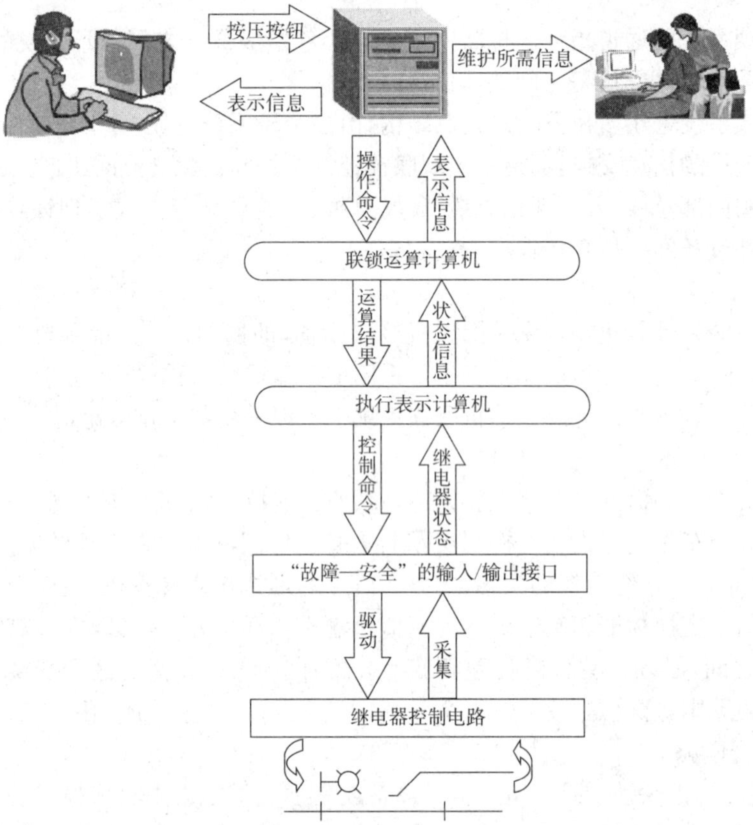

图 1-1-3　计算机联锁系统的基本工作过程

三、计算机联锁系统的结构

目前铁路使用的计算机联锁系统由 4 家科研单位研制生产，各厂家又有不同型号的产品，这些计算机联锁系统由于设计方法不同，所采用的硬件设备也各不相同。即使同一种型号的设备，由于其控制的车站规模不同，所需要的硬件数量也不相同。但不同型号联锁设备其基本功能和基本任务大致一样，因此可以从层次结构和冗余结构两个角度来了解它们。

（一）计算机联锁系统的层次结构

计算机联锁系统采用分散式控制结构。所谓层次结构，就是按照进路控制功能实现的过程来描述系统的结构。计算机联锁系统按照从操作到进路控制实现过程，可以将计算机联锁系统分为人机对话层、联锁运算层和执行控制层。计算机联锁系统的层次结构如图 1-1-4 所示。

1. 人机对话层

人机对话层包括：控制台、人机对话计算机、电务维修机。它是车站值班员、电务维修人员操作使用联锁系统实现人机交互功能的一层。

2. 联锁运算层

联锁运算层也称联锁层，包括：联锁运算计算机、执行控制计算机（有些型号的计算机联锁系统没有，其功能由联锁运算计算机实现）。

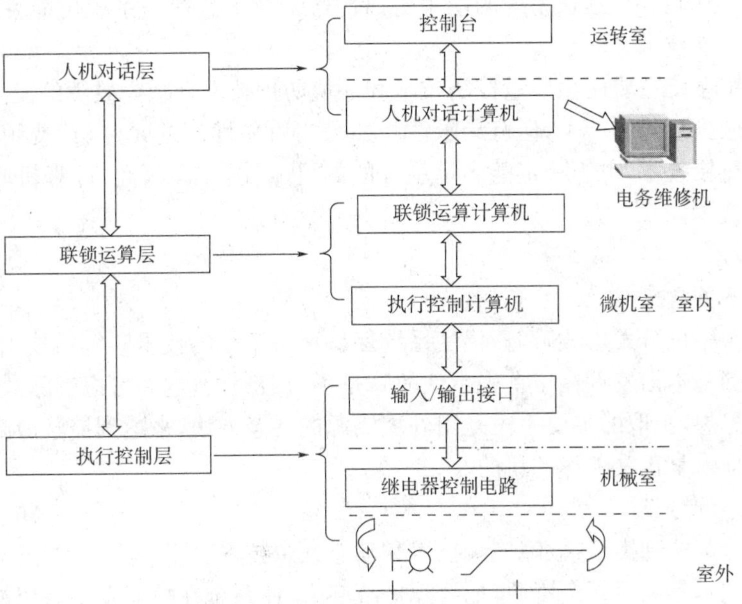

图 1-1-4 计算机联锁系统的层次结构

联锁运算层是联锁系统的核心,它是系统中实现联锁功能的一层。联锁层设备处理的都是二值逻辑信息,大多设在车站信号楼的机械室内,有些车站机械室内还专门为电子设备设有微机室。

3. 执行控制层

执行控制层包括:"故障—安全"的输入/输出接口、继电结合电路。它是完成对室外信号设备状态采集和动作控制的一层。执行控制层的设备虽多设在信号楼的机械室内,但从原理上讲,也可设于现场信号设备附近,这样可以缩短与控制设备之间的连接电缆,有利于提高电缆抗干扰程度。

室外现场信号设备主要包括:轨道电路、转辙机及信号机等信号设备。

(二)计算机联锁系统的冗余结构

计算机是构成计算机联锁系统的核心设备,其本身不具备"故障—安全"的特性,其可靠性和安全性不能满足铁路车站信号设备的技术要求,因此必须要采用可靠性与安全性保障技术来实现计算机联锁系统可靠性、安全性的要求。

1. 系统的可靠性与安全性技术基础

系统的可靠性是指在规定的条件(或环境)下、规定的时间内,系统完成规定功能的概率。

系统的安全性是指当系统的任何部分发生故障时,其后果不会导致人身伤亡或财产重大损失的性能。度量系统安全性的技术指标是系统产生不安全性输出的平均间隔时间。

为了提高系统的可靠性与安全性指标,人们在长期的研究中发展了两类技术,即避错技术和容错技术。

(1)避错技术

防止和减少故障发生的技术。避错技术的基本着眼点是通过质量控制(如设计审核、元件筛选、测试等)、环境保护(如对外部干扰采取屏蔽)和减载使用等措施设法消除产生故障的原因，从而防止故障的发生，延长系统的使用寿命。避错技术是提高系统可靠性的第一道防线，是必不可少的常规技术。

计算机联锁系统主要使用质量控制技术和环境防护技术来减少故障的发生。虽然避错技术可以防止和减少故障的产生，但有局限性。如采用可靠性高的元件，其费用将急剧上升，而且即便采取了避错技术，也不一定能满足系统的的可靠性要求，因此，计算机联锁系统还必须广泛采用容错技术。

(2)容错技术

①容错技术的含义

当系统的某一部分发生故障时，仍使系统保持正常工作的技术叫容错技术。

容错技术的基本出发点在于首先承认故障是不可避免的，进而考虑解除故障影响的措施。为了实现这一思想，采取的主要手段是用外加资源的冗余方法，来达到掩蔽故障影响或使系统从故障状态重新恢复正常工作的目的。

②容错技术的分类

容错技术分为两种类型：故障掩蔽技术和动态冗余技术。

故障掩蔽技术是利用冗余资源，把故障掩蔽起来，使系统在故障发生后仍能持续工作的一种技术。因故障掩蔽技术在故障发生后并未能使系统的结构有所改变，所以又称这种技术为静态冗余技术。

动态冗余技术是当故障检测技术发现系统内部发生故障时，通过系统内部的一次重组来切除和替换故障部件，在重组过程具有动态性质，所以称这种容错技术为动态冗余技术。

③实现容错技术的主要方法

容错技术是建立在冗余技术基础之上的，是依靠增加相同性能模块来提高系统可靠性、安全性的一种技术手段。由于外加资源的不同，冗余技术分为硬件冗余、软件冗余、时间冗余和信息冗余。

a. 硬件冗余

硬件冗余是通过外加硬件的方式来达到系统容错目的的冗余方式。

硬件冗余技术分为硬件重复冗余和待机储备冗余两种。硬件重复冗余广为采用的方法是用两倍、四倍甚至更多的元件堆积重复，相互并联，从而增加了系统的可靠性。其物理域的恢复作用是自动的，即不需要单独的检测，但每一次的失效将削弱防卫能力，在逻辑域可采用多数表决方案，如三模冗余、N 模冗余、分段冗余、修复机构等。计算机联锁系统常用的有双机并用、三机表决系统。

待机储备冗余技术采用“$m+1$”冗余方式，系统中共有“$m+1$”个模块，其中只有一个模块处于工作状态，其余 m 个模块都处于待命接替状态。一旦工作模块出了故障，立即切换到待机储备模块，当换上的模块发生故障时，再切换到下一个待机储备模块，直到“$m+1$”个全部发生故障，系统才出现故障状态。显然，这种系统比单一模块系统的可靠度高很多，但必须具备故障检测能力和切换装置。

b. 软件冗余

软件冗余技术是针对软件的容错设计，其主要目的是提供足够的冗余信息与算法程序，使系统在实际运行过程中能够及时发现程序错误，采取补救措施，保证整个程序的正确运行。

c. 时间冗余

时间冗余是通过消耗时间资源来达到容错目的的，常用的有指令复执和程序卷回。

d. 信息冗余

信息冗余是靠增加信息的多余度来提高可靠性的，一般是采用编码技术，构成各种纠错码，利用这些纠错码，可使信息在传输、运算和处理过程中的错误得以自动校正。

2. 系统的可靠性、安全性冗余结构

计算机联锁系统在采用避错技术的基础上综合运用各种容错技术，来满足系统高可靠性和安全性的要求。下面首先分析一下如何利用冗余技术改变系统结构，提高系统的可靠性及安全性。

(1)系统可靠性冗余结构

可靠性冗余结构是为了使系统的可靠性指标达到或超过目标值而采取的冗余结构，其结构如图 1-1-5 所示。

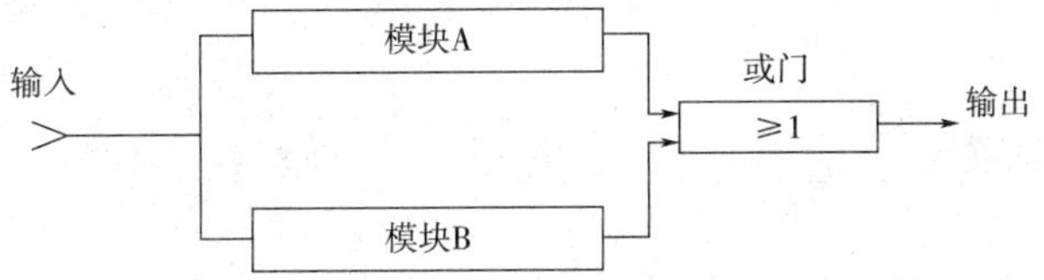

图 1-1-5　可靠性冗余结构

可靠性实际就是要保证系统不间断工作，而可靠性冗余结构就是采用两个一模一样的模块 A 和模块 B 经或门输出，两个模块只要有一个模块正常输出即可保证整个系统不停机，因此提高了系统工作的可靠性。

(2)系统安全性冗余结构

安全性冗余结构是为了使系统的安全性指标达到或超过目标值而采取的冗余结构，其结构如图 1-1-6 所示。

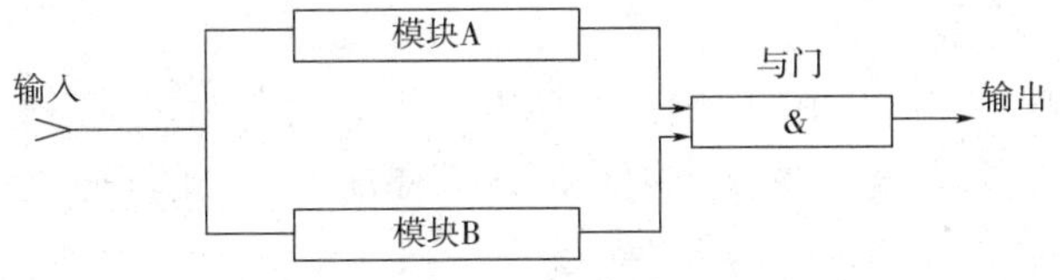

图 1-1-6　安全性冗余结构

安全性是衡量系统故障的后果，那么要想提高安全性首先要发现系统故障，然后降低或杜绝不安全性的输出，从而保证系统的安全性。安全性冗余结构就是用两个相同模块 A 和模块 B 同步工作，经与门比较它们的输出。如果输出不一致说明系统有故障，这时使系统输出导向安全，从而提高了系统工作的安全性，减少了危险侧输出的概率。

3. 系统冗余结构在计算机联锁系统中的应用

计算机联锁系统是保障列车在车站范围内运行安全的设备，因此要求联锁设备本身必须具备高可靠性和高安全性。计算机联锁系统是一个由多台计算机构成的分布式计算机控制系统，不同地位的计算机其可靠性和安全性要求不同，下面就按其层次结构说明每层设备采用的冗余结构。

(1)人机对话层冗余结构

人机对话层由人机对话计算机和电务维修机组成。

电务维修机只为电务维修人员提供查看系统工作状态信息、表示信息、故障信息等帮助，不涉及行车安全，因此计算机本身的可靠性和安全性已经能满足需要。

人机对话计算机主要处理车站值班员的按钮操作信息和联锁系统的各种表示信息，这些信息不涉及行车安全，但影响车站作业效率，因此不要求该机具有“故障—安全”的特性，只要提高它的可靠性就可以了。

人机对话计算机通常采用双机热备可靠性冗余结构，如图 1-1-7 所示。

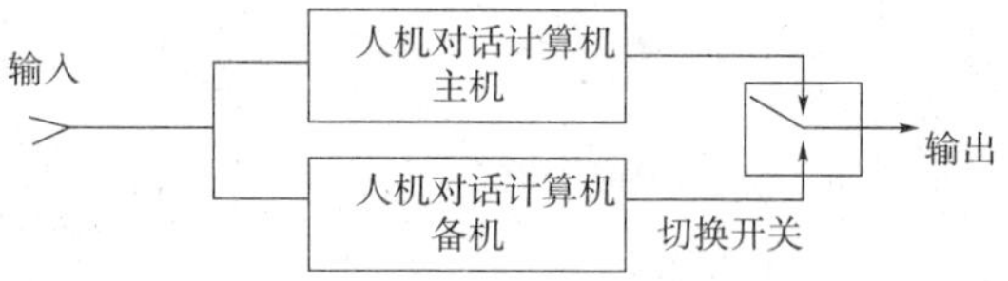

图 1-1-7　人机对话计算机的冗余结构

(2)联锁运算层的冗余结构

联锁运算层包括联锁运算计算机和执行控制计算机(有些型号的计算机联锁系统将它归为执行控制层设备)。

对于联锁运算层来说，由于所处理的状态信息和控制命令均是涉及行车安全、影响作业效率的信息。因此，不仅需要采取可靠性冗余结构以提高它的可靠性，而且还要采取安全性冗余结构来确保它具有“故障—安全”的特性。常见三种冗余结构形式如下：

①双机热备冗余结构

图 1-1-8 是双机热备冗余结构框图，图中的联锁 A、B 机是两台完全相同的计算机，其中一台处于在线运行状态，它的输出通过切换开关引向外部，称之为主机或工作机；另一台处于待命接替状态，称为备用机(简称备机)。由故障检测机构对系统的运行进行检测，当主机运行发生故障时，通过控制切换开关切除主机，并将备用机状态输出，从而保证系统不间断工作，提高系统的可靠性。

每一台联锁机中安装两套功能相同但实现方法不同的联锁运算软件，它们采用安全性冗余结构，保证联锁机具备“故障—安全”的特性，从而提高了系统的安全性。

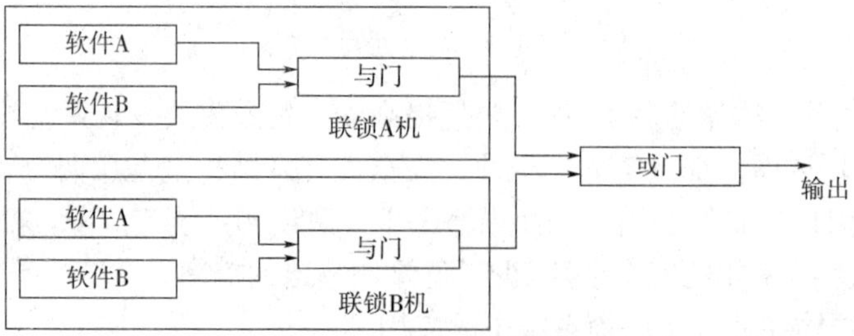

图 1-1-8　双机热备冗余结构框图

双机热备系统的工作方式为：根据开机顺序，首先投入运行的自动为工作机，后投入的为热备机；工作机运行中发生故障后自动退出运行状态，热备机自动转为工作机。因此热备双机有三种状态:停机状态、主机状态、热备状态。

故障检测是实现双机热备冗余工作的保障,故障检测的原理和方法是多种多样的,常用的检测方法有比较法、自诊断法、比较—自诊断法、监督定时器法(或称看门狗法)。

双机热备系统大多采用比较法进行故障检测,自诊断法进行故障定位。因此要求主、备双机必须同步工作,只有同步进行双机状态比较才有意义,才能判断是否有故障,同步的另一种含义是让备机及时了解工作机的运行状况,因此需要在主、备双机之间建立通信联系,使双机工作状态完全一致,以便工作机发生故障而终止输出时,备机能实现无缝切换。

双机同步可采用指令级同步,也可依据计算机外部事件同步,在此是引用两机间的“定点”通信“信号”来实现双机同步的。后者较指令级同步实现起来容易。双机通信周期和系统联锁程序循环周期相同,每隔一定的时间间隔即联锁程序扫描一个周期双机相互握手通信一次,确定双机的工作状态。双机热备系统同步过程如图1-1-9 所示。

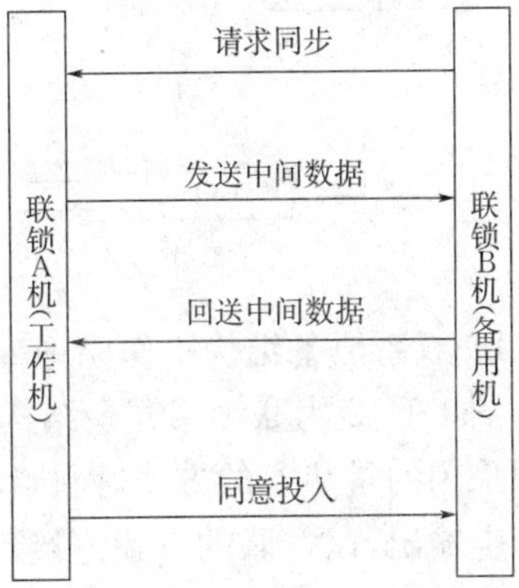

图 1-1-9　双机热备系统同步过程图

②二乘二取二冗余结构

“二取二”是指在每一套联锁子系统都由两套计算机系统 A、B 按安全性冗余结构构成,只有 A、B 两个系统同时正常工作时,系统Ⅰ或系统Ⅱ才能有输出,从而提高了系统的安全性,让联锁子系统具有“故障—安全”的特性。

“二乘”是指用两套完全相同的二取二子系统构成双机并用或热备系统的可靠性冗余结构。系统Ⅰ或系统Ⅱ只要有一个系统正常工作即可保障整个系统正常工作,从而提高了系统的可靠性。

每一子系统内部为安全性冗余控制,两子系统形成可靠性冗余控制,这样,既提高了系统的可靠性,又提高了系统的安全性。二乘二取二冗余结构如图 1-1-10 所示。

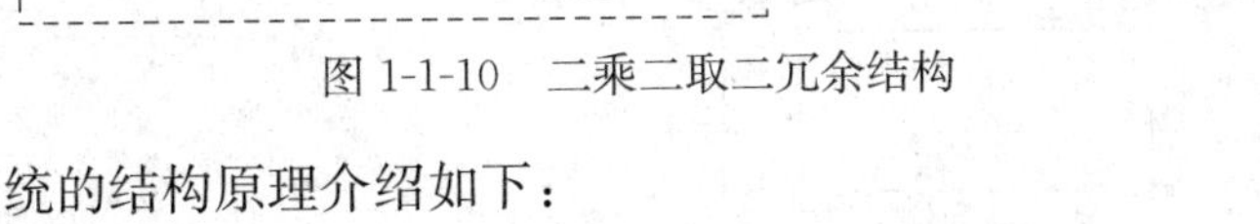

图 1-1-10　二乘二取二冗余结构

二乘二取二系统的结构原理介绍如下:

a.“二取二”CPU 电路工作原理

图 1-1-11 为“二取二”CPU 电路原理图。在每套联锁子系统中有两个 CPU,两个 CPU 的硬件、软件完全相同。两个 CPU 的运算结果经比较回路检查,一致后形成有效的输出,否则无输出电源,使安全得到最有效的保证。

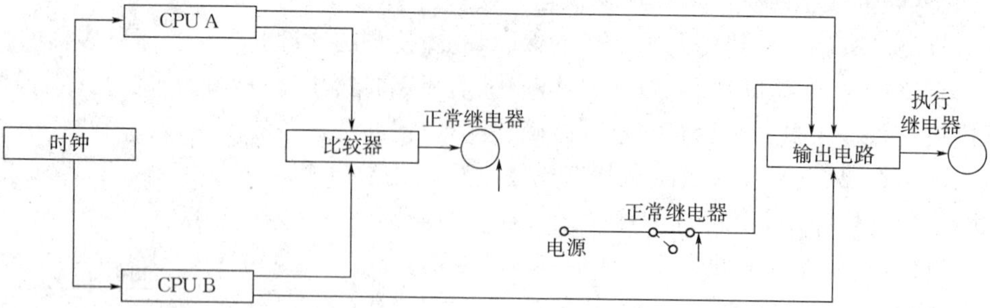

图 1-1-11 “二取二”CPU 电路原理图

b. 双系热备结构工作原理

图 1-1-12 为联锁层冗余结构示意图，联锁机和执行控制计算机构成双机切换模式，双系之间采用的是热备的方式，而执行控制计算机则采用双系并用的冗余结构，双系同时工作，同时产生输出，以并联的方式连接到被驱动的继电器上。

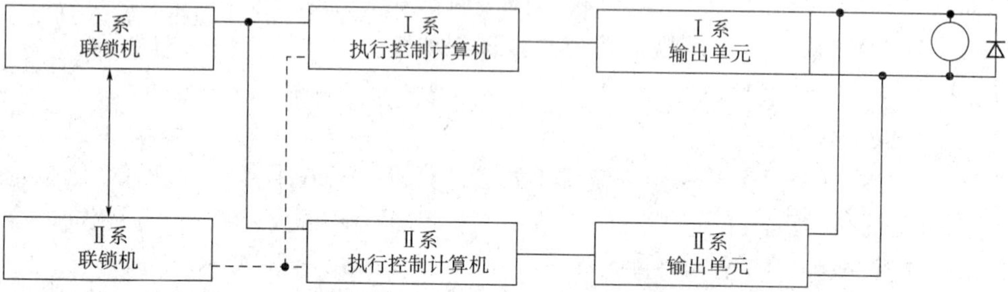

图 1-1-12 联锁层冗余结构示意图

双机热备冗余结构系统的可靠性是靠硬件冗余实现的、安全性是靠软件冗余实现的，而二乘二取二冗余结构的可靠性与安全性都是靠硬件冗余实现的，因此可靠性和安全性更高。

③三取二冗余结构

三取二冗余结构也称三机表决系统，图 1-1-13 是三取二冗余结构框图，系统共有 A、B、C 三个相同的主机，每个主机可以把它看成是系统中的一个模块。三个模块执行相同的操作，其输出送到表决器的输入端，将表决器的输出作为系统的输出。

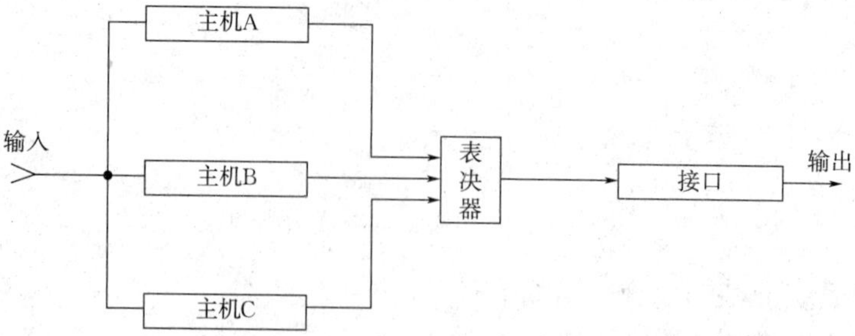

图 1-1-13 三取二冗余结构框图

三机表决系统首先承认“多数模块的输出是正确的”，按照“少数服从多数”的原理，用三取二的表决结果作为系统的正确输出。这样有一个模块发生故障，不影响系统的输出。可以屏蔽任何一个模块的故障对系统的影响。

三机表决系统是利用故障掩蔽技术组成的冗余结构，称这种冗余方式为静态冗余。这种方式既提高了系统的可靠性，又提高了系统的安全性。但由于增加了系统的硬件，使系统的造价也相应提高了。

应当指出，当两个模块发生共模故障时，表决器将输出故障的结果。设计时，可以采用单机自检或主机间互检的方法，消除共模故障。

(3)执行控制层

执行控制层包括继电结合电路和“故障—安全”的输入/输出接口电路。

①继电结合电路

目前，在计算机联锁系统中继电结合电路沿用了6502电气集中联锁系统的控制电路。对信号、道岔、轨道电路的控制及状态采集都是利用安全型继电器来实现的，因此可靠性、安全性都符合要求。

②“故障—安全”输入/输出接口电路

“故障—安全”输入/输出接口电路采用双电路或多电路并用的可靠性冗余结构保障可靠性指标；采用“故障—安全”的设计方法，保障接口电路的安全性指标。提高安全性的关键是对电路断线和混线(短路和电源接地)故障检测，只有发现故障才能使输出导向安全。

为了检测出断线故障和混线故障，“故障—安全”输入/输出接口电路采用闭环动态的电路设计，闭环电路设计能快速检测出断线故障，而动态电路设计可以检测出混线故障。

a.“故障—安全”输入接口电路

“故障—安全”输入接口必须做到以下两点：采用光电隔离技术、采用动态输入方式。

以采集轨道继电器的状态为例说明动态“故障—安全”输入接口电路工作原理，如图1-1-14所示。图中用了两个光电耦合器 G_1 和 G_2。G_1 的输入级和 G_2 的输出级串联。G_2 导通时，由GJ前接点控制 G_1 的导通与截止。G_2 的输入级由计算机的输出口控制它的通断，G_1 的输出则接向计算机的输入口。在GJ前接点闭合的情况下，若计算机输出高电平“1”信号，则使 G_2 导通，从而使 G_1 亦导通。于是 G_1 输出端输出一个低电平“0”信号送入计算机。反之，若计算机输出一个低电平“0”信号，则 G_2 截止，G_1 亦截止，读入计算机的则是高电平“1”信号。因此，计算机的输入/输出互为反向关系。

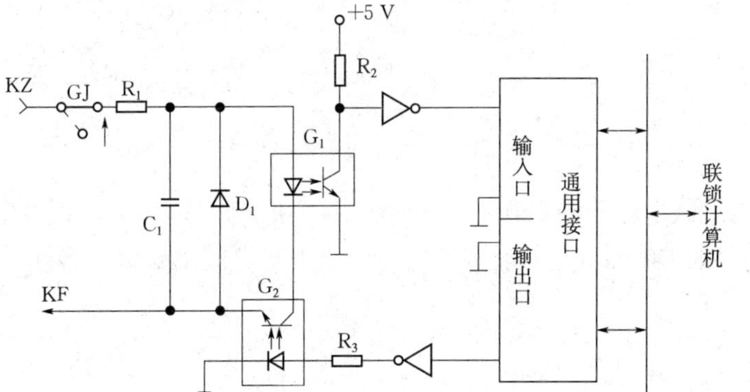

图1-1-14　“故障—安全”的输入接口电路工作原理图

当系统需要采集 GJ 的状态信息时，由计算机输出脉冲序列，例如“1010”，在 GJ 前接点闭合（危险侧）且电路未发生故障的情况下，返回计算机的必然是反向脉冲序列“0101”；而当 GJ 落下（安全侧）或电路任何一点发生故障时，G_2 的输出端必然呈稳定电平（“1”或“0”）。计算机读入该稳定信号，则表明收到了安全侧信息，从而获得 GJ 的两种状态信息。

动态输入采集接口，从计算机输入/输出的关系看，实际上是一个闭环动态脉冲电路。它是通过计算机校验输入代码是否畸变来判断输入电路是否故障，从而实现“故障—安全”。

b.“故障一安全”输出接口电路

“故障—安全”的输出接口电路也采用闭环动态电路设计，即用闭环动态的控制命令作为条件来控制继电器励磁。

图 1-1-15 是“故障—安全”输出接口电路工作原理图，其工作原理是：在电路正常情况下，当计算机没有控制命令输出时，A 端为低电平，光电耦合器 G_1 截止，由控制电源经由 R_2、D_1 和 D_2 向电容器 C_1 充电。当充电电压接近电源电压时，充电过程结束，此刻电路处于稳态。由于 R_3、C_2 没有电流流过，电容器 C_2 两端没有电压，此时偏极继电器 J 处于释放状态。当有控制命令输出时，传送到 A 端的则是脉冲序列。当 A 端处于高电位时，G_1 导通，电容器 C_1 放电，C_1 放电的电流一方面通过 G_1 的集—射极、偏极继电器 J 的线圈，以及 D_3 形成回路，使 J 吸起；另一方面经 R_3 向电容器 C_2 充电。当 A 端由高电平变为低电电平时，G_1 又重新截止，电容器 C_1 恢复充电。此时靠 C_2 放电维持 J 不落。这样，在脉冲序列作用下，随着 A 端电平的高低变化，G_1 不断地导通截止，C_1 和 C_2 也就不断地充放电，使继电器 J 励磁并保持吸起，直到 A 端无控制命令（脉冲序列）输入，G_1 截止，C_2 得不到能量补充，待其端电压降到继电器落下值时，J 才失磁落下。该电路不仅能防止一两个脉冲的干扰而使继电器误动，同时由于 J 使用偏极继电器，能够鉴别电流方向，还可以防止当 C_1 和 D_3 都击穿时造成继电器错误吸起。

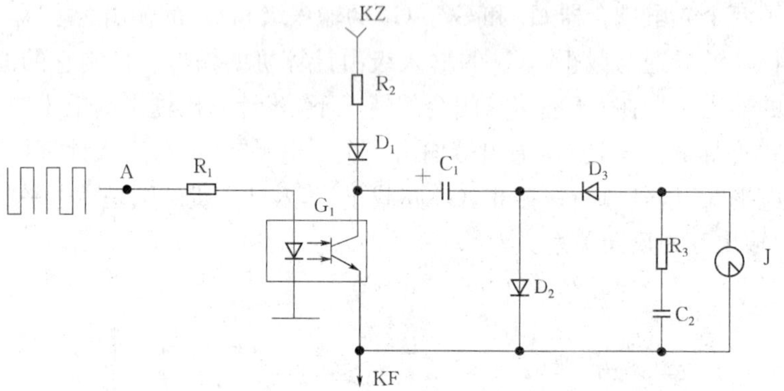

图 1-1-15 “故障—安全”的输出接口电路工作原理图

当没有控制命令或电路任意故障时，电路处于某种稳定状态，不会出现电容反复充放电过程。因此 C_2 两端达不到使继电器吸起的电压，故不会引起继电器的错误动作，从而实现“故障—安全”。

复习思考题

1. 计算机联锁系统的主要技术条件有哪些？
2. 计算机联锁系统有哪些功能？

3. 计算机联锁系统有哪些优越性？
4. 简述我国计算机联锁系统发展概况。
5. 计算机联锁系统硬件由哪些设备组成？各部分的主要功能是什么？
6. 简述计算机联锁系统的基本工作过程。
7. 计算机联锁系统按层次结构分为几层？各层组成及含义是什么？
8. 什么是避错技术？什么是容错技术？
9. 什么是故障掩蔽技术？什么是动态冗余技术？
10. 简述冗余技术的分类及实现方法。
11. 什么是可靠性冗余结构？什么是安全性冗余结构？
12. 简述冗余结构在计算机联锁系统中是如何应用的。
13. 简述双机热备冗余系统的工作过程。
14. 试分析二乘二取二冗余结构的工作原理。
15. 试分析图 1-1-14 中“故障—安全”输入接口电路的工作原理。
16. 试分析图 1-1-15 中“故障—安全”输出接口电路的工作原理。

项目二　TYJL-Ⅱ型计算机联锁系统维护

【项目导引】

TYJL-Ⅱ型计算机联锁系统是由中国铁道科学研究院通信信号研究所研制开发，在既有线得到广泛应用的计算机联锁系统。通过学习，在掌握 TYJL-Ⅱ型计算机联锁系统组成、功能及工作原理的基础上，只有进一步掌握 TYJL-Ⅱ型计算机联锁系统操作使用方法、检修作业步骤、内容和方法及故障分析判断排除的方法，才能熟练完成 TYJL-Ⅱ型计算机联锁系统的维护工作，达到车站与区间维修信号工岗位的要求。

任务一　TYJL-Ⅱ型计算机联锁系统认知

【知识目标】

1. 掌握 TYJL-Ⅱ型计算机联锁系统的技术特点、硬件结构、设备组成及作用。
2. 掌握 TYJL-Ⅱ型计算机联锁系统的接口电路工作原理。

【能力目标】

1. 具备从层次结构正确理解 TYJL-Ⅱ型计算机联锁系统组成及各部分作用的能力。
2. 具备从冗余结构正确理解 TYJL-Ⅱ型计算机联锁系统可靠性、安全性保障技术的应用能力。
3. 具备识别、分析 TYJL-Ⅱ型计算机联锁继电结合电路的能力。

【相关知识】

TYJL-Ⅱ型计算机联锁系统是典型双机热备冗余结构的计算机联锁系统，通过了原铁道部技术鉴定，广泛应用在既有线上。

一、TYJL-Ⅱ型计算机联锁系统的主要特点

(1)最大限度的利用软、硬件资源，使得直接危及行车安全的联锁机和执表机具有高的“故障—安全”特性，采用联锁软件冗余及其他容错技术，大大提高系统的安全性和可靠性。

(2)计算机联锁系统容量不受限制，可满足任何规模车站的需求。

(3)采用分离式的控制台和大屏幕显示，操作简便、舒适、显示清晰。

(4)大屏幕彩色监视器能显示 6502 所有的表示信息，增加了时间、音响和汉字提示，还能给出设备错误号，供维修人员诊断故障用。

(5)采用双套互为备用(热备)的微机系统,系统有人工切换、自动切换两种方式,备用系统有脱机、联机、联机同步三种工作状态。

(6)设备维修简便,微机设备均采用模块接插件结构,便于更换;通过电务维修机可以实时监视设备状态和列车运行情况;通过设于机柜上的测试孔和指示灯,为维修人员快速分析和判断故障提供依据。

二、TYJL-Ⅱ型计算机联锁系统的层次结构

TYJL-Ⅱ型计算机联锁系统是分布式多处理机系统,系统的构成采用模块化结构,根据站场的实际需要,可进行拼接组装,构成各种大小不一的系统,其系统结构如图 2-1-1 所示。

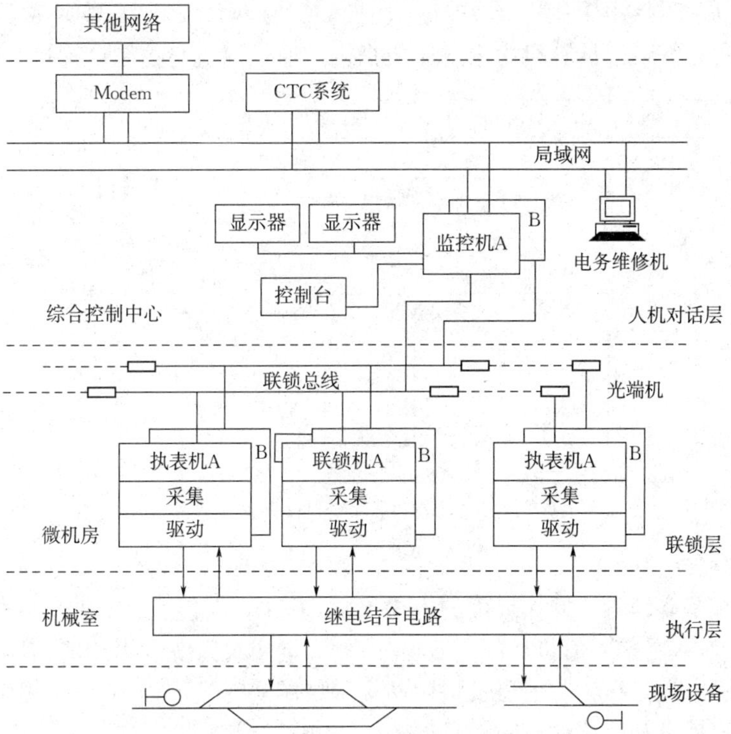

图 2-1-1　TYJL-Ⅱ型计算机联锁系统结构框图

联锁系统(不包括现场设备)可划分为三个层次,分别是人机对话层、联锁层和执行层。控制台、监控机和电务维修机构成人机对话层,也称监控系统;联锁机、执表机构成联锁层,也称主控系统是核心层;采集结合电路、动态驱动电路和继电控制电路构成执行层,也称接口系统。监控系统使用通用的局域网实现层内各子系统之间的连接;监控系统中监控机与控制台之间,通过由视频线等线缆和切换装置组成的专用显示和命令通道连接。联锁层与人机对话层之间、联锁层的联锁机与执表机之间通过专用的联锁总线实现安全信息的通信连接,联锁总线是实时的现场控制总线,是系统的核心总线。

三、TYJL-Ⅱ型计算机联锁系统硬件组成及各部分功能

TYJL-Ⅱ双机热备型计算机联锁系统为分布式多计算机系统,它主要由控制台、监控机、

联锁机、执表机、继电结合电路、电务维修终端和电源系统等设备构成，其系统结构如图 2-1-1 所示。控制台和维修终端是单套配置；监控机、联锁机、执表机为主、备双套。联锁机、执表机具有热备和自动切换功能。下面按系统层次结构来说明各部分组成及功能。

（一）监控系统的组成及功能

1. 监控系统的组成

监控系统主要由控制台、监视控制机、电务维修机及外围设备组成。监视控制机、电务维修机都采用标准的通用工业控制计算机。

监视控制机也称监控机，是监控系统的核心，采用双机热备冗余结构。一般放置在联锁机房内的微机桌上，经切换装置后通过引出的视频线、鼠标线、数字化仪线和语音线（通常不超过 50 m 长）与值班员控制室内的控制台相连。切换装置有两种安装方式：一种是安装于值班室控制台内；另一种是安装于计算机房内的微机桌内。监控双机与控制台连接如图 2-1-2 所示。

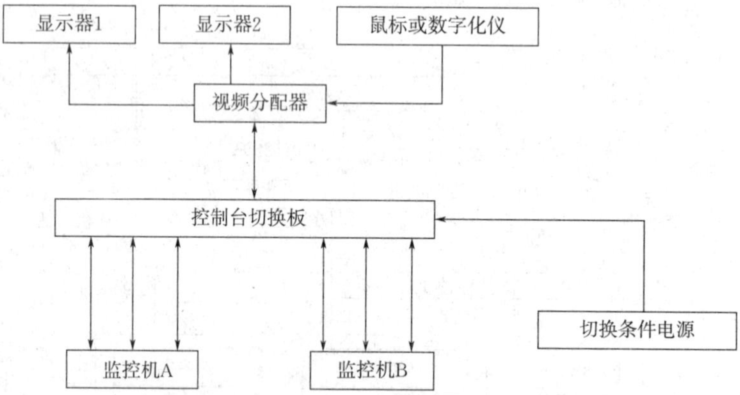

图 2-1-2 监控双机与控制台连接示意图

2. 各部分功能

（1）监控系统是联锁系统操作界面的人机接口，其主要功能有：对值班员的所有操作进行提示、处理并记录，接受信号值班员的有效操作命令，向主控系统发出相应的执行命令；接收主控系统提供的站场表示信息，向值班员提供站场图像的实时显示；向值班员提供整个系统的工作状态信息、报警信息和简要的故障信息。

（2）电务维修机通过以太网与主、备监控机连接，实现把实时信息采集到维修机，记录储存供电务人员维护系统时调用查询。

3. 系统间的连接方式

监控双机与电务维修机早期的连接方式采用双 CAN 总线方式连接，后期改进型采用以太网连接。

监控双机与联锁机通过局域网进行通信。传统结构型系统每台监控机采用一块 PC-01 通信网络卡，采用现场控制总线实现监控机与联锁机的通信；改进型系统每台监控机采用两块 ARCNet 通信网络卡，采用局域网实现监控机与主、备联锁机的通信。

（二）主控系统（联锁机或执表机）的组成及功能

1. 主控系统的组成

主控系统由联锁机和执表机（可选）组成。

联锁机和执表机的硬件组成结构基本相同，采用高可靠性的工业控制计算机，双机热备的冗余结构。执表机是对联锁机容量的扩充，车站规模比较小时，可以不设执表机；对于规模较大的车站，可以增加一套或几套执表机；对于控制范围较大的车站，可将执表机设在监控对象的附近。联锁机与执表机可通过光纤通信实现远距离控制，其组成如图 2-1-3 所示。

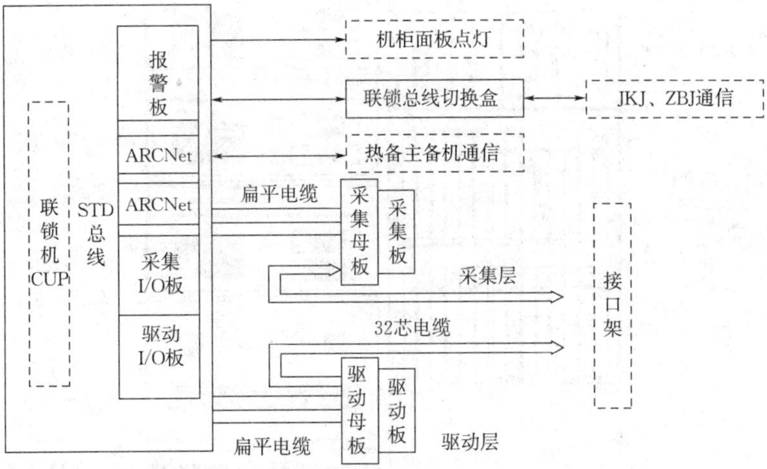

图 2-1-3 联锁机或执表机的组成示意图

每一台联锁机或执表机主要组成模块如下：

(1)STD 微处理器板(CPU 板)：它是计算机联锁系统的核心，随着工控机档次的提高，该系统的 CPU 已进行了几次换代。

(2)报警板：专为系统报警设计的控制板。

(3)STD-01 通信板：执表机上插一块；联锁机上插两块，一块用于主、备机通信，一块用于与监控机和执表机通信(改进型使用 ARCNet 通信板)。

(4)1604I/O 接口板：它是开关量输入/输出接口板，连接光电隔离的信息采集及控制驱动板。

(5)信息采集及控制驱动板：每个机柜的下方设置 12 块或 14 块信息采集板，8 块控制驱动板，用于连接计算机和继电结合电路，采集状态信息，输出控制信息。

这些板卡及板卡工作所需电源都安装在联锁机柜中，由上到下联锁机柜依次大致可分为电源层、计算机层、采集层、驱动层和零层，其结构示意如图 2-1-4 所示。

(1)电源层

电源层主要由电源指示面板、采集电源、驱动电源和计算机电源组成。

电源指示面板由电源工作指示灯和电源电压测试孔组成。

采集电源的工作电压：(12±1) V，该电源用于采集板对继电器接点信息的采集，采集回线的电压就由该电源提供。

驱动电源的工作电压：(12±1) V，该电源用于驱动板送驱动信息给动态继电器(或动态驱动组合)，驱动回线的电压就由该电源提供。

计算机电源的工作电压：(5±0.2) V，该电源为计算机层所有电路板和采集板、驱动板的工作电源，它的故障可能会导致机器死机。它提供的±12 V 电压用于调试设备使用。

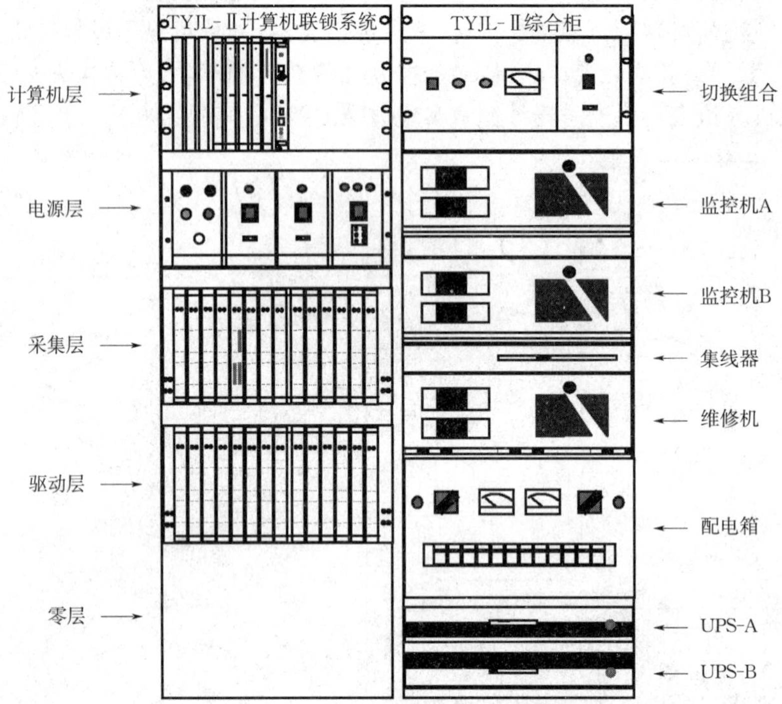

图 2-1-4　联锁机柜、综合柜结构示意图

(2)计算机层

现在用的绝大部分系统采用的是 STD 总线标准的工业控制计算机,包括 STD CPU 板、报警板、STD-01 通信板及 1604I/O 板。

改进后的系统则由 APCI5093 型 CPU 板、APCI5656 型 ARCNet 通信板、APCI5314 型 I/O 板构成。APCI5093 型 CPU 板上有 ARCNet 通信口,用于主、备机通信;APCI5656 型 ARCNet 通信板用以实现联锁机与执表机之间、主、备联锁机之间,以及对监控机的通信(联锁机插两块,一块用于主、备机通信;一块用于与监控机和执表机通信;执表机插一块);APCI5314型 I/O 板通过背部电缆控制相应采集、驱动板的工作。联锁机、执表机工作原理如图 2-1-5 所示。

(3)采集层

采集层主要由采集机笼、采集板,以及与计算机层、电源层联系的扁平电缆、电源线及相应的接插件等组成,它们安装在采集机笼中通过采集母板连接。

采集机笼一般有两种规格,通常最小宽度的采集机笼可容纳 8 块采集板(此时与驱动机笼合为一体,按左边 8 块采集板,右边 6 块驱动板配置)。此时其母板实际由两组独立的采集总线构成,左边第一组控制前 8 块采集板,右边第二组控制后 6 块,通层宽的采集机笼最多可容纳 14 块采集板。

每块采集板上有 32 路采集电路,按照"故障—安全"的原则设计,其安全侧信息定义为"0",采用动态检查、双译码校核等技术确保采集信息的安全性。

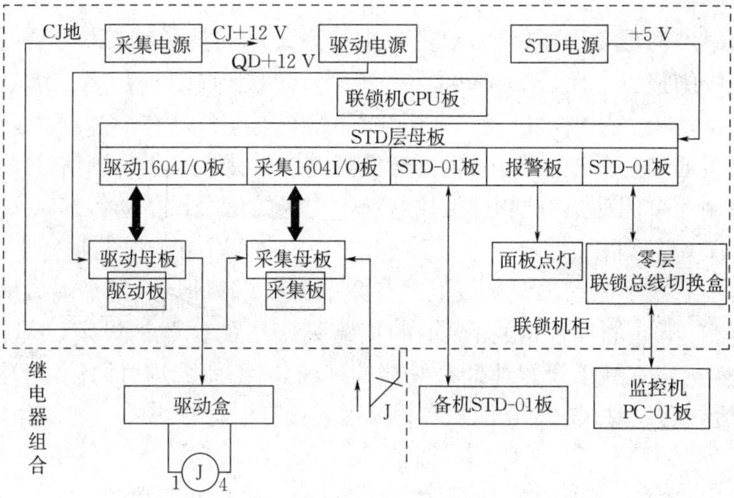

图 2-1-5　联锁机、执行表示机工作原理图

(4)驱动层

驱动层的结构与采集层的非常相似，主要由驱动机笼、驱动板，以及与计算机层和电源层联系的扁平电缆、电源线及相应的接插件等组成，它们安装在驱动机笼中通过驱动母板连接。

驱动机笼一般有两种规格，通常最小宽度的驱动机笼可容纳 6 块驱动板(此时与采集机笼合为一体，按左边 8 块采集板，右边 6 块驱动板配置)，此时其母板实际由两组独立的驱动总线构成，左边第一组控制前 8 块驱动板，右边第二组控制后 6 块，通层宽的驱动机笼最多可容纳 14 块驱动板。

每块驱动板上有 32 路驱动电路，按照“故障—安全”的原则设计，以动态方式输出控制脉冲并通过回读电路回采校验。

(5)零层

零层位于机柜最下层，主控系统最为重要的连接线缆从这里引入和引出。上面装有联锁总线切换盒、零层端子和接地端子等。

2. 主控系统各部分功能

(1)联锁机的主要功能

①实现与监控机和执表机的通信功能。

②实现联锁逻辑处理功能，完成进路确选、锁闭，发出开放信号和动作道岔的控制命令。

③采集现场信号设备状态，如轨道状态、道岔表示状态、信号机状态等。

④输出动态控制命令，通过动态驱动板驱动偏极继电器控制动作现场设备。

⑤实现主、备机间的同步。

(2)执表机的主要功能

执表机作为联锁机的扩充，它的功能除了没有联锁机的第②项功能(联锁逻辑处理功能)外，其他与联锁机完全相同。

（三）接口系统

接口系统指对外与现场设备相连，对内与主控系统相连的各种接口电路系统。TYJL-Ⅱ型计算机联锁系统的接口电路分为两级，第一级是 1604I/O 接口板；第二级是光电隔离的信息采集板和输出驱动板。两级接口板间采用 34 芯扁平电缆（实用 32 芯）连接。采集板和驱动板与继电器组合架通过电缆连接，由采集板连接继电器的接点采集现场信号设备状态的信息；由驱动板输出控制命令驱动执行继电器，控制动作现场的信号设备动作。

1. STD 1604I/O 接口板

用以控制采集总线和驱动总线。板上共有 8 个 I/O 端口地址，每个端口地址有 8 位输入和输出，每块板均有不同的地址，根据板上的短路跳接线的位置来设定（最新系统中采用的 APCI5314I/O 板，无需在板上设置地址）。每个端口的输出命令均可回读，可用来检查其输出信息的正确性，检查有误时，CPU 立即执行停机命令，禁止对总线的一切操作，切断输出电源确保系统安全。

联锁机或执表机对采集板和驱动板的操作，是通过 STD 机笼内 1604I/O 板提供的不同端口实现的。1604I/O 板的信息经扁平电缆送到采集层的采集母板或驱动层的驱动母板，采集板或驱动板插在母板上，并通过母板与 1604I/O 板进行信息交换。

2. 采集电路

每块采集板有 32 路采集电路，通过 96 芯插头与采集母板插接，其采集信息输入端通过母板转接，与来自接口架的 32 芯专用电缆相连。采集板的所有控制信号和数据总线与母板上的采集总线相连，接受 CPU 通过 1604I/O 板送出的控制和检查命令，向 CPU 送出采集数据。

采集电路原理如图 2-1-6 所示，信息采集时，联锁机首先向采集单元选通端（控制光耦 H_2）输出“0”、“1”，交替变化的脉冲信息，然后从数据输出端（光耦 H_1）读取信息。若收到的是脉冲信息，判定 GJ 吸起；否则，判定 GJ 落下。可见微处理机只有收到脉冲信息时，才视为有效信号，而 GJ 落下或电路中任何元器件故障均导致固定的“0”或“1”输出，软件判定固定的“0”、“1”信息无效，导向安全侧。因此，该电路为“故障—安全”动态电路。电路中指示灯 L 是为了便于系统维护而设的，引到采集板的小面板上，当表示继电器吸起时，对应的指示灯亮红灯。

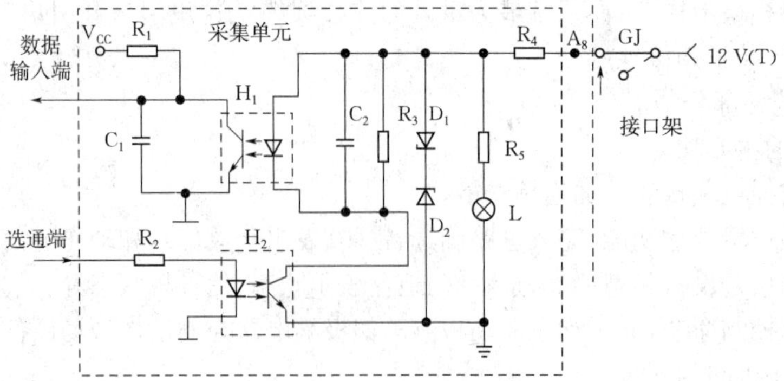

图 2-1-6　采集电路原理图

采集板采用光电隔离技术，使用 5 V 和 12 V 两种电源，分别由电源层的 STD 5 V 和 12 V 采集电源通过采集母板供给。TYJL-Ⅱ型计算机联锁系统对关键信息一般采用冗余结构，采用 A、B 机分接点的采集方式。A、B 机的两路采集电源需可靠并接。

3. 驱动电路

输出驱动板的容量是每板 32 个驱动电路，可以驱动 32 个对象(动态继电器)。1604 板与驱动板的各驱动单元的控制关系与采集板类似。驱动板采用光电隔离技术，使用 5 V 和 12 V 两种电源，分别由电源层的 STD 5 V 和 12 V 驱动电源通过驱动母板供给。每块驱动板可输出 32 路驱动信息，通过 96 芯插头与驱动母板插接，其驱动输出端通过母板的转接与相应的一条来自接口架的 32 芯专用电缆相连。

驱动电路原理如图 2-1-7 所示。控制驱动时，联锁机以动态脉冲方式输出控制命令，脉冲控制信息使光耦 H_2 和 H_1 动态工作，驱动单元的输出端(A_8)产生反向动态脉冲，控制动态继电器吸起。同时光电耦合管 H_1 工作，其输出端产生输出脉冲回读到联锁机。联锁机如果不能收到回读的动态脉冲，将停止向控制命令输出端输出动态脉冲，防止执行继电器错误吸起。电路中发光二极管 F 固定在小面板上，当有动态脉冲输出时，发光管闪烁。若发光管灭灯或亮稳定灯光，则表示无动态命令输出。

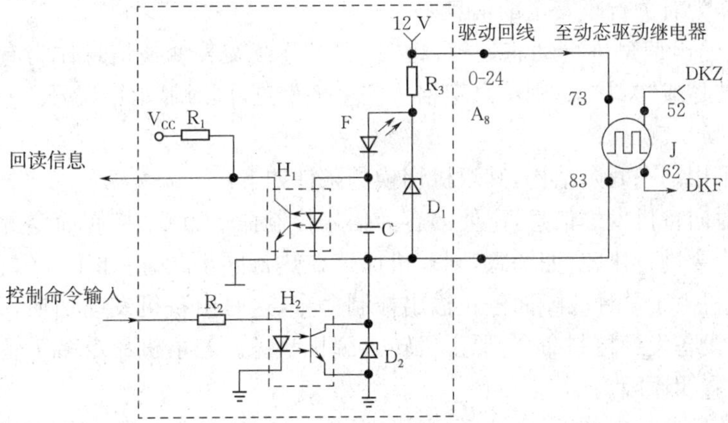

图 2-1-7　驱动电路原理图

(四)系统主、备双机切换

1. 双机热备冗余结构构成

为了提高计算机联锁系统的可靠性，TYJL-Ⅱ型计算机联锁系统采用双机热备动态冗余结构，必须解决双机通信、双机同步、单机自检测、双机切换技术才能达到提高可靠性的目的。

(1)双机通信

联锁系统主、备双机之间增设了信息交换通道。该通道采用现场总线或局域网实现通信接口，由备机作为通信主站，定时呼叫主机(子站)，双机采用半双工通信方式。

(2)双机同步

双机同步可采用指令级同步，也可依据计算机外部事件同步，TYJL-Ⅱ型计算机联锁系统是引用双机间的“定点”通信“信号”来实现双机同步的。这种同步办法较指令级同步实现起来容易，硬件和软件开销都较少。双机通信周期和系统联锁程序循环周期相同，每隔一定的时间间隔，即联锁程序扫描一个周期双机相互握手通信一次，确定双机的工作状态。

联锁系统的备机有三种工作状态：脱机状态、联机状态和热备同步状态。只有在同步状态时，备机才真正作为热备机。

平时由主机控制现场设备，备机仅工作在联机同步状态，不实现控制。若备机出现故障，自行脱机。处在脱机状态的设备，必须在电务人员修复故障或确认无故障后，按压“联机”按钮，备机转入联机状态，恢复主、备机的通信，待双机的进路状态完全一致时，才认为主、备机联机同步工作，也就是备机转入热备状态。

(3)单机自检测

为了提高系统的可靠性和可用性，在采用双机容错结构情况下，首先需对单机系统进行检测，主要有以下几个手段：

①软件冗余采用两套联锁软件将输出结果进行比较，如输出结果不一致，表示出现错误，应禁止输出。

②采用闭环工作原理，对命令输出和回读信息进行比较，能及时发现故障点。

③采用信息冗余技术，也即编码技术，用编码方法进行检测和纠错，把信息和状态变量均编成一定的合格码，运算均采用此类代码并对其进行校验，当校验有误时均做安全处理。本系统用一个字节作为有关行车安全的信息码。

④对输入、输出信息进行动态处理，将“1”、“0”连续交替变换信息作为有效信息，若有故障，信息固定在“1”或“0”状态，则信息定格为安全侧信息，同时显示错误号。

(4)双机切换

联锁系统采用动态冗余结构，其双机切换的条件如下：

①主机定时向备机发送信息，主要内容为信号控制命令、道岔控制命令等，备机将此信息与备机的控制命令进行比较，如一致，则双机保持在热备同步状态；如不一致且备机命令多于主机，则表明主机由于某种故障而停止输出控制命令，这时由备机发动切换，备机升为主机工作，继续向现场设备发送控制命令，原主机转入脱机状态。若主机命令多于备机命令，则备机自动脱机，等待查明原因。

②双机间的通信是由备机(主站)向主机(子站)进行呼叫和接收应答，若通信中断，这有两种情况，一是主机死机，不应答；二是通信本身中断，备机接收不到主机的信息。此时热备机认为主机出现故障，发动切换升为主机工作。

③主机通过自检测程序，发现严重故障，即通知备机进行切换倒机。

2. 双机热备系统的接线

在 TYJL-Ⅱ型计算机联锁系统中监控机、联锁机和执表机均为 A、B 双套，两套设备通过总线独立切换互为主备，以保证一套设备发生故障时系统不间断运行。系统设有 A、B 两条联锁总线，其中连接 A 总线的微机作为主机(工作机)使用，连接 B 总线的微机作为备机使用。系统的监控机、联锁机和执表机三者均可以独立切换，因此整个系统共可构成 8 种组合。双机热备系统设备接线如图 2-1-8 所示。

3. 监控机切换电路

早期监控机采用冷备工作方式，其切换控制电路比较简单。双机切换是通过人工按压监控机的切换按钮 JKQHA，监控机切换继电器 JK1QHJ 和 JK2QHJ 的吸起或落下实现的。当这两个切换继电器都吸起时，其前接点将 A 机接入 A 总线，B 机接入 B 总线，这样监控机 A 机工作，B 机备用；反之，当它们落下时，B 机接入 A 总线，A 机接入 B 总线，B 机工作，A 机备用。

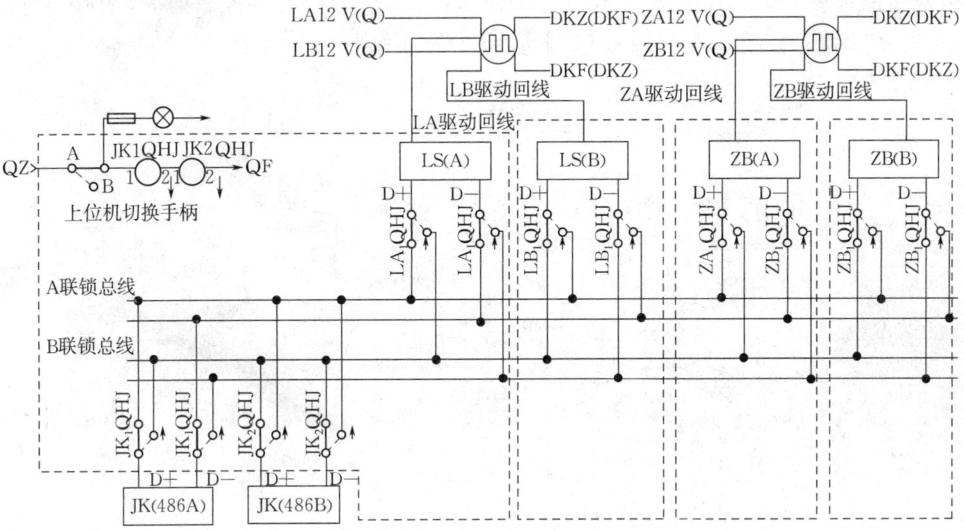

图 2-1-8　双机热备系统设备接线示意图

改进后的监控机采用双机热备工作方式。每个监控机都和主、备联锁机通信联系，但仅主用监控机和控制台相连。监控机的切换实际上是切换控制台与监控机的连接。

4. 联锁机切换电路

联锁机切换控制电路由联锁机切换继电器（LQHJ）电路和联锁机 1、2 切换继电器（LA1QHJ、LA2QHJ、LB1QHJ、LB2QHJ）电路构成。QHSB 表示三位式切换手柄，分 A、B 位和自动位。联锁机切换控制电路如图 2-1-9 所示。

联锁机双机切换有两种控制方式：人工切换和自动切换，人工切换优先于自动切换。

(1)人工切换

人工切换是由维修人员通过转换切换手柄位置来实现的。当 QHSB 转到“A”位时，SBAJ 吸起，接通 LQHJ 的励磁电路。LQHJ 吸起后，LA1QHJ、LB1QHJ、LA2QHJ、LB2QHJ 将相继吸起，通过 LA1QHJ、LB1QHJ 的前接点将联锁 A 机接向 A 总线，联锁 B 机接向 B 总线，这样，A 机为工作机，B 机为备用机。当切换手柄 QHSB 转到“B”位时，SBBJ 吸起，切断 LQHJ 的励磁电路，使 LA1QHJ、LA2QHJ、LB1QHJ、LB2QHJ 相继落下，通过 LA1QHJ、LB1QHJ 的后接点将联锁 A 机接向 B 总线，联锁 B 机接向 A 总线，这样，B 机为工作机，A 机为备用机。

(2)自动切换

把切换手柄 QHSB 转到“自动”位置，由联锁系统根据故障检测结果自动进行双机切换。

为了实现在故障时使系统能自动进行倒机，在切换控制电路中，设有 A、B 机热备切换继电器（AQHJ 和 BQHJ）。AQHJ 和 BQHJ 选用 JWXC-1700 型继电器，分别由联锁 A 机和联锁 B 机第一块驱动板的第二、三位输出的切换控制命令控制驱动。为了保证安全，AQHJ 和 BQHJ 继电器只是在切换期间才使它们吸起，平时都处于落下状态。

在正常状态下，AQHJ 和 BQHJ 均处于落下状态，LQHJ 由自闭电路保持吸起，A 机处于工作机位置。若在这种情况下，A 机发生故障，A 机通知 B 机切换，这时 B 机输出切换控制命令，使 BQHJ 吸起，切断 LQHJ 自闭电路，LQHJ 落下，机柜内的切换继电器接点将 B 机接入 A 总线，B 机升为工作机。待倒机过程结束，B 机使 BQHJ 落下，此时 LQHJ 保持落下。同样，当B机发生故障时，由B机通知A机进行切换倒机，A机输出切换控制命令，使LQHJ吸起并自闭，A机又升为工作机。在完成双机倒换后，AQHJ恢复落下状态。

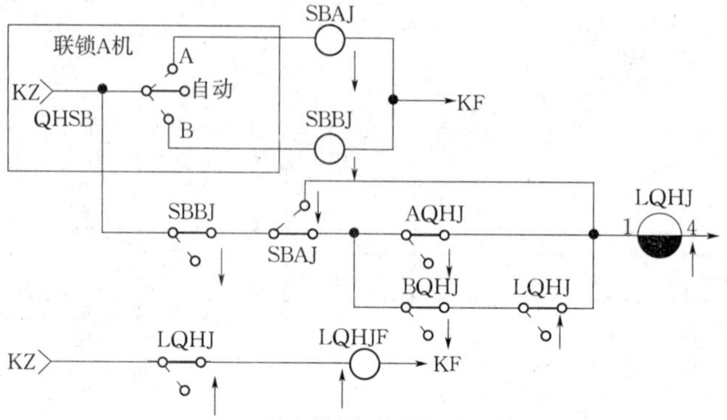

继电器室切换继电器电路

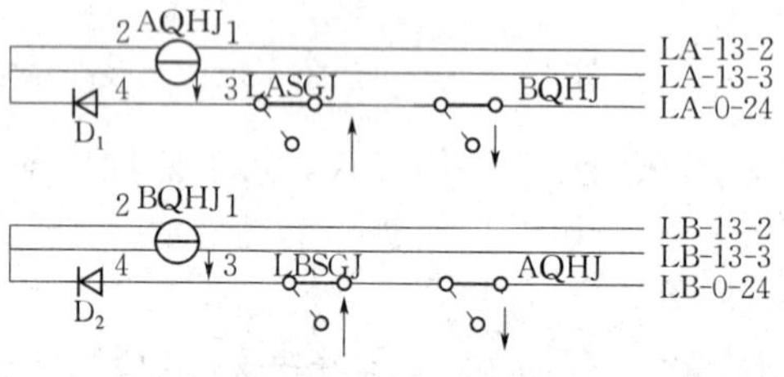

热备切换继电器电路

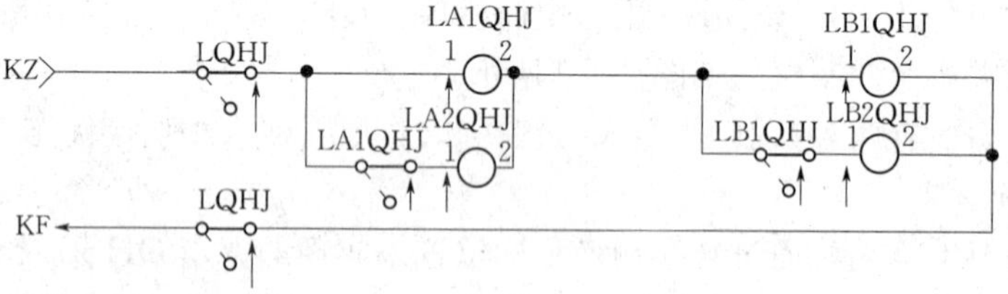

图 2-1-9　联锁机切换控制电路

需要指出的是，在刚开机时，由于A、B机的切换继电器都不工作，LQHJ落下，此时B机为工作机，A机为备机。若想把A机设置为工作机，需要用切换手柄将系统人工切换成A机工作，B机备用。

5. 执表机切换控制电路

执表机切换控制电路如图 2-1-10 所示，图中 ZQHSB 为二位式手柄。通常情况下，联锁系统中联锁A机、执表A机工作状态相同，联锁B机、执表B机工作状态相同，在需要切换时，联锁机和执表机同时倒机。要想改变这种状态，采用执表机人工切换，可将联锁机和执表机倒接成联锁A机和执表B机工作状态相同或联锁B机、执表A机工作状态相同等组合形式。

四、继电结合电路

继电结合电路可分为两大部分，一部分是基本未做更改的6502继电控制电路，以及其他电路，此部分不再详细叙述；另一部分是计算机联锁所特有的，可大致分为采集结合电路、驱动结合电路及专用防护电路。

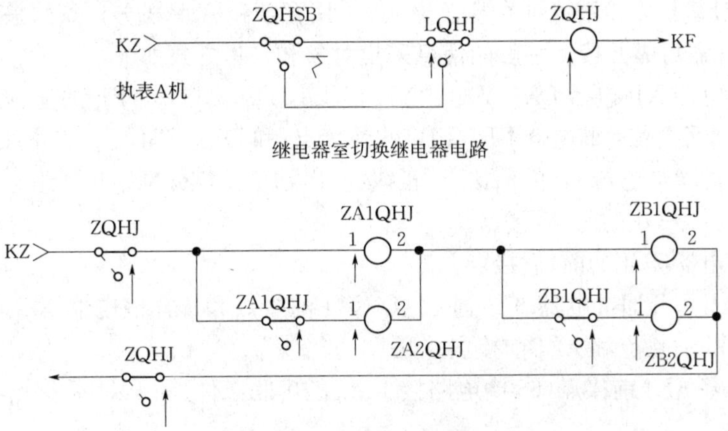

图 2-1-10　执表机切换控制电路

(一)采集结合电路

因站场规模不同,计算机联锁系统的采集电路也会有所不同。图 2-1-11 为信号、道岔和轨道区段的采集结合电路。接口架是计算机房设备与继电器室设备相联系的接线端口。

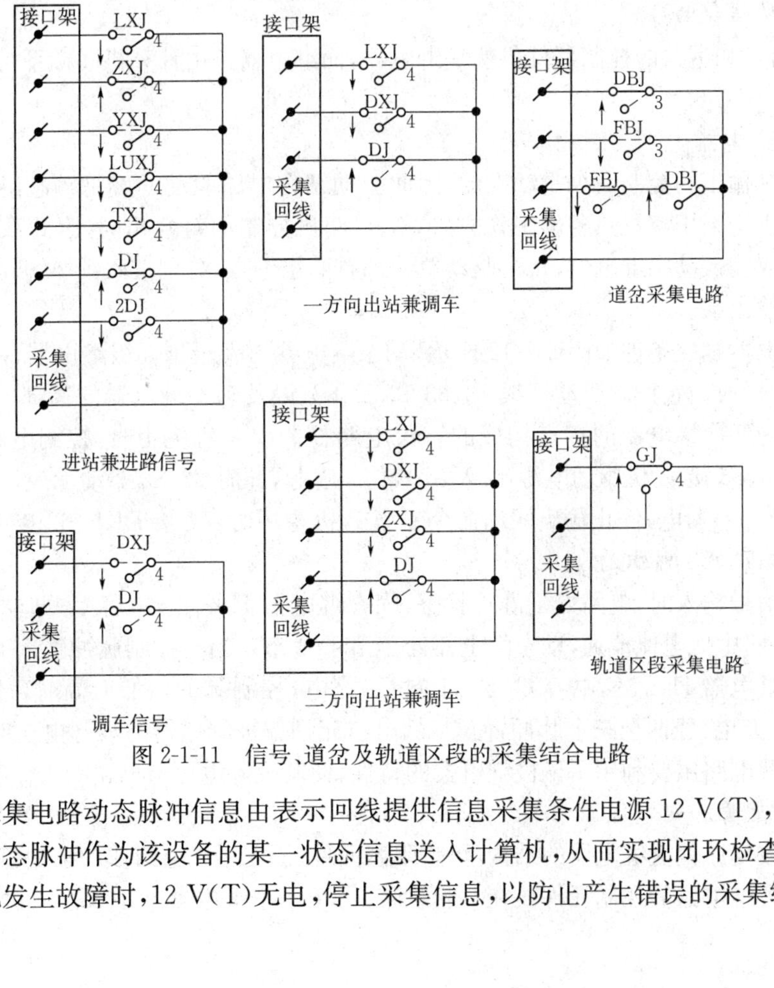

图 2-1-11　信号、道岔及轨道区段的采集结合电路

联锁机采集电路动态脉冲信息由表示回线提供信息采集条件电源 12 V(T),经采集条件、采集单元将动态脉冲作为该设备的某一状态信息送入计算机,从而实现闭环检查采集条件的过程。计算机发生故障时,12 V(T)无电,停止采集信息,以防止产生错误的采集结果。

TYJL-Ⅱ型计算机联锁系统对关键信息一般采用冗余和A、B机分接点的采集方式。A、B机的两路采集电源需可靠并接。一般的信息采集对象和采集方式如下：

(1)信号继电器XJ[包括LXJ、YXJ、ZXJ、TXJ、LUXJ、A(B、C)FJ]的前、后接点。

(2)道岔定、反位表示继电器DBJ、FBJ的前接点，和DBJ、FBJ后接点串联条件DFH。

(3)信号机灯丝继电器DJ的前接点(正线进、出站信号机分别采集两组)。

(4)轨道继电器GJ的前、后接点。

(5)照查继电器ZCJ的前、后接点。

(6)半自动闭塞开通继电器KTJ前接点(KTJ前接点和选择继电器XZJ的后接点串联)，KTJ后接点(KTJ后接点和XZJ前接点并联)。

(7)自动闭塞FKJ前接点(6502电路接11线的串联条件)和FKJ后接点(6502电路接11线的并联条件)。

(8)主电源继电器ZDYJ和副电源继电器FDYJ的前接点。

(9)主、副灯丝转换报警继电器X(S)DSZHJ前接点。

(10)轨道停电继电器GDTDJ后接点。

(11)熔丝报警继电器RBJ的前接点。

(12)闪光校核继电器SNJJ的前接点。

(二)驱动结合电路

目前，信号和道岔的控制器件仍然是继电器，而继电器是由计算机联锁系统输出的控制命令驱动的。

1. 动态继电器

联锁系统输出的控制命令是动态的，因此驱动结合电路驱动的应是动态继电器。由于联锁机和执表机均采用双机热备的工作方式，A、B两机控制的对象相同，因此系统的执行继电器一般采用双输入动态继电器，每个驱动单元都有两组输入，分别接联锁A机、联锁B机输出的控制命令输出端。

动态继电器励磁条件如图2-1-12所示，动态继电器由安全型偏极继电器、固态继电器、电阻、电容元件构成。它们的驱动回线73、83和72、82，以及动态继电器的局部电源DKZ、DKF的极性分别受切换继电器的接点构成的转极电路控制。A机主用时，控制电路52接DKZ、62接DKF，73、83接A机驱动电源12 V(Q)，使J吸起，此时72、82驱动无效。若计算机发生故障，则12 V(Q)断电，停止输出驱动命令。当B机主用时，52接DKF、62接DKZ，72、82驱动有效，此时，73、83驱动无效。

无控制信号输入时，电路处于静止状态，固态继电器H截止，电容C_3两端电压等于局部电源电压，电路中无电流流通，动态继电器处于落下状态。当有控制脉冲输入时，控制脉冲低电平使固态继电器H导通，电容C_3经H向C_4充电，控制脉冲由低变高时，H截止，电源经R5、D_2向C_3充电，经两至三个脉冲，使C_4的电位充到偏极继电器的吸起电压时，偏极继电器励磁吸起。此电路主要利用了偏极继电器的特性，使其吸起电压与电路的工作电压方向相反，实现电路的“故障—安全”。

为了不改变原偏极继电器的结构，可将阻容元件、固态继电器组成的控制单元与偏极继电器分开。四个继电器的控制元件放在一起组装，占用一个继电器的位置。通过组合配线将四个普通偏极继电器与控制元件相连，构成一个动态组合（占5个继电器位置）；组合架上每一组合位置安装两个动态组合，也可采用将动态控制元件设在联锁机或执表机机柜内。

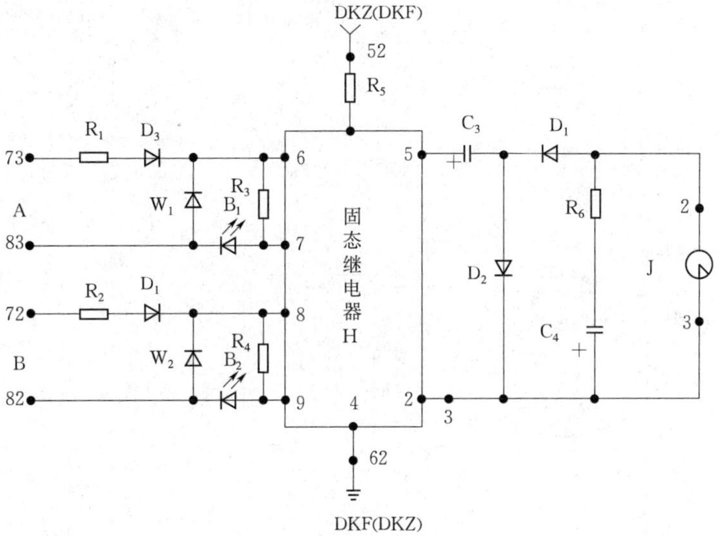

图 2-1-12　动态继电器励磁条件示意图

TYJL-Ⅱ型计算机联锁系统采用动态驱动方式，其一般的驱动对象为：

（1）信号继电器XJ。信号继电器的设置和作用和6502电气集中相同，其中包括LXJ、DXJ、YXJ（引导信号）、ZXJ（进站表示正线，出站表示主方向）、FJ（方向继电器）、TXJ、LUXJ等。

（2）道岔定位操纵和反位操纵继电器（DCJ、FCJ）。

（3）道岔锁闭防护继电器（SFJ）。类似于电气集中的锁闭继电器，但平时在落下状态，以此实现对道岔启动电路的双断控制。SFJ一般只在操纵道岔时吸起。

（4）事故继电器SGJ。专用的双输入反相动态继电器，控制主控机柜所有其他驱动的动态驱动电源，只有当SGJ吸起时，其他的驱动控制才有效。

（5）启动切换继电器（AQHJ、BQHJ）。只在热备同步状态下控制主控系统的切换，固定于联锁机和执表机第一块驱动板的第二和第三位。采用静态电平输出控制，只在切换时瞬间有效。

图2-1-13为信号、道岔的驱动结合电路。

2. 防护电路

TYJL-Ⅱ型计算机联锁系统中经过改进的采集板和驱动板已经达到原部颁防雷标准，在接口系统中增设的防护电路是为重雷区内增强系统雷电防护能力而设的，对电气化区段牵引电流的侵入亦有相当的防护能力。

防护电路由强电防护插件组合、断线检查器和相应的配线规则构成。JKFH-2型强电防护式插件结构示意如图2-1-14所示。

图中的接插件由32个放电管和有关接插装置组成，直接加插在主控系统和结合系统分界的接口架上原32芯接插组合之间。JKFH-2型强电防护式插件由放电管电路组成的防护单元是独立的接插结构，便于检修。

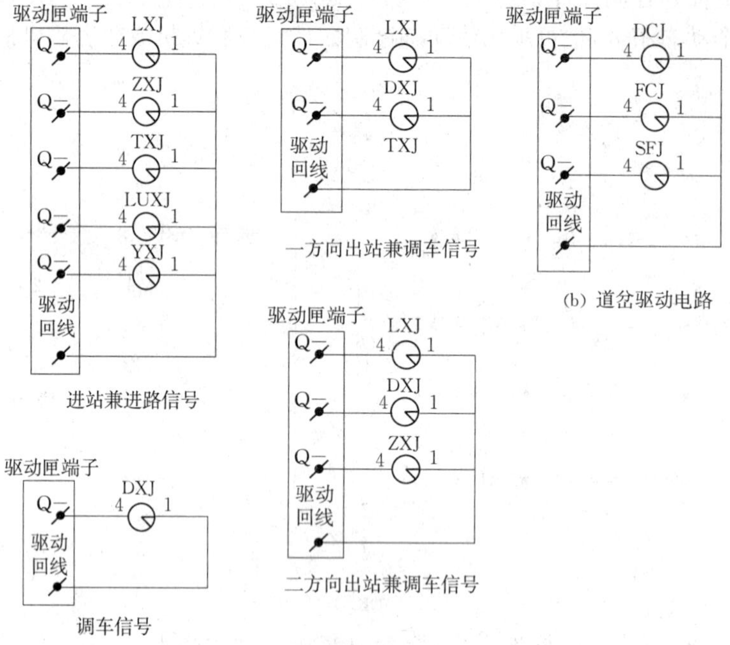

(a) 信号机驱动电路

图 2-1-13　信号、道岔的驱动结合电路

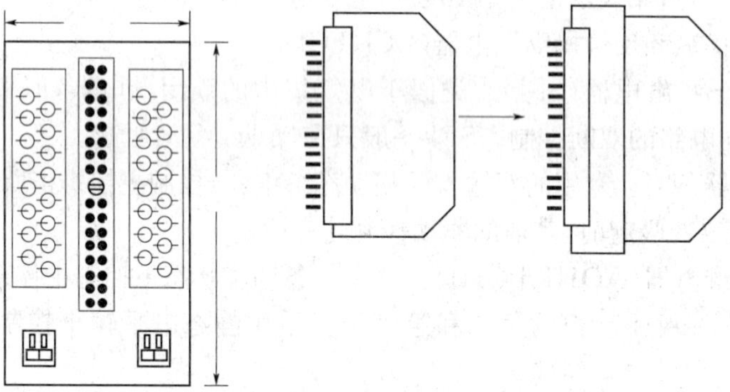

(a)　　(b)

图 2-1-14　JKFH-2 型强电防护式插件结构示意图

每个接插件下部有环线引入和引出孔，用于将各个接插件环连起来接地。由于防护系统的接地环线断线将使其失去保护作用，并且在与多个放电管击穿短路的故障组合情况下有可能形成混线故障，因此除采用双线环接外，还必须严格按照单环无分叉的配线原则连接。防护接插组合用于驱动时，每个机柜单独成为一个封闭系统；用于采集时，每一组互为备用的机柜(A 机和 B 机)成为一个封闭系统。每一封闭系统的防护环线必须严格地按照串联方式逐一连接，最终与断线检查器连接构成一个封闭的单环，严禁出现局部断线后检查不到的分叉结构。

断线检查器对环线进行开路检查，当环线于任意处断开(电阻大于 10 Ω)或检查器本身故障时，即向主控系统给出报警信息，在控制台给出醒目的提示。断线检查器的检测及报警电路均设计为动态的“故障—安全”电路，当环线单点开路报警时，两段环线仍通过断线检查器本身处于连通状态。

五、电源系统

电源系统主要由系统电源、配电柜、主控机柜电源、动态稳压电源及切换电源组成，如图 2-1-15 所示。

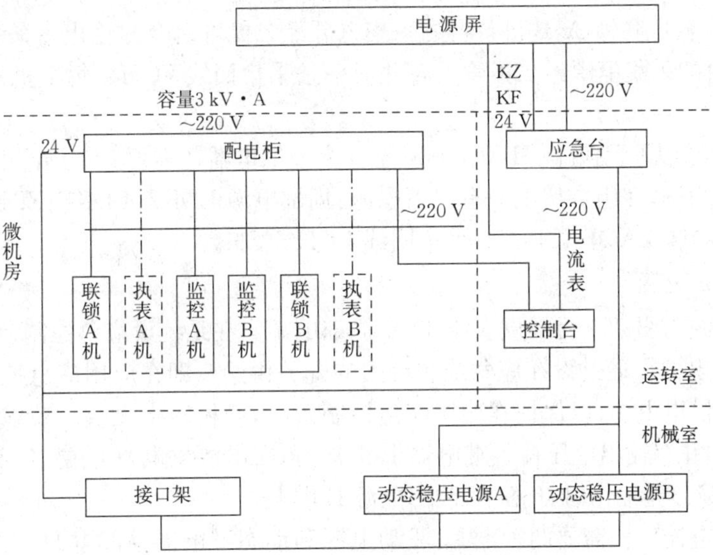

图 2-1-15　电源系统示意图

(一)系统电源

计算机联锁机房内设备需要两路交流 220 V 电源，由电源屏经过两台隔离变压器供给，电源首先送至机房内的微机配电柜，分别经过空气开关 A、B，电源防雷单元 A、B，UPS 电源 A、B，然后分两路引出到各微机柜 A、B，上位机 A、B 及控制台。为了保证一路电源故障的情况下系统还能工作，要求现场设备在实际使用当中应尽量保证 A、B 两套设备成套使用，避免交叉，以减小电源故障时的影响范围。控制台所需电源视 A、B 两路电源的负载情况由人工选择(通常选择在不带维修机的一路电源上)。

此外，电源屏还要为动态稳压电源提供交流 220 V 电源，动态稳压电源为动态组合提供直流 30 V 局部电源，用以驱动偏极 JPXC-1000 型安全型继电器。

为测试转辙机的动作电流，在控制台上设有直流/交流电流表，DZ_{220}、DF_{220} 需从电源屏经由控制台电流表及其分流器送往道岔控制电路。

(二)配电柜

联锁系统的电源由配电柜提供。配电柜内设计有两条独立的供电回路，其结构完全相同。从电源屏隔离变压器送来的交流 220 V 电源经过防雷单元后送至 UPS 电源，经 UPS 净化稳压后再通过不同的空气开关分别给联锁机、执表机、上位机供电。配电柜里还设计了一个双向闸刀，置于A、B两路电源之间，用于给控制台供电。

配电柜内设有一台直流24 V电源，即切换电源，该电源用于提供A、B两套设备切换用的电源。切换电源输入所需的交流220 V电源必须由A路电源供给。因为，当A套设备为工作机时，所有切换继电器的位置均在励磁状态，若此时A路电源故障，切换电源失电，切换继电器落下，此时，设备将自动导入B套工作。

（三）主控机柜电源

在联锁机柜和执表机柜内，设有3台高可靠工业AC—DC电源，一台用于向计算机部分提供5 V、12 V直流电源，另外两台分别用于提供采集12 V电源和驱动12 V电源。

为采集表示信息，联锁A、B机各自的采集电源经二极管后合并输出一条采集回线LCH；执表A、B机各自的采集电源经二极管后合并成一条采集回线ZCH。每个机柜各自输出一条驱动回线。

此外，动态组合为驱动偏极JPXC-1000型安全型继电器还需要一个局部电源。

以四个机柜为例，在组合架上应有以下电源：局部电源LDKZ、LDKF、ZDKZ、ZDKF；驱动回线LAQH、LBQH、ZAQH、ZBQH；采集回线LCH、ZCH。

（四）动态稳压电源

动态稳压电源为驱动单元提供直流30 V局部电源。在系统设应急控制台时，动态稳压电源的输入220 V电源需通过设在应急控制台内的开关供给。即在应用应急控制台时，必需切断动态继电器的供电电源，以保证在应用应急控制台时，微机输出无效。动态稳压电源设A、B两台，其输出端并有输出电压检查继电器J，正常时，A电源供电，J励磁，B电源处于备用状态，当A电源故障停止输出时，J落下，改由电源B供电。

控制动态继电器工作需要两种电源：驱动电源和动态继电器局部电源。驱动电源是指微机输出控制命令的驱动电源。动态继电器局部电源受事故继电器控制，只有在工作机工作正常、事故继电器吸起时，局部电源DKZ、DKF才有电。工作机事故继电器的条件是通过切换继电器接点接入局部电源控制电路的，使局部电源只受工作机事故继电器的控制，当工作机故障时，该机所控制的动态继电器全部因断电而失磁落下。为保证动态继电器工作可靠，设计要求A机为工作机和B机为工作机时局部电源的极性相反。动态驱动电源的极性切换电路原理如图2-1-16所示。

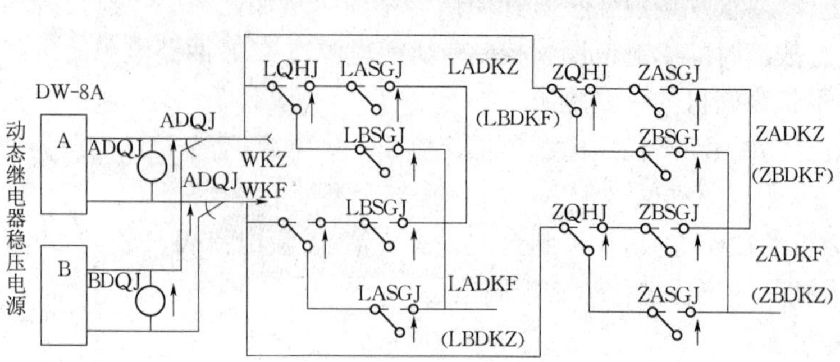

图2-1-16　动态驱动电源的极性切换电路原理图

局部电源极性的倒接亦在局部电源的控制电路中完成。

联锁机和执表机各有一路局部电源 LDKZ、LDKF 和 ZDKZ、ZDKF，配线时，应注意不要混淆。

动态继电器局部电源采用安全设计的稳压电源。从稳压电源引出的 WKZ 及 WKF，经切换继电器并检查事故继电器工作正常后，送到各组合架应经过分保险后供给动态继电器局部电源。事故继电器的局部电源采用 WKZ 及 WKF。

任务二　TYJL-Ⅱ型计算机联锁系统操作

【知识目标】

1. 掌握 TYJL-Ⅱ型计算机联锁系统相关设备操作方法和步骤。
2. 掌握 TYJL-Ⅱ型计算机联锁系统控制台操作方法和步骤。
3. 掌握 TYJL-Ⅱ型计算机联锁系统电务维护台操作方法和步骤。

【能力目标】

1. 具备熟练操纵 TYJL-Ⅱ型计算机联锁系统相关设备的能力。
2. 具备熟练使用控制台设备完成各种联锁控制功能的能力。
3. 具备熟练使用电务维护台查询各种记录信息的能力。

【相关知识】

一、TYJL-Ⅱ型计算机联锁系统的相关设备操作方法

(一)系统开关机操作

1. 开机操作程序

首先确定 UPS 在工作状态,配电柜的 K_1～K_8 开关闭合,依次打开联锁 A 机、联锁 B 机、监控 A 机、监控 B 机、维修机的电源开关。此时联锁 B 机为工作机,按下联锁 A 机的“联机”按钮,完成开机操作程序。

2. 关机操作程序

首先在维修机内完成对监控 A 机、监控 B 机的信息存盘,然后在“开始选单”上选取“关闭系统”,等待维修机弹出“现在可以关闭电源”窗口信息时,关闭维修机电源,在依次关闭监控 A、B 机的电源和 UPS 电源后,再将配电柜的 K_1～K_8 开关断开(此程序用于外电网两路电源均断电 3 min 以上)。

3. 系统停电及来电后的操作

发现系统停电,及时在维修机内将监控 A、B 机的信息存盘。如果系统停电超过 3 min,应依次关闭维修机(在开始菜单中选取“关闭系统”)、监控机、联锁机、UPS,并将配电柜的 K_1～K_8 开关断开。

如果系统停电不超过 3 min 就恢复供电,微机房不做处理。如果系统停电超过 3 min 才恢复供电,此时应闭合 UPS 电源开关,待 UPS 稳定(约 30 s)后,闭合配电柜 K_1～K_8 开关,依次打开联锁机、监控机、维修机电源的开关,并将联锁机备机联机。

(二)双机热备倒机方法

1. 联锁机倒机方法

联锁机倒机有两种方法:自动倒机和人工倒机。

(1)自动倒机

联锁机主、备机在同步状态下且手柄在"自动"位置,主机故障后备机自动提升为主机或在同步状态下关闭主机电源(使用电源按钮),使备机自动提升为主机,再打开被关闭的电源(使用电源按钮),并联机。自动倒机不影响已开放的信号(电源按钮是联锁机最上面一层的右下角红色按钮)。

(2)人工倒机

联锁机主、备机同步的情况下,若要备机升为主机,将手柄扳至原备机位置即可;如联锁机主、备机不同步的情况下,若要备机升为主机,将手柄扳至原备机位置,此时会关闭所有已开放的信号,并将道岔区段锁闭,在备机升为主机后,再将手柄置于"自动"位置,然后在控制台"上电解锁",将已锁闭的道岔区段解锁。

2. 重启联锁机

在联锁机故障情况不明的情况下,将联锁机备机电源关闭约 5 s后再打开,若备机联机后能同步,就关闭主机电源,将备机自动升为主机,然后再打开原主机电源;若备机联机后不能同步,就将手柄扳动至备机位置,让备机升为主机后,再将手柄扳至"自动"位置,并关闭原主机电源,约 5 s后再打开电源,并按"下联机"按钮,在控制台"上电解锁"完成了联锁机的重启工作。

3. 执表机与联锁机的切换

联锁机主、备机的切换方法如上所述。执表机可以单独切换,也可以跟随联锁机一起切换。采用自动倒机方法,执表机跟随联锁机一起进行主、备机的切换。执表机设有一手柄,可单独切换。即在联锁机工作机不变的情况下,转换执表机手柄(ZSB),执表机单独进行主、备机的切换。此切换会关闭信号,须要点进行。

4. 监控机切换及重新启动

监控机切换只能人工进行,切换手柄置于联锁 A 机的机柜底部,手柄指向"A"位置时,监控 A 机是工作机;手柄指向"B"位置时,监控 B 机是工作机。监控机主、备机的切换不影响信号,只会导致控制台瞬间黑屏。监控机的重启是将监控机电源关闭后再打开,1 min 内完成重启,恢复正常。重启监控机,需先在维修机上对重启的监控机信息进行存盘。

(三)更换器件

1. 采集/驱动板的更换

将须更换的采集/驱动板所在的机柜电源开关关闭,在机柜前部把对应采集/驱动板的上、下两螺丝拧松,拔出采集/驱动板后,将须更换的板子插入,并拧紧上、下两螺丝,最后打开机柜电源,并联机。

2. 联锁机板卡的更换

更换方法如采集/驱动板更换,要注意的是:要更换板卡的联锁机必须是备机状态,不能带电更换。

3. UPS 电源、采集/驱动电源的更换

更换 UPS 电源须要点进行,先将工作的联锁机(执表机)、监控机,倒到不需要更换 UPS 供电的一套上,控制台电源也倒过去,再将维修机信息存盘,然后将与要更换的 UPS 相对应的

空气开关(配电柜内)倒向下部,关闭UPS电源。拔下UPS背面的不良插头,按原样换上新的UPS,并将空气开关倒向上部,再打开UPS,完成对UPS的更换。

更换采集/驱动电源,先将机柜电源关闭,松开采集/驱动电源的固定螺丝,取出采集/驱动电源的固定螺丝,取出采集/驱动电源盒,并断开机柜电源线与采集/驱动电源盒连线,照原样换上新的采集/驱动电源盒,打开机柜电源,并联机。

二、控制台操作

(一)屏幕显示

屏幕显示按站场图形布置,平时显示的灰色光带为基本的轨道图形。有连续溜放作业的站场,在溜放区设有小区段,在屏幕上用蓝色竖线分隔。为调车作业设置的绝缘是大区段绝缘,在屏幕上用竖线表示,灰色为普通绝缘,红色带圆圈为超限绝缘。

屏幕图形显示各种颜色的含义如下:

(1)轨道区段

平时轨道区段为粗线,当该区段的轨道继电器前、后接点校核错时为细线。

基本图形时,呈灰色光带;进路在锁闭状态或溜放进路在退路锁闭状态时,呈白色光带;轨道区段有车占用或故障时,呈红色光带;区段出清后尚未解锁或溜放进路在有车占用后处于退路锁闭状态时,呈绿色光带;进路初选状态时,呈蓝色光带;接通光带或连溜时,溜放区的道岔位置呈青色光带。

也可点压“机占”按钮和股道上的“信号”按钮,人工设置或取消机占标志,用于办理特殊作业或封锁股道。

(2)列车信号复示器

列车信号复示器在信号机关闭时,呈圆形红色;信号机开放时,其圆形颜色与室外信号机显示一致;信号机第一灯泡主、副灯丝均断丝时,复示器闪红光;信号机有白色外框(方形)时,表明信号处于封闭状态,按钮失效;信号机有粉红色外框(圆形)闪光,表明信号前后接点校核错。

(3)调车信号复示器

调车信号复示器在信号关闭时,呈蓝色;信号开放时,呈白色;起阻挡作用的调车信号机关闭(用在某些地方,如专用线入口处)时,呈红色;灯泡断丝时,闪蓝光;溜放进路及退路信号开放时,呈白色闪光;调车信号机外加白色外框(方形),表明信号处于封闭状态,按钮失效;调车信号机外加粉红色外框(圆形)闪光,表明信号前、后接点校核错。

信号机旁平时不显示名称号,只有在信号开放、相应股道有机占、信号前、后接点校核错、灯丝断丝或办理进路时显示。点压“信号名称”按钮可显示信号名称号。

(4)信号名称显示含义

办理列车作业,始端或终端按钮按下,进路尚未排通时,呈绿色闪光;办理调车作业,始端或终端按钮按下,进路尚未排通时,呈黄色闪光;办理总取消时,呈粉红色闪光;办理总人解,正在延时解锁红色闪光;提示该信号在开放状态或相应股道有机占,信号前、后接点校核错或断丝(断丝时信号复示器为红闪)时,呈黄色;办理总人解且等待输入口令时,呈浅灰色;按下“信号名称”按钮,显示全部信号名称时,呈深灰色;信号名称有红色外框(方形,在名称外),表明该信号的接近轨道有机占；信号名称有青色进路始端标志（信号关闭，始端信号内方第一区段没有解锁时自动显示，表示始端标志存在）。

（5）道岔

道岔岔尖处用缺口表示道岔位置，无缺口的一侧表示道岔开通位置。当道岔无表示时，道岔岔尖处闪白色光，挤岔时岔尖闪红色光，同时出现道岔名称。数字化仪盘面上道岔处箭头所指方向为道岔定位位置。点压“道岔名称”时，在CRT上，道岔岔心处的短绿光带表示定位，短黄光带表示反位。

道岔颜色的显示有以下含义：

道岔正在转换时，呈黄色；道岔单独锁闭时，呈红色；道岔封闭时，呈白色；按下道岔名称按钮，显示全部道岔名称时，呈灰色。

道岔单独锁闭的含义是指可通过该道岔锁定位置排进路，但不能操纵；道岔封闭是指不能通过该道岔排进路，但道岔可以单独操纵。道岔封闭是专为电务人员维修道岔而设。

（二）按钮设置

采用鼠标控制的站场，利用按压鼠标左键来实现在屏幕上按压“按钮”的功能，屏幕上设置的按钮有通用按钮及其他按钮，除信号和道岔按钮外，其他按钮平时都隐含在屏幕内。

1.“信号”按钮

用鼠标操作时，股道旁的列车信号机作为列车按钮，调车信号机作调车按钮。列车按钮用鼠标右键，调车按钮用左键。列车终端、调车终端、变更按钮为灰色方块。

2. 功能按钮

包括“总取消”、“总人解”、“道岔总定”、“道岔总反”、“道岔单锁”、“道岔单解”、“封闭”、“清封闭”、“区段故障解锁”、“破封检查”等按钮。办理时，先点压功能按钮，屏幕上出现该功能的提示，再点压有关的“道岔”按钮或“信号”按钮。对于铅封按钮需再按口令，点压一次功能按钮，只能有效一次。凡是按压带口令的按钮时，屏幕均有计数器记录使用次数。倒机时，该记录可自动叠加。按下“破封检查”按钮可依次查看各个铅封按钮的使用次数。按“区段故障解锁”按钮还需按压区段内的“道岔”按钮。

3.“道岔”按钮

用鼠标时，屏幕上道岔岔尖处为“道岔”按钮，双动道岔两端均为“道岔”按钮，点压任意一个均可。

4. 上电解锁按钮

开机或人工切换时，出现全场锁闭，只有此时才可以点压“上电解锁”按钮解锁，其他任何时候均不可以按压此按钮。用鼠标的站场，屏幕上平时无显示，办理时，按压鼠标左键，屏幕上显示“上电解”按钮，点压此按钮前，必须确认全场车列已停止运行，否则将可能造成迎面解锁。点压“上电解锁”按钮必需按照屏幕提示点压口令，使用该按钮后，应记录原因。

5.“信号名称”按钮

全场设一个，点压后屏幕上出现所有信号机名称，再点压一次显示消失。

6.“道岔名称”按钮

全场设一个，点压后屏幕上出现所有道岔名称及道岔所在位置，绿色短光带表示道岔处于定位，黄色短光带表示道岔处于反位，再点压一次显示消失。

7.“接通光带”按钮

全场设一个，点压后屏幕上沿道岔开通位置用青色光带显示，再点压一次显示消失。

8.“清提示”按钮

全场设一个，点压后可清除屏幕上提示窗口内不需要的汉字提示。

9.“清”按钮

对于任何已点压但尚未执行的按钮，可通过点压该按钮取消操作。

10.“区段解锁”按钮(即“区段故障解锁”按钮)

用于轨道区段故障后造成的区段不解锁或故障区段修复后的区段解锁，在屏幕上显示为“区段解”按钮，只对道岔区段有效。办理区段故障解锁须确认该区段确实没有车占用，并且该区段所在进路的始端标志已经消失。办理时，先按“区段解”，再按相应道岔区段内的任一“道岔”按钮，再按口令“7、8、9”即可，以上每一步操作，屏幕提示窗口均有提示。

11.“坡道解锁”按钮

当进站外方有大于0.6‰的下坡道时，办理接车进路需办理延续进路，延续进路需延时3 min解锁，当值班员确认列车已完全到达，并停稳后可按下“坡道解锁”按钮和口令“4、5、6”，延续进路立即解锁。

(三)进路的办理与操作

1. 列车进路

先点压“始端信号”按钮，如点压X信号，相应的X信号名称绿色闪光，并在屏幕下端提示:“始端—X”，再点压“终端”信号按钮。若满足选路条件，则开始动岔、锁闭进路、开放信号。若选路条件不满足，则在上提示后面加“—按钮不符”或“—选路不通”或“—有区段锁闭”或“—有区段占用”或“--有道岔要点”等等，并给出道岔或区段名称。

正线通过进路需先点压进站信号机列车按钮，再点压出发咽喉的列车终端按钮。

2. 调车进路

调车进路同样点压“始端”、(“变更”)、“终端”按钮办理。

3. 对原铅封按钮的相应办理

为办理慎重起见，相对于原铅封按钮点压后，屏幕将提示输入口令，点压口令后操作才被执行，微机系统自动记录，并在屏幕提示栏有记录显示。

4. 进路的故障解锁

由于计算机联锁取消了继电联锁的区段事故解锁盘，而采用始、终端进路故障解锁，共有以下几种故障解锁情况:

(1)尚未使用的进路中某区段故障，出现红光带，此时信号关闭，进路处于锁闭状态，如接近区段无车，点压“总人解”和“始端”按钮及口令，进路自始端至故障区段解锁;若接近区段有车，进路延时30 s或3 min解锁。故障区段至终端之间的进路，需点压“总人解”和“终端”按钮及口令，延时30 s解锁;若接近区段有车时进路的第一区段故障，此时进路无法解锁，应等待设备恢复。

(2)某进路列车已顺序驶入，但由于进路中的某区段故障，在列车驶离后，仍保留红光带，致使此区段到终端的部分进路无法解锁。若故障区段为进路的第一区段，则需点压“总人解”

和“始端”按钮及口令，将进路的始端取消（始端信号的青色名称显示消失），再点压“总人解”和“终端”按钮及口令，将进路解锁。

第二种情况是故障区段非第一区段，在列车正常驶过第一区段后，第一区段自动解锁，原进路的始端已不存在（始端信号名称非青色显示），待列车驶出该进路后，点压“总人解”和“终端”按钮及口令，故障区段至终端的进路解锁。

对列车已顺序驶入的进路，为保证自进路终端的故障解锁不会导致迎面解锁，要求故障区段（红光带）至终端的各区段均被车列占用过又出清后，终端人工解锁才能生效。对其余的未解锁区段应采用区段解锁的方式分别解锁。

(3)进路中某区段轨道电路分路不良，在列车通过后进路不能正常解锁。若进路始端尚存在时，点压“总人解”和“始端”按钮可将整条进路解锁；若第一区段已正常解锁，进路始端消失或始端信号已做别的进路的始端或始端至未解锁区段间道岔已改变位置，则可用“总人解”和“终端”按钮将进路解锁。如果终端也找不到时，就要用区段故障解锁的办法来解，即点压“区段故障解锁”按钮和故障区段中任一“道岔”按钮将该区段解锁。

5. 单独操纵和单独锁闭道岔

道岔区段在解锁状态时，允许办理单独操纵道岔。同时点压“总定位（总反位）”按钮和“道岔”按钮，屏幕道岔岔尖处闪白光，同时道岔号显示黄色。点压“单独锁闭”按钮和“道岔”按钮，显示红色道岔号。点压“单独解锁”和“道岔”按钮，道岔解锁。

6. 封闭信号和封闭道岔

先按“封闭”按钮，再按压“信号”按钮或“道岔”按钮，这时信号机外套上白色方框，道岔名显示白色，表明信号机按钮已不能再进行操作，道岔也不能再排路。

7. 取消封闭

按压“信号”按钮或“道岔”按钮，这时信号机外的白色方框消失，白色道岔名消失，表明该信号或道岔的封闭取消。

8. 闭塞办理

闭塞办理方式与现有技术条件相同，所不同的是，“闭塞”及“复原”按钮需点压“确认”后才能执行。

屏幕上相应闭塞状态由红、绿、黄三色箭头分别表示。“事故复原”按钮需点压口令后才能执行。

9. 进路引导接车

当某轨道区段故障影响正常接车时，可用进路引导接车。

办理方法是：首先车务人员必须确认要开通的进路上无车，将道岔单操到需要的位置后点压该进路信号的“引导”按钮，如下行接车，点压“X引导”按钮，屏幕提示“进路引导接车—X，请按口令2、3、4!”，值班员依次点压“2、3、4”，屏幕上显示“OK”，进路锁闭，引导信号开放。

和继电设备所不同的是，当进站信号内方第一区段故障时，信号开放10 s就会关闭，为保证引导信号持续开放，需要每间隔不大于8 s即重复点压一次“X引导”按钮（此时无需输入口令，点压完后屏幕提示窗有倒计时提示），直到列车进入进站信号机内方。

引导信号开放后，可用“总人解”的方法关闭该引导信号，解锁引导进路。

10. 引导总锁闭

通常每个咽喉设一个“引导总锁”按钮。当道岔因电气故障失去表示时，可用引导总锁闭接车，但车务人员必须确认道岔位置走向正确，进路上无机车车列占用，没有办理敌对进路后，才可用引导总锁闭接车。

办理的方法是：先点压该咽喉的“引导总锁”按钮，如点压下行咽喉的“引导总锁”按钮，屏幕提示：“下行引导总锁，请按口令 3、6、9!”，然后依次点压数字按钮“3、6、9”，屏幕提示“OK”，同时有红色闪光的“引导总锁”汉字提示，接着再点压进站信号的“引导”按钮，办理方法如前所述，引导信号开放。

取消引导总锁的办理方法是：先点压“总人解”按钮，再点压“引导总锁”按钮，并输入口令“1、2、3”即可。

三、电务维修机的操作

电务维修机是车站计算机联锁系统的辅助设备，帮助电务人员更好地维修计算机联锁系统。维修机采用 Windows NT 操作系统，系统运行稳定、界面友好、操作简单。

(一)屏幕显示

系统启动后屏幕出现站场图像，如果全场图像由两屏组成时，此时只显示一屏图像，屏幕图像与控制台图像基本一致。屏幕上有一个白色箭头，如果移动鼠标器，屏幕上的箭头随之移动，维修机上的所有功能均可通过操纵鼠标器来实现。

(二)查询记录信息

电务维修机的记录信息包括操作记录、铅封按钮记录、变化信息、提示信息、联锁机错误记录、执表机 1 错误记录、执表机 2 错误记录、报警记录信息等。

要查询指定时间段的记录信息，需先用鼠标点压主菜单栏的“记录”按钮，进入查记录对话框，再点压“查找记录”按钮，选择所需查询的时间段，并点压“确认”按钮返回查询记录对话框。这时，记录列表框内显示的即为所选时间段的记录信息。

点压菜单栏的“A/B 机切换”按钮来切换所调用的记录数据文件，进行主、备监控中信息的查询。

上述信息可自动储存一个月。实际的储存操作是由维修机定时将各种数据存入硬盘，作为文件资料以备查询。当联锁机系统出现故障时，建议立即存盘，以便分析。当记录需要作为资料保存时，还可使用打印功能。

(三)图像再现功能

维修机除了保存和查阅记录外，还有一项重要功能，即再现功能，能够将保存在磁盘中的记录按照当时的实际现场条件再现出来。

首先点压“站场再现”按钮，进入选择再现记录文件对话框，选择需要再现的记录文件的日期、小时及分钟，并点压“确定”按钮，即开始站场再现操作。

进入再现功能后，屏幕底部出现由多个按钮组成的按钮条，按钮作用如下：

(1)“快进/快退”按钮。此按钮为非自复式按钮，按钮按下后记录以 20 倍的速度进行重放或后退，按压“暂停”键停止快进/快退。

(2)“步进/后退”按钮。此按钮为自复式按钮，每按压一次前进或后退一条记录。

(3)“重放”按钮。此按钮为非自复式按钮,按钮按压后以正常的时间顺序进行重放。按压“暂停”键停止重放。

(4)“返回”按钮。按压此按钮后退出重放功能,返回主画面。

(四)与远程诊断设备的通信功能

电务维修机利用操作系统中的拨号网络功能,通过相接的 Modem 设备和电话线与远端的一级、二级维修中心相连,将所记录的信息以文本文件格式传送到维修中心,便于监督和协助维修,适应集中维护的要求。

任务三　TYJL-Ⅱ型计算机联锁系统检修与故障处理

【知识目标】

1. 掌握 TYJL-Ⅱ型计算机联锁系统各部分检修方法。
2. 掌握 TYJL-Ⅱ型计算机联锁系统日常巡视的步骤、内容和方法。
3. 掌握 TYJL-Ⅱ型计算机联锁系统集中检修的步骤、内容和方法。
4. 掌握 TYJL-Ⅱ型计算机联锁系统常见故障的分析、处理方法。

【能力目标】

1. 具备熟练完成 TYJL-Ⅱ型计算机联锁系统日常巡视的能力。
2. 具备熟练完成 TYJL-Ⅱ型计算机联锁系统集中检修的能力。
3. 具备熟练处理 TYJL-Ⅱ型计算机联锁系统常见故障的能力。

【相关知识】

熟练地对信号设备进行检修作业，熟记每一部分设备的技术标准，判断设备是否正常工作。这些都是信号维护人员必须具备的基本能力。

一、TYJL-Ⅱ型计算机联锁系统各部分的检修方法

(一)监控机的维修

(1)在确认设备连接到位后，开启主机及监示器电源，监控机自动进入开机自检程序，逐个对外部设备及主机进行检查，若系统完好，出现相应提示，机器自动进入工作状态。

(2)当监控机和联锁机通信中断时，屏幕上有“联锁机通信中断”的提示且有语音报警。

(3)如发现运转室屏幕上时钟不变，表明机器工作异常，需由电务值班人员处理，造成这种现象的原因有：

①有人误动键盘上某些键，需按一下“回车”键。

②死机，此时需重新启动机器或备用机，以保证系统正常工作。

上述情况值班员室的监示器屏幕显示将不变化，不能真实反映情况，但此时联锁机仍工作正常，不会影响已排通的进路和开放的信号及其联锁关系。

(4)根据监控机监示器上状态显示窗口的显示，判断监控机的各种故障，若有问题，则需启用备机，以维持系统正常工作。监控机的 14 英寸显示器平时应关掉，以此达到保护屏幕的目的，只有在查看某些信息时才打开。

(5)若屏幕监示器的图像消失，可判断为监示器出现故障或电源接触不良，若颜色显示不正常和图像滚动，是由于监示器的电缆连接线(共 6 线——红、绿、蓝、水平同步、垂直同步、地线)有断线故障造成的。

(6)若监控机与联锁机的通信多次启动后，仍不恢复，可怀疑机内的 PC-01 网络板有故障。

（二）联锁机和执表机的维修

联锁机和执表机的应用程序已都固化在CPU板的Flash半导体上，只要开启电源，程序就开始运转。此时设于面板上的通信指示灯闪烁，分别表示联锁机和执表机、联锁机和上位机、联锁机和联锁机的备机通信正常。联锁机和执表机上电、复位和倒机时给出音响指示约20 s，正常运行时，若有音响输出则为报警信息，应检查微机间通信，并根据错误信息表查对错误原因。

开机时，由于A、B机的切换继电器都不工作，设于继电器室的切换继电器LQHJ处于落下状态，此时B机为工作机，A机为备机，若想把A机设置为工作机，需要用切换手柄将系统人工切换成A机工作，B机备用。

联锁机STD面板上装有工作指示灯、备用指示灯、同步指示灯，面板中部有联机按钮，按钮上装有联机指示灯，备用灯亮灯，表示备用机在开机工作，当联机按钮按下联机灯，亮灯表示备机在联机状态，当主、备机的控制命令和锁闭信息一致时，双机同步，同步灯亮灯表示主、备机已处于联机热备工作状态。当主机出现故障如死机，通信中断，事故继电器落下等，此时，备机发出切换命令，使备机的切换继电器吸起，例如备机为B机，则BQHJ吸起，切断设于继电器室内的切换继电器LQHJ的自闭电路，使LQHJ失磁落下，备机B机升为工作机，而A机处于脱机状态。在A机故障修复后，需人工按压设于A机上的联机按钮，A机才能与B机联机恢复通信。

联锁机和执表机内各设有3台电源，一组STD电源，供STD总线用的5 V微机电源和采集/驱动模板内微机用电源；一组采集12 V电源，12 V(T)；一组驱动12 V电源，12 V(Q)。

各路电源在机柜的电源面板上均装有电源指示灯和测试孔。各路电源之间要求有良好的隔离性能。

在微机的状态表示面板上设有运行、中断、接收、发送等指示灯，若运行灯闪烁，则显示CPU运行正常，反之，可判断为CPU板或报警板故障。其中，中断2灯指示通信中断请求信号是否正常，应一直闪烁，若中断2灯停止闪烁，则可能主板中有故障。中断1灯和中断3灯应一直处于灭灯状态，目前已无作用。

微机与外部设备通信一次，发送、接收指示灯闪烁一次，若有通信故障，则停止闪烁，按压停鸣按钮，可以关掉喇叭音响，在设备恢复正常后，需将按钮复位，接通喇叭以备报警用。

每一机柜的第一块驱动板的第一和第四位控制输出驱动事故继电器，平时工作机的事故继电器在吸起状态，设于第四层面板上的第一个事故指示灯不停地闪烁，当工作机出现某些关键性的错误时，备用机将发出倒机命令，自动将备用机切换成工作机，系统保持正常工作。在人工切换时，工作机的故障将使事故继电器落下，从而切断动态继电器的局部电源，属于该机柜控制的所有对象都失磁落下。

联锁机柜第三层第一块面板左侧的指示灯有如下含义：

(1)第一个指示灯指示该机为A机还是B机，经常亮灯的机柜是A机，不着灯的机柜是B机。

(2)第二个指示灯指示该机是工作机还是备用机，亮灯的是工作机，灭灯的是备用机。

(3)第三、四个指示灯指示设于继电器室内切换手柄人工切换时的状态，电路中的接法是工作机的第三个指示灯亮灯、第四个指示灯灭灯，备用机的第三个指示灯灭灯、第四个指示灯亮灯。

(4)第五、六个指示灯指示切换校核条件,校核无误,工作机和备用机必须是第五个指示灯亮灯、第六个指示灯灭灯。当指示不符时,联锁机将按故障处理。

(5)第七个指示灯指示对方机的工作状态,它的点灯条件是 BQHJ 或 AQHJ。

(6)第八个指示灯亮灯表示切换手柄在中间(自动切换)位置。第八个指示灯亮灯时,第三个或第四个指示灯都不应亮灯。

(7)第十六个指示灯是联机指示灯。

执表机柜第三层第一块面板左侧的指示灯有如下含义:

(1)第一个指示灯指示该机为 A 机还是 B 机,经常亮灯的机柜是 A 机,不亮灯的是 B 机。

(2)第二个指示灯指示该机是工作机还是备用机,亮灯的是工作机,灭灯的是备用机。

(3)第三、四个指示灯指示设于继电器室内切换手柄人工切换时的状态,电路中的接法是工作机的第三个指示灯亮灯、第四个指示灯灭灯,备用机的第三个指示灯灭灯、第四个指示灯亮灯。

(4)第五、六个指示灯指示切换校核条件,校核无误,工作机和备用机必须是第五个指示灯亮灯、第六个指示灯灭灯。当指示不符时,联锁机将按故障处理。

(三)采集/驱动板的维修

输入整形电路板和输出驱动板均为通用模板,可以互换,但机柜零层、插头必须对号入座,否则就有采集到错误信息或发出错误控制命令的可能。

为了查找故障可以利用电路图册,中采集信息或控制命令表。表内直接给出了某信息或控制命令的序号、机柜零层、面板指示灯、单元板端子,以及采集光耦、采集芯片或驱动光耦、驱动芯片,从而找出故障所在,判断出故障单元后,单元内的故障可脱机检查,用万用表检测光电耦合器,电容、电阻等元器件进一步找出故障所在。

二、TYJL-Ⅱ型计算机联锁系统检修作业

(一)日常巡视

1. 外观检查

(1)联锁机柜正直,无明显倾斜,各机器代号清晰。

(2)机房清洁符合要求。

(3)各处防尘、防鼠措施完好。

(4)控制台、应急台加锁完整。

2. 联锁机机柜

(1)检查各电源指示灯、运行指示灯、备用指示灯、同步灯正常。

(2)检查联锁机各通信指示灯,包括主、备机及与上位机通信指示灯。

(3)各采集板、驱动板工作正常,相应指示灯正常闪烁。

3. 上位机与维修机

(1)查看上位机与联锁机、上位机间、上位机与维修机间通信指示灯正常闪烁。

(2)在维修机上查看各种维修记录,及时发现错误信息,若有不正常情况应对数据及时进行软盘保存,并及时处理,通知上级主管部门。

(3)计算机时钟是否正确,时钟有错时,应在维修机上进行调整。

(4)上位机、维修机风扇防尘罩清扫工作。

4. 控制台

(1)检查各 CRT 显示器显示情况良好,界面清晰,对比度合适,适当调整显示器,以延长其寿命。

(2)检查输入设备(数字化仪)运行情况良好。

5. 电源部分

UPS 电源、参数稳压器、动态电源工作正常。

(二)集中检修作业

(1)设备清扫,接插件及各部螺丝检查、紧固。

(2)清理计算机、UPS 通风防尘网。

(3)设备地线、防雷地线、防雷单元测试,各部配线检查。

(4)电源设备检查测试。

(5)阻容元件、二极管检查、测试,不良更换。

(6)时钟精度校核。

(7)检查整修防尘、防鼠设施。

(8)定期进行监控机、联锁机、执表机倒机试验,倒机时应选择列车间隙时间要点进行,试验正常后不必倒回。

(9)熔丝容量核对、测试、检查、整修、更换;熔断器座检查。

(10)进行Ⅰ级测试并做记录。

(11)按周期更换轮修器材。

(12)不良器材更换。

(三)注意事项

(1)上位机、联锁机设备检修原则上应在备机上进行。无法避免要影响使用时,应征得车站同意,要点进行,每月进行一次各部清扫。

(2)开、关备机均应要点进行。倒机必须要点,尽量使用关主机电源方法,自动倒向备机。

(3)查看故障原则上应在维修机上进行,避免在上位机上误操作引起故障。

(4)每周应至少测量一次联锁机电源。

(5)每天至少查看一次上位机的故障记录,包括机柜自检错误、灯丝转换、熔丝报警等记录。

三、TYJL-Ⅱ型计算机联锁系统常见故障处理

(一)故障处理的一般方法

1. 对于监控机(工业控制计算机)部分故障的处理

对于监控机部分故障的处理方法和普通 PC 机无异。

计算机故障处理是一个非常大的范围,主要包括软件故障处理和硬件故障处理两部分,下面介绍一些常见软件和硬件方面的故障处理的方法。

计算机故障处理的基本原则应采用是"先软后硬、先外后内"。

所谓"先软后硬"就是首先从软件角度着手(包括操作不正确和病毒破坏等),尝试用软件的办法来处理,因为 80%的计算机故障是软件故障。在确实无法解决问题的情况下,再从硬

件上找原因;排除软件故障,再排除硬件问题,这是电脑维修中的重要原则。例如 Windows 系统软件的被损坏或丢失可能造成死机故障的产生,因为系统启动是一个一步一个脚印的过程,哪一个环节都不能出现错误,如果存在损坏的执行文件或驱动程序,系统就会僵死在这里。但电脑各部件的本身问题,插接件的接口接触不良问题,硬件设备的设置问题,如 BIOS,驱动程序是否完善,与系统的兼容性,硬件供电设备的稳定性,以及各部件间的兼容性、抗外界干扰性等,也有可能引发电脑硬件死机故障的产生。在维修时应先从软件方面着手,再考虑硬件。

而"先外后内"是指首先排除电源、接头、插座的电器连接,以及外围设备的机械和电路等故障,然后再针对机箱内部进行检查。对于出现主机或显示器不亮等故障的电脑,应先检查机箱及显示的外部件,特别是机外的一些开关、外部的引线、插座有无断路、短路现象等,不要认为这些是无关紧要的小处,实践证明许多电脑故障都是由此而起的。当确认机外部件正常时,再打开机箱或显示器进行检查。

(1)对于软件部分

软件主要分为系统软件和应用软件两部分,用户在使用系统软件过程中,如 Windows 操作系统,使用过久在系统中会有很多垃圾文件产生。轻则占用系统空间,重则阻碍日常的系统运行,使系统变慢甚至出现系统无法工作。而在使用应用软件的过程中,很多应用软件安装好后,会在系统里面出现莫名其妙的系统冲突现象,一些正常的功能在用久了也出现不正常的现象,这些都是不可避免的。对于软件故障的处理一般采用系统重启方法,如果故障还不能恢复就重新安装系统。

(2)对于硬件部分

电脑在硬件部分出现的故障非常多,也非常复杂,如日常所见到的黑屏、开机无显示、频繁死机等现象,这些其实都是硬件上的故障产生的。采用"先外设后主机、先电源后部件、先简单后复杂"故障排除步骤。日常情况下用以下方法排除故障:

①观察法

利用"看、闻、听、摸"的观察法。"看"主要是观察系统板卡的插头、插座是否歪斜,电阻、电容引脚是否相碰,表面是否烧焦,芯片是否开裂,主板的钢箔是否烧断;"闻"主要是辨闻主机、板卡中是否有烧焦的气味;"听"主要是监听电源风扇、软/硬盘电机或寻道机构、显示器变压器等设备的工作是否正常;"摸"主要是用手按压管座的芯片,看芯片是否松动或接触不良,CPU 风扇散热器、显示器、硬盘等设备外壳其温度是否过高等。

②拔插法

主要适用于计算机中各板卡的故障,即通过将板卡"拔出"或"插入"检查故障。计算机系统产生故障的原因很多,主板自身故障、I/O 总线故障、各种板卡故障均可导致系统运行不正常。检修时将主机内各板卡一块块拔出,每拔出一块板卡就开机观察机器运行状态,若系统正常,则故障就在该配件上,若拔出所有插件后系统仍不正常,则故障很可能会在主板及 CPU 上。

③替换法

替换法是常用的一种故障检修方法,工区对常用板卡都有储备,所以此方法也特别有用。替换法是将同型号、同功能的插件板或同型号芯片相互交换,根据故障现象变化情况,判断故障所在。此法多用于易插拔的维修环境。至于硬件上具体出现的故障和排查方法,有时还是具体问题具体分析,亲身体验,才能够做出更好的解决办法。

2. 故障应急处理方法

倒机是故障处理最捷径的应急办法，也是判断故障位置的重要方法，倒机包括联锁机倒机、上位机倒机、控制台倒机。对于双机冷备和双机热备的系统，微机部分都为双套，互为主备。双机冷备系统当工作机故障影响到使用时，为缩短影响使用时间，应尽快人工倒机，恢复正常使用后，再对故障机进行故障处理。联锁机人工倒机会全站锁闭，影响现场的进路和信号，因此，联锁机人工倒机时，需电务人员和车务值班员共同确认全站均无进路在使用中，并且所有机车都未在行走。上位机和控制台倒机只是在倒机过程中影响控制台的使用，对进路和信号的开放毫无影响。

3. 报警板故障

联锁机和执表机的工作状况在机柜上有明确的指示灯表示，该指示灯由软件控制报警板，通过不同的端口地址输出点亮发光二极管，因此，报警板的好坏直接影响到各种指示灯的正确表示。但是，报警板故障只是影响灯的指示，不会影响到机器中程序的正常运转，也不会影响系统的正确输入/输出以及设备间的正常通信。所以，当指示灯指示不正常，而机器工作一切正常时，则可能是报警板故障。一般情况下，辨别报警板好坏，可对机器关机，开机后若正常，表明报警板没问题，故障原因需进一步查找。另外，报警板还控制机器的音响报警，当在联锁机直接采集按钮式控制台信息时，报警板还控制按钮按下的音响提示和控制台的音响报警。

4. 运行灯停止运行

联锁机和执表机上设有运行灯，运行灯可直接表示机器是否在运转状态。当运行灯停止运行时，表明程序走飞了，即通常所讲的“死机”。冷备站及热备站备机未在同步状态时，工作机的运行灯停止运行，控制台有“联锁机通信中断”的图像报警和音响报警(执表机程序走飞只影响执表机与联锁机的通信，即只影响执表机控制的输入/输出部分)，发生此情况应尽快记录各种指示灯此时的指示状态，然后对机器重新开启。造成这种情况的主要原因有：电源电压不稳；通信有强的干扰；机器第二层的板子有故障等。由前两种原因造成的死机，在故障原因消失后可复位恢复正常，由于板子故障造成的死机可对其逐个更换。

在热备站，工作机运行灯停止运行时，机器会自动倒机变为备用机，原备用机会升为工作机，在控制台屏幕上只会看到故障倒机的报警信息，而不会有“联锁机通信中断”的提示。自动倒机后，显示器上备机同步的指示也会自动消失。

备用机的运行灯停止运行，只会造成备机脱机，不会影响工作机的正常运行。

5. 通信故障

系统设备间的通信指示灯含义见表2-4-1。

表2-4-1　系统设备间的通信指示灯含义

通信设备	使用范围	通信网卡	指示灯
联锁机—联锁机	用于热备站	7863-CPU的RS-422端口间通信 (386/CPU)STD-01与STD-01的通信	联锁机STD层第四组收发灯
联锁机—上位机	应用于各种站	7863-CPU的RS-422端口与PCC-03网卡 STD-01网卡与PC-01网卡	联锁机STD层第一组收发灯

续上表

通信设备	使用范围	通信网卡	指示灯
联锁机—执表机	用于带执表机的站	STD-01 网卡间通信	联锁机 STD 层第二、三组收发灯
上位机—维修机	用于带维修机的站	PC-01 网卡间通信以太网卡间通信	
维修机—监测机	用于带维修机与监测机的站	COM_2 与 V20、RS-232 端口通信	
甲站上位机—乙站上位机	用于带场间通信的站	PC-01 网卡间通信。以太网卡间通信	

带发光二极管的网卡，该发光二极管也为通信指示灯，通信正常时，指示灯都应不停地闪烁。

(1)联锁机通信中断。此种故障在控制台处有语音报警或音响报警，并且屏幕上有“联锁机通信中断”的文字报警提示。

①故障点判断

热备站当备机处于同步状态时，发生联锁机通信中断，联锁机会自动倒机，若倒机后正常，联锁机通信中断的报警提示可能会由于倒换时间极短，在屏幕上来不及显示就又恢复正常，但此时有联锁机倒机的提示，并且主、备机同步信息也消失，这种现象一般为联锁机故障造成的。当故障部位在联锁机上，倒机后系统不间断使用，此时故障机变为备机，并应与备用的上位机通信。冷备站出现联锁机通信中断时，应先人工倒联锁机(联锁机人工倒机时，电务人员必须和车务值班员共同确认全站无进路在使用中，所有机车都未在运行中)。若联锁机倒机后恢复正常，表明故障点在联锁机上；若联锁机倒机后仍不能正常使用，则要按压联锁 A 机第一层的上位机切换按键来人工切换上位机。通过切换上位机后恢复正常，说明故障在上位机上。

②故障处理

当故障在联锁机上时，应先观察联锁机的运行灯是否还在运行，若停止运行，记录各指示灯的状态后，对机器关闭、再开启电源，如恢复正常(上位机会提示“联锁机通信正常”)，表明发生故障当时外界对电源或通信有强的干扰，干扰消失后设备就恢复正常使用；如关闭，开启电源后仍不能正常运行，则要对联锁机的板子逐个更换，直至故障排除。若运行灯正常运转，则要更换 STD-01 通信网卡(无该网卡要更换 7863-CPU 板)。

(2)上位机故障造成报“联锁机通信中断”，一般是上位机里的通信网卡故障，即 PC-01 或 PC-03 网卡故障。

(3)当联锁机和上位机均做故障处理后，系统仍不能恢复正常工作，则故障一定在通信线路上，如上位机或联锁机处的通信线接头、总线盒上的通信线接头有松动或断线，再就是通信线断线或总线盒故障。故障发生在通信线路上，可以通过用临时通信线直接连接联锁机和上位机来应急使用。

6. 联锁机和执表机电源故障

机柜电源安装在机柜上层，没有工作指示灯和测试孔。采集和驱动电源盒上也没有指示灯。电源误差范围应在15%以内，否则会影响机器的正常工作。为了降低电源故障对采集的影响，主、备机的采集电源并联使用(在采集回线处和机柜零层端子板的1号端子处直联)，当其中一套的采集电源故障时，另一套的采集电源继续供电，保证设备正常工作。平时应注意观察各机柜的电源指示灯，发现故障及时处理。

7. 采集与驱动电路故障

(1)采集电路故障

对于个别信息采集不到的情况，可能是采集板的对应光耦损坏、信息采集线断线、继电器接点接触不良等原因造成的。

大量信息采集不到，可能是采集回线有断线的原因，若集中在一块板上，也可能是采集板不工作(采集板最上面的两个指示灯不停闪烁表示该板在工作状态)或接口插座松动。采集板不工作的原因有：采集板故障、I/O板故障或I/O板与机柜采集母板的连接部分有故障(连接部分采用34芯扁平电缆，实用32芯)。1块I/O板可控制8块采集板。通过零层端子板送出一条采集回线，采集回线在组合架上分出许多分支，经过各个采集接点接口架送回联锁机。检查采集电路时，可借助采集地测量各采集点处是否有正电，采集地在零层端子板的1号端子上。A、B机的采集回线在零端层子板19、20号端子上互连；A、B机的采集地在零层端子板的1号端子上互连，这样做是为了防止采集干扰。

(2)驱动电路故障

由微机控制的继电器大都为动态继电器。微机有输出信息时，相应驱动板对应位的灯以6 Hz左右的频率闪烁，相应动态继电器(驱动组合、驱动柜的相应灯)的指示灯也以相同的频率在闪烁。观察是否闪烁，可判断是驱动板故障或是动态继电器故障或是配线断线等。另外有两个继电器要注意，即热备系统中用到的AQHJ和BQHJ，虽由微机控制，但它不是动态继电器，而是JWXC-1700型继电器。微机对其输出信息的指示灯在相应联锁机的第一块驱动板的第二、三位。

动态继电器的局部电源是DKZ、DKF；事故继电器的局部电源是WKZ、WKF。WKZ、WKF是稳压电源直接输出的；DKZ、DKF是WKZ、WKF经过QHJ和SGJ接点输出的条件电源。驱动组合的局部电源一般调在35 V左右；动态继电器用的局部电源调在28 V左右。对于双输入的动态继电器，分别由A路或B路输入驱动信号。

事故继电器(SGJ)是为了保证系统故障导向安全而专设的一个重要继电器，它也是动态继电器，输出表示灯在机柜第一块驱动板的第一位。机器正常时，事故继电器应该保持吸起。备机不在同步状态时，它的事故继电器落下。事故继电器是形成DKZ、DKF的必要条件，也就是它是给所有动态继电器提供局部电源的必要条件。它的落下，将切断所有动态继电器的励磁电源，相当于把全站锁死，处于安全状态。因此，靠事故继电器落下切断局部动态电源是保证故障导向安全的一个重要手段，机器停止输出，表明此时设备有影响安全的故障，这种故障从记录中可以查到。一般造成停止对事故继电器输出的原因主要有：驱动回读错、有未经驱动的继电器前接点闭合、关键缓冲区校验错等。

检查接口电路：以JARC动态继电器为例，继电器要吸起必须满足两个条件，一是有局部电源(DKZ、DKF)；二是有驱动信号。目前，系统曾采用过两种驱动电源，一种是12 V；一种是5 V。采用12 V驱动电源时，测量到的驱动信号是4～7 V的脉动电压；采用5 V驱动电源时，测量到的驱动信号是 2 V 左右的脉动电压。查接口电路主要是查驱动信号有无送到继电器。电路中 A、B 机有各自的驱动回线，它们相互独立，绝不可混线，否则会造成驱动回读错。检查驱动信号时可用驱动回线做参考高电位，测量驱动信号回路经过的端子上有无脉动信号，以查明是否有断线。

8. 脱机状态

联锁备机有三种状态，即脱机状态、联机状态、同步状态。

联锁备用机开机后的初始状态为脱机状态，同联锁主机刚开机的初始状态一样，全场处于锁闭状态。当联锁机的切换手柄处于中间(自动)位置时，按压联锁备机的联机按键，此时，联锁备机的备用灯点亮，联锁主机和联锁备机的第四组收发灯，以及联锁备机的第一个中断灯开始快速闪烁(使用 386-CPU 主机板例外)。从备用的上位机可以看到，联锁备机全场处于解锁状态(包括有分路的轨道区段)。当联锁主机全场也处于解锁状态时，备机可在联机后马上变为同步状态，当联锁主机在按压备机的联机键之前有进路存在、有锁闭光带或道岔单锁时，联锁备机一直要等到这些进路解锁、锁闭光带消失或道岔单锁解除后才可同步；当道岔区段轨道电路处于分路状态时，该区段往往在联锁主机上表现为锁闭状态，联锁备机也常由于这个原因而不得同步。主、备机全场状态一致后，备机即可变为同步态，并且联锁备机的同步灯也点亮。

造成脱机的原因比较多，一般为备机故障、通信干扰、锁闭失效等。分析脱机原因时，主、备上位机的记录都要考虑，尤其是备用上位机的记录直接记录备机脱机时的状态。

9. 显示器黑屏、缺色

(1)黑屏

黑屏是指屏幕无任何显示，发生黑屏的原因有以下几点：

①掉电

显示器在电源开关处都有一个电源指示灯，当给显示器通电后该指示灯就会亮，当指示灯变灭，说明显示器掉电，屏幕不再会有显示。

②无显示信号

无显示信号是指显示器收不到由微机送来的显示信号，从而屏幕无显示。造成该现象的原因主要有：

a. 上位机没有运行车站的应用程序，需对上位机进行处理(复位)使之正常工作。

b. 电压冲击保护也可导致显示器自动关闭显示。当给显示器输入的电压瞬间有高电压或低电压的冲击时，有的显示器为了防止冲击对显示器的损坏而自动关闭本身的工作，从而显示消失，由这种原因造成的黑屏可对显示器重新开启电源。

从上位机到显示器的视频电缆断线或插头松动、脱落。

若控制台有显示切换板，切换板故障也可导致黑屏，该故障可以通过跳过切换直接短接视频线和显示器的显示线、观察显示屏的显示来判断。

显示卡故障也可造成屏幕无显示。

(2)缺色

缺色是指屏幕颜色显示不正常，如缺红色、黄色或绿色的显示。造成缺色的原因有：视频线插头松动；视频线插头中端子断线或视频线断线(查看视频线插头端子配线分配表)；若控制台有显示切换板，切换板故障也可导致缺色，该故障可以通过跳过切换板直接短连视频线和显示器的显示线而观察显示屏的显示来判断;显示卡故障;显示器故障。

10. 维修机典型错误记录

(1)关键缓冲区校验错。此错误连续出现三次后将使事故继电器落下。系统联锁软件采用冗余技术,因此软件中对许多编码采用多重校验,当校验不一致时就报关键缓冲区校验错,一般为7709或7710RAM扩展板不好。

(2)采集板输入端口检查错。采集信息置为安全侧。此错可报到机柜具体哪一块采集板的第几端口不好,一般更换该采集板即可。更换采集板后仍不好,则要考虑I/O板故障和I/O板与采集板连接部分的故障。

(3)前、后接点采集信息校核错(同为"0"或同为"1"),为了保证安全,轨道继电器的前、后接点机器都要采集,正常情况前、后接点同时有且只能有一个采集到,当报此错时,表明机器同时采集到前、后接点或两者都没有采集到,若前、后接点都采到,表明有混线,都没有采集到,则要根据前面所讲的采集故障的查找方法进行查找,报该错时,都要报到第几块采集板的第几位前、后接点采集信息校核错(同为"0"或同为"1"),对应该区段在显示器上显示占用状态。

(4)有未经驱动的控制继电器的前接点闭合,停止驱动事故继电器。该错也要报到第几块采集板的第几位有未经驱动的控制继电器的前接点闭合,发生此错在屏幕上一般可以看到对应信息有不该有的显示,如不该开的信号有开放的显示,这种情况表明有混线。报此错前,有对应继电器错误采集到的记录。

(5)驱动板控制回读错。该错可以报到具体哪块驱动板的第几位有回读错,该错指机器没有对所报驱动位发出驱动信号,但回采到不该有的驱动信号,当驱动板故障、动态继电器(驱动组合)故障或混线都有可能报此错。回读错有时在驱动板对应位可看到驱动灯暗闪。

(6)切换校核错。本机全部控制失效。

(7)切换电路故障。工作机失去1LQHJ的接点条件,可能已失去控制权。

(8)主机同步通信窗口内无备机呼叫。备机故障,会造成脱机。

(9)备机控制的多于主机的信号的控制序号。可能工作机有故障,会造成倒机。

11. 注意事项

联锁机CPU的板子、上位机和维修机中的板子、控制台微机中的板子插拔时一定要关机,否则瞬间高电平会把板子击坏。

上位机和维修机的开关上有三个指示灯和两个按键,第一个标注POWER的指示灯为电源指示灯;第二个标注H.D.D的指示灯为硬盘工作指示灯;第三个标注KB-LK的指示灯为键盘锁闭指示灯;红色自复式按键为复位键;蓝色非自复按键为键盘锁闭键;蓝色键按下时,第三个指示灯亮,表示已把键盘锁死,此时按键盘无效。为了避免误碰键盘而影响设备的正常使用,平时都要把蓝色键按下锁死键盘,但是,在复位机器或机器掉电重新启动时一定要把蓝色键弹起,键盘锁闭灯熄灭,取消键盘的锁闭,这样机器才可正常启动。

(二)故障案例分析处理

【故障现象2-1】　联锁机备机(B)脱机

故障处理:

(1)电务值班人员检查发现联锁B机驱动+12 V电源指示灯不亮,用电表测量驱动+12 V

无电源输出，再查看驱动电源发现风扇不转，由此判定为驱动电源不工作，进一步检查发现驱动电源～220 V 引入插头松动，插好插头故障消失。

(2)分析维修机记录，记录中提示联锁 B 机关键缓冲区校核错造成联锁机备机脱机。关键缓冲区指的就是 CPU 板中的内存，由于内存条性能不良造成了关键缓冲区错，备用 B 机脱机，由此更换 CPU 板后故障消失。

【故障现象 2-2】 联锁机死机

故障分析：

运行灯和 1 组通信表示灯停闪，是联锁机死机特征，可采用开关电源。

联锁机死机时，面板上各指示灯均不闪烁(首先要确定电源已打开)，这时可在机柜后面按动联锁机的复位键数次，若仍无效，应观察联锁机采集是否闪烁，如能正常闪动，则为该联锁机的板插头松动或故障，如采集板的指示也不闪动则为 STD 层计算机板故障，可按下列步骤处理：

(1)关闭电源后首先更换 CPU 板，更换时必须注意板上的跳线。

(2)如更换 CPU 板后系统仍不能恢复时，可关闭电源，将除驱动 I/O 外的 1604 板 I/O 拔出后再试一次上电启动，可确定故障的 1604 板。

(3)联锁机中断灯不闪烁，但第一组收发灯和运行灯仍然闪烁，并可在上位机上看提示，此时按压联锁机复位键可恢复正常。

(4)联锁机中断 2 灯、运行灯和第一组接送灯只发、无接，此时与控制监视器通信中断，应先确定控制监视机是否开机，再使用联锁机复位键，如仍无效，先考虑联锁机的通信插头是否松动或其网络通信板故障。

【故障现象 2-3】 上位机(工作机)故障

(1)故障分析：

①控制台屏幕上时钟不走。

②联锁机工作正常，但第一组接发灯只发、无接灯闪动，可判定为上位机 PC-01 故障。

(2)应急处理方法：

①进行上位机切换(要保证另一台上位机在开机工作状态)。

②在备机上进行上位机检修，查找故障。

【故障现象 2-4】 上位机主机与联锁机通信故障

(1)故障分析：

①控制台屏幕显示“联锁机通信中断”。

②联锁机工作正常，但第一组接发灯只有“发”灯闪烁而无“接”灯闪烁。

(2)处理方法：

①先进行联锁机切换。

②如仍未恢复，再进行上位机切换。

③恢复使用后再查找备机故障，就着重检查通信网卡、通信接口和通信线路。

④检查事故继电器 1-4 线圈端子是否有电压(同时检查 2-3 端子是否短接)，如无电压，则驱动单元损坏，需要更换。

【故障现象 2-5】 事故继电器不吸起

故障分析：

(1)检查联锁主控机，第一块驱动板 1、4 灯是否闪烁，有闪烁，则检查第(2)步。

(2)检查事故驱动单元红灯是否闪烁，有闪烁则检查第(3)步。

(3)检查事故继电器 1-4 线圈有否电压(同时检查 2-3 端子是否短接，盒内保险是否完好)，如无电压，则单元坏了，需更换。

(4)事故继电器将会落下原因有：切换校核错、控制表示不一致、驱动板回读错、无采集、控制中断(中断灯 2 不闪烁)等。

【故障现象 2-6】 采集电源故障

(1)故障分析：

联锁 A、B 机都有自身的采集电源，由于它采集的对象是同一个对象(为了节省采集接点)，它们的采集电源是通过二极管并联起来的，如果联锁 A 机采集电源关掉或损坏，它仍然能采集到信息，但是区段、道岔的表示接点是分接点采集，电源故障必然导致脱机，必须及时更换。

每一个采集电源输出回路中均串联一个二极管，是专为了防止两个电源之间相互短路而设计的。二极管击穿(同时该采集电源关闭)时，将会出现采集不到信息，控制台上信号开放没表示，道岔得不到表示等现象，应引起高度重视。

(2)处理方法：

更换二极管。

关闭的采集电源立即打开，不要关闭。

【故障现象 2-7】 动态稳压电源故障

故障分析：

联锁 A 机故障时就自动切换到联锁 B 机动态稳压电源供电，并伴有屏幕故障提示，联锁 B 机动态稳压电源故障在屏幕上也有故障提示。但千万不能等到两个电源故障才去处理，否则将造成设备瘫痪。

此故障将造成动态组合无法工作，事故继电器落下。

【故障现象 2-8】 全站白光带，信号机全部为红灯闪烁，控制台不能操作鼠标开放信号，但室外信号正常

故障分析：

根据分析，判断为联锁主机与主用上位机通信中断，检查联锁主机 STD-01 卡发送灯闪亮，但接收灯不亮，说明联锁主机有发送，但没有接收；检查上位主机 PC-01 卡，发现接收与发送指示灯均只闪微弱灯光，说明 PC-01，卡故障，更换 PC-01 卡，故障消失。

【故障现象 2-9】 控制台显示器不显示站场平面图，屏幕左上角显示“C：\”

故障分析：

由控制台上显示器显示的内容可以看出，该故障明显是因为上位机服务程序运行中断造成的。上位机在运行过程中发生程序中断是因为，上位机的运行程序为了使用安全均做在电子盘上，电子盘是硬盘的一个复制，一般不会对程序运行造成影响，但这个电子盘在制作时出了一些问题，为此屏蔽此电子盘改由硬盘运行，故障消除。

【故障现象 2-10】 某站 3DG 显示红光带不消失，实际轨道电路工作正常，GJ 吸起，但影响联锁关系，不能排列经该区段进路且该故障以 5～10 min 的频率重复发生

故障分析：

查看错误报警为“3DG 同为 1”或“3DG 同为 0”，联锁 A、B 机上 3DG 相应采集灯 3DG↑、3DG↓同时点亮，初步判断为采集混线。按常规方法，首先检查了从组合架至接口架的公共部分，通过甩线等方法判断故障在接口架到联锁机方面，通过关闭电源及逐个拔插板卡，故障依旧，在接口架甩开 LSB 机与 3DG 采集有关的 32 位接口，LSA 机 3DG 采集正常，此时恢复单机运行。通过要点对电缆进行检查，发现混线故障发生在 LSB 机内部，拔下 LSB 机所有的采集板后，用电表测量，发现 3DG↓采集位上有＋11.58 V 电压，由此判断在采集层母板上有一个＋12 V 电源混入了 3DG↓采集位，再用电表测量采集层＋12 V 驱动电源端子到 3DG↓采集位间的绝缘电阻只有 7 kΩ 左右，正由于这两点间绝缘电阻太小使＋12 V 混入，造成了故障的发生，更换了 LSB 采集层母板后，故障恢复。

【故障现象 2-11】 信号机室外点灯显示错误，应为一个黄灯实为两个黄灯

故障分析：

这是一个信号降级显示的故障，查看信号点灯电路图，该信号机的 ZXJ 应该吸起，但实际上此时 ZXJ 掉下，检查该继电器对应的驱动盒对应位没有点灯，说明该驱动盒没有驱动 ZXJ 吸起，但测量该驱动盒的对应位有一个＋6 V 的直流驱动电压，说明执表机已将驱动电源送至驱动盒，但驱动盒没有驱动继电器动作，表明该驱动盒已坏，更换驱动盒故障消除。

【故障现象 2-12】 全场轨道电路红光带

故障分析：

故障发生在雨天打雷之后，可以考虑是否因雷击打坏设备，从控制台显示器上故障现象看，由于只是轨道电路红光带，无其他方面故障，因此可能判断为因雷击打坏了轨道电路采集 I/O 板(1604)板。检查发现 LSA 机轨道通信 1604 板被雷击坏，更换该 1604 板后轨道电路恢复正常。对雷击故障同时要考虑地线是否达标，特别是逻辑地线，测试该站逻辑地线为1.2 Ω，超标，通过对逻辑地线的整治，下降为 0.8 Ω，再就没有发生过雷击损坏设备故障。

【故障现象 2-13】 控制台显示器黑屏，联锁 A 机不工作

故障分析：

观察控制台显示器电源指示灯不亮，说明显示器无电源或显示器坏，检查 UPS A，其电池电量指示灯不亮，说明 UPS A 放电完毕或 UPS A 坏，再测量配电柜 A 交流参数稳压器输出电压只有～110 V，电压太小，使 UPS A 放电完毕，故障发生，甩开 A 交流参数稳压器，采用直供，UPS A 可充电，控制台显示器有电源指示。但此时联锁 A 机仍不能工作，测量联锁 A 机各路电源，发现总线电源为零，STD 层无电源供给。更换总线电源后，联锁 A 机工作正常(由于总线电源放在 STD 层更换时必须小心，以免将各种电缆线扯断，造成不必要的麻烦)。

【故障现象 2-14】 2＃C 定位操不动

故障分析：

首先检查 2＃C 定操继电器，未吸合，测量该继电器 72、82 端子，有 6 V 左右脉动电压，动态电源正常，更换该继电器后使用良好。

【故障现象 2-15】 4＃C 无定位表示，控制台提示挤岔

故障分析：

经检查 4＃C DBJ 在吸起状态，在接口架测量对应采集端子电压正常，再检查接口架对应端子至联锁机配线焊片上有残留松香造成接触不良，经处理后恢复使用。

【故障现象 2-16】 主用联锁 A 机驱动板全部无信号，驱动板运行灯不闪烁

故障分析：

关机后重新启动，现象不变，联锁机 1604 板坏，更换后恢复正常。

【故障现象 2-17】 联锁机由 B 机不能切换至 A 机

故障分析：

检查发现切换继电器不动作，切换电源故障，电源保险烧断。

【故障现象 2-18】 UPS A(B)电源故障

故障分析：

UPS A(B)电源故障有电压输入，而无电压输出时，联锁 A(B)机、上位A(B)机、维修机将会断电无法运行，应急措施是：

(1)应立即把双刀双掷闸刀扳到另一侧，将 UPS A(B)甩掉，由参稳或交流直接输出向设备供电。

(2)另一种方法是：将联锁机切换手柄扳到联锁机 B(A)侧，同时将上位机的手柄扳到上位机 B(A)侧，再把控制台上的按钮 K_3 按下，将控制台显示器的电源扳到 B(A)套电源系统，即可投入运行。

应注意的是：电源中断恢复或联锁机切换以后，控制台要进行一次上电解锁。

复习思考题

1. TYJL-Ⅱ型计算机联锁系统由哪几部分组成？各部分的主要功能是什么？
2. 简述联锁机双机自动切换的过程。
3. 动态局部电源是怎样获得的？
4. 大量信息采集不到，可能的故障原因有哪些？
5. 防护电路由哪几部分组成？是如何安装的？功能是什么？
6. 一般来说，计算机联锁系统主要由哪几部分组成？各部分的主要功能是什么？
7. 联锁机柜中主要有哪些功能模板？各模板的作用是什么？
8. 操作表示倒机单元面板上设有哪些指示灯和按钮？各代表什么含义？
9. 双机热备的联锁机有哪几种工作状态？
10. 联锁机双机自动切换的条件是什么？
11. 联锁机死机故障的原因有哪些？
12. 如何查找采集故障与驱动故障？
13. 简述联锁机、控显机、监测分机的主要作用。
14. 试分析信号不能开放、道岔不能转动的可能原因。

15. 分析以下采集电路的工作原理。

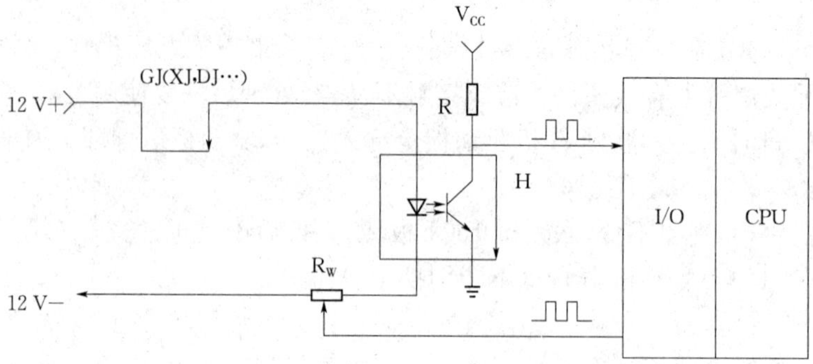

16. 分析以下驱动电路的工作原理。

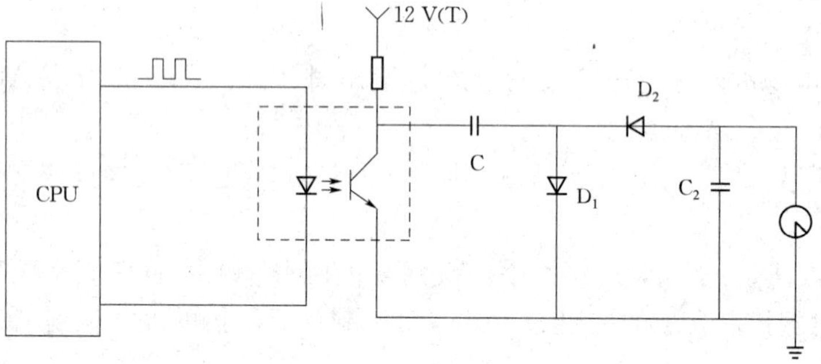

项目三　EI32-JD 型计算机联锁系统维护

【项目导引】

EI32-JD 型计算机联锁系统是日本信号株式会社与北京交大微联科技有限公司，联合开发研制而成的符合“故障—安全”原则的高可靠性、高安全性的计算机联锁系统，广泛应用于铁路主干线及新建客运专线上。通过本项目的学习可以掌握 EI32-JD 型计算机联锁系统硬件组成、结构及工作原理，掌握 EI32-JD 型计算机联锁系统操作使用方法、检修作业步骤内容和方法及故障分析判断排除的方法，能够具备熟练完成 EI32-JD 型计算机联锁系统维护的能力，达到车站与区间维修信号工岗位要求。

任务一　EI32-JD 型计算机联锁系统的认知

【知识目标】

1. 掌握 EI32-JD 型计算机联锁系统的技术特点、硬件结构、设备组成及作用。
2. 掌握 EI32-JD 型计算机联锁系统的接口电路工作原理。

【能力目标】

1. 具备从层次结构正确理解 EI32-JD 型计算机联锁系统组成及各部分作用的能力。
2. 具备从冗余结构正确理解可靠性、安全性保障技术在 EI32-JD 型计算机联锁系统中的应用。
3. 具备识别、分析 EI32-JD 型计算机联锁继电结合电路的能力。

【相关知识】

EI32-JD 是采用日本信号株式会社（简称日信公司）研制的 EI-32 安全型计算机联锁主机，搭载北京交大微联科技有限公司编制的联锁软件，开发研制而成的符合“故障—安全”原则的高可靠性、高安全性的计算机联锁系统。

一、EI32-JD 型计算机联锁系统的主要特点

（一）硬件主要特点

（1）操作表示机采用高可靠、高安全的工业控制计算机，并采用双机热备冗余结构。

（2）联锁机与驱采机完全采用日信成熟技术——EI-32 安全型计算机作为联锁主机，保证其高安全性。联锁机与驱采机各自分为Ⅰ、Ⅱ系，各系内容为二取二结构，联锁机输出为双系热备结构，驱采机输出为双系并联结构。

(3)联锁系统中联锁功能和驱动采集功能分离,联锁机实现联锁功能;驱采机实现驱动采集功能(即与继电结合电路的接口功能);联锁机和驱动采集机分离,使冗余结构更为灵活、合理,易于通过远程连接实现分散控制、区域集中,适用于区域联锁。

(4)联锁机、驱采机间的通信采用局域网光缆接口,光缆通道双倍冗余,具有高速、高可靠性。

(5)每一继电器输出驱动的末级采用独立电源隔离技术。

(二)软件主要特点

(1)联锁机和驱采机采用日信公司提供的底层软件,包括:安全性专用实时操作系统 FSOS、通信软件、标准 I/O 驱动程序、标准时钟等;涉及二取二 CPU 系统之间的总线比较及同步判别等安全保证软件也由日信公司提供并包含在安全操作系统的内核中。

(2)操作表示机软件(不含通信软件)、联锁软件(不含输入/输出和通信部分)采用北京交大微联科技有限公司在 JD-ⅠA 型计算机联锁系统上使用多年的成熟软件。

(3)联锁系统具备强大的故障诊断和精确的故障定位能力;驱动电路、采集电路具备诊断功能,在电路工作时实时进行检测,出现故障立即报警或系统停止运行。

(4)维修机软件提供丰富的记录信息,供电务维修人员参考。

总之,EI32-JD 型计算机联锁的软件系统,本质上是在日信公司安全性专用实时操作系统内核上安装了 JD-ⅠA 型计算机联锁系统的联锁软件,其结合之后软件的安全性、正确性和可靠性符合联锁系统的要求。

二、EI32-JD 型计算机联锁系统层次结构

EI32-JD 型计算机联锁系统属于分布式计算机控制系统,也称集散型测控系统,其特点是分散控制、集中信息管理,包括:人机对话层(也称操作表示层)、联锁运算层、执行层,其层次结构如图 3-1-1 所示。

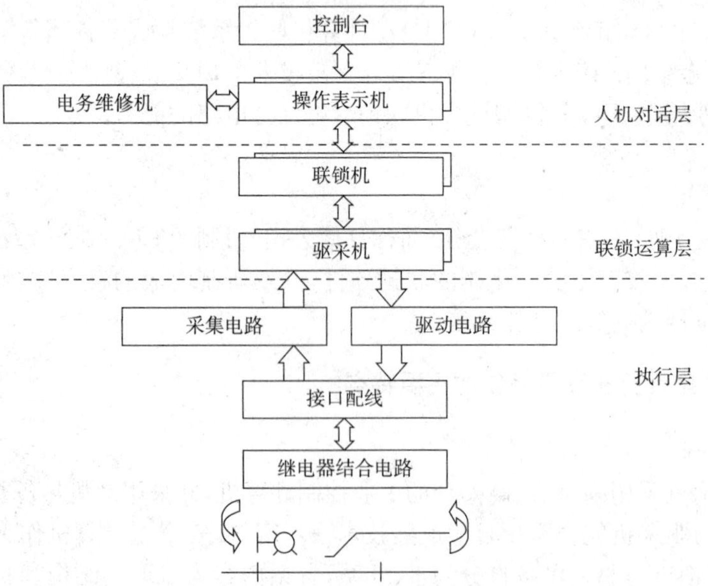

图 3-1-1　EI32-JD 型计算机联锁系统层次结构图

人机对话层包括：操作表示机、电务维修机，实现人机对话功能。

联锁运算层包括：联锁机、驱采机，实现联锁控制及输入/输出通信功能。

执行层包括：驱动、采集接口电路、继电器结合电路及室外信号设备，实现输入/输出接口功能和执行控制功能。

三、EI32-JD 型计算机联锁系统硬件组成及各部分功能

EI32-JD 型计算机联锁系统主要由控制台相关设备（包括：站场屏幕显示器、鼠标器、数字化仪、语音提示报警音箱）、操作表示机（即上位机、人机对话计算机）、电务维修机、联锁机、驱采机及驱动、采集接口、继电结合电路、电源系统等组成，硬件组成框图如图 3-1-2 所示。

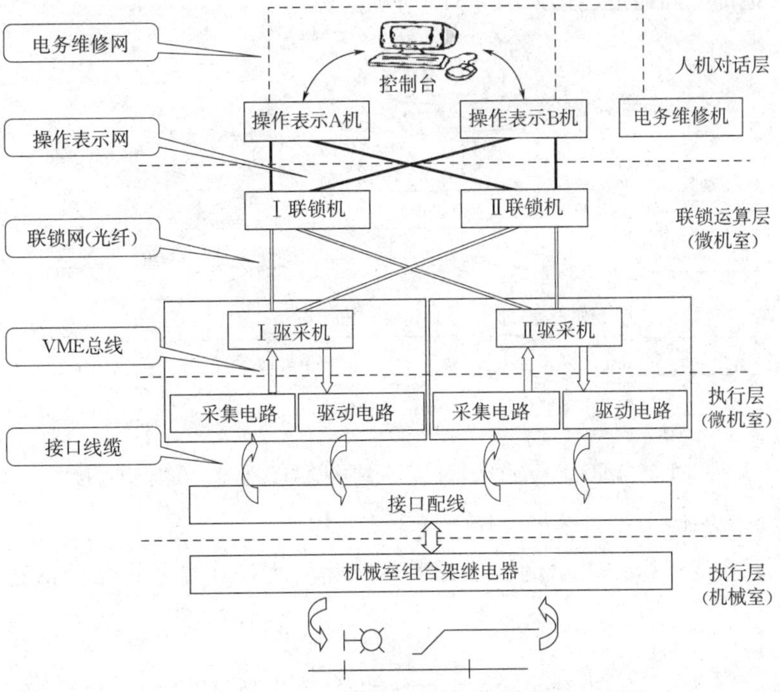

图 3-1-2　EI32-JD 型计算机联锁系统硬件组成框图

（一）操作表示机

1. 组成

操作表示机（也称上位机）采用 PC 系列工业控制计算机，其输入/输出设备供运转室车站值班员使用，可支持单元拼装式控制台、数字化仪、鼠标器、显示器等多种操作显示工具。

2. 功能

操作表示机的主要作用是为车站值班员提供操作显示界面。

（1）操作表示机从联锁运算计算机取得站场当前状态信息，驱动站场屏幕显示器。

（2）接收车站值班员的操作信息，并传送给联锁运算计算机。

（3）将当前各种提示信息、报警信息、联锁系统状态信息等转发给电务维修机。

3. 冗余结构

操作表示机采用双机热备冗余结构。操作表示 A 机、操作表示 B 机用操作表示机倒机单

元实现与运转室操作、显示设备的切换，系统运行时，两台操作表示机同时工作，一台主用，一台热备，当主用操作表示机发生故障时，自动切换到备用操作表示机。

主用操作表示机运行时，接收鼠标操作，向联锁机发送车站值班员的操作命令，播放语音[redacted]。

[redacted]操作表示机运行时，不接收鼠标操作，不向联锁机发送值班员的操作命令，不播放语[redacted]信息。但接收联锁机传来的站场状态信息，实时显示站场运行情况、系统运行情况等。

4. 与其他部分的连接方式

操作表示双机通过操作表示倒机单元与控制台设备连接；操作表示双机与电务维修机通过电务维修网连接；操作表示双机与联锁双系通过操作表示网连接。EI32-JD 操作表示机冗余结构及与其他部分间通道连接如图 3-1-3 所示。

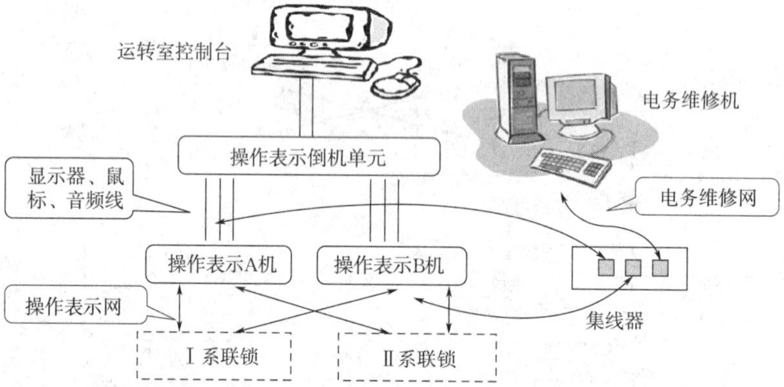

图 3-1-3　EI32-JD 操作表示机冗余结构及与其他部分间通道连接图

(1)与运转室操作、显示设备的连接方式

操作表示双机通过操作表示倒机单元实现与运转室操作显示设备间的连接和切换，如图 3-1-4 所示。

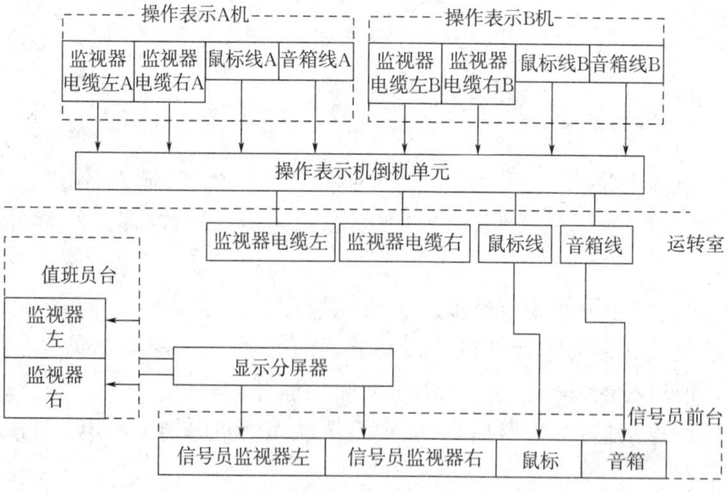

图 3-1-4　操作表示机与运转室设备连接图

操作表示倒机单元实际是由继电器构成的继电电路实现操作表示双机切换，其工作原理如图 3-1-5 所示。

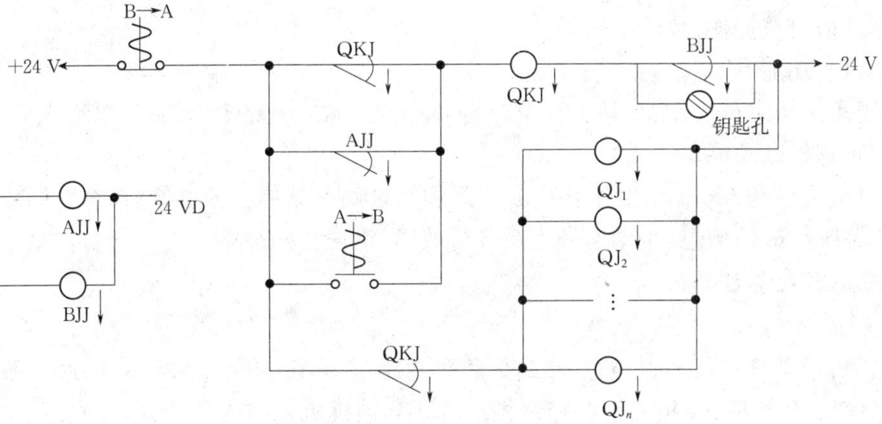

图 3-1-5 操作表示倒机单元工作原理图

A 机监督继电器 AJJ、B 机监督继电器 BJJ 是用来监督 A、B 操作表示机运行状态的，正常无故障相应的监督继电器吸起；QKJ 切换控制继电器用来接收人工或自动切换命令的；QJ 切换继电器用来实现 A、B 操作表示机与运转室控制台设备间的切换。

A 操作表示机的输入输出接口接不同 QJ 切换继电器后接点，B 操作表示机的输入输出接口接不同 QJ 切换继电器前接点，控制台各种输入输出设备接不同 QJ 切换继电器中接点，B 操作表示机为主机时，QKJ 吸起接通所有 QJ 的励磁电路，QJ 继电器吸起，B 操作表示机的输入输出接口接控制台设备；A 操作表示机为主机是，QKJ 落下切断所有 QJ 的励磁电路，QJ 继电器落下，A 操作表示机的输入输出接口接控制台设备。

(2)与电务维修机的连接方式

操作表示 A、B 机与电务维修机间采用以太网构成电务维修网。操作表示双机通过电务维修网实现主、备双机通信，电务维修机通过电务维修网获得操作表示主机提供的联锁系统运行状态、车站值班员的操作状态及现场信号设备状态、提示、报警等信息。

(3)与联锁机的连接方式

操作表示双机通过串行通信总线构成操作表示网与联锁双机连接，实现操作表示双机与联锁双机间的操作命令、各种设备状态等信息的传送。

(二)电务维修机

EI32-JD 联锁系统的电务维修机采用 PC 系列工业控制计算机，是联锁系统工作过程中的信息记录和状态监督设备。软件运行在 Windows 操作系统环境下，用 C＋＋语言编写而成，整个系统人机界面友好，操作简单。电务维修机具有如下功能：

(1)实时监视功能

实时监视 EI32-JD 型计算机联锁系统的运行情况，包括：联锁机、驱采机、输入/输出硬件电路、操作表示机，以及各计算机间的通信情况；实时监视、显示车站值班员操作、车站信号设备运行情况。

(2)记录功能

记录车站信号设备故障显示,包括:道岔失表示、灯丝断丝等;记录计算机联锁系统输入/输出电路硬件故障、系统控制板故障、通信故障等;记录历史信息,可以查看一个月内站场运行状况、车站值班员操作、故障信息等。

(3)再现功能

再现车站值班员操作、车站运行情况;再现输入/输出电路工作情况;再现故障信息。

(4)远程诊断功能

通过电话线和Modem,从维修中心可远程登录到车站的电务维修机,查看系统运行信息、车站运行状况、故障信息,帮助电务人员分析故障,迅速排除故障。

(三)联锁运算计算机

1. 组成

联锁机采用日本信号公司EI-32安全型专用计算机,由电源板、串口通信板、CPU板、LAN通信板、LAN接口板和系统控制板组成。联锁机机笼结构如图3-1-6所示。

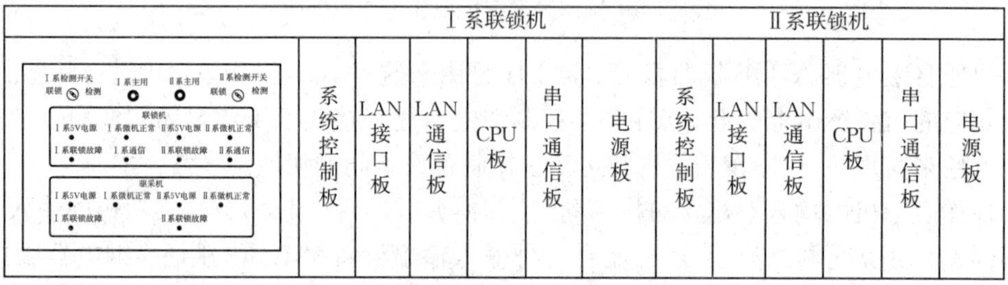

图3-1-6 联锁机机笼结构示意图

(1)电源板:提供联锁机各个板卡工作电源。

(2)串口通信板:实现与操作表示机的通信。

(3)CPU板:实现联锁逻辑运算,采用二取二双CPU电路。

(4)LAN通信板:实现双环LAN网通信控制。

(5)LAN接口板:实现光电转换,构成环网。

(6)系统控制板:实现联锁机各板卡工作管理,并实现对倒机继电器的控制、采集和系统复位。

2. 功能

联锁机主要实现联锁控制功能,具体功能如下:

(1)接收操作表示机下发的操作命令。

(2)接收驱采机传送的站场状态。

(3)进行联锁运算,根据运算结果,产生控制命令。

(4)将控制命令传送到驱采机。

(5)将站场状态信息、提示信息、故障信息等传送给操作表示机。

3. 冗余结构

EI32-JD型计算机联锁系统采用二乘二取二冗余结构。由Ⅰ系联锁机、Ⅱ系联锁机及联锁倒机单元组成,安装在联锁机箱内。双系采用热备冗余结构,每系采用二取二安全CPU电路结构。

(1)"二乘"双系热备冗余结构

联锁机采用双机热备的动态冗余结构,两套联锁机互为主备,没有主次之分。

系统运行期间,一套联锁机作为主机运行,另一套则作为备机运行。两套联锁机同时接收操作表示机发送来的控制命令,同时通过 LAN 通信,接收两套采集电路所采集的站场状态,并进行联锁运算,产生相应的控制命令。两套驱动电路则通过 LAN 通信接收联锁机的控制命令,但最终根据主用联锁机的控制命令,控制自身的动态驱动电路产生输出,进而控制继电器动作。

联锁系统通过联锁机柜内的倒机电路实现双机热备的动态冗余结构。通过倒机单元前面板上的"主用"、"热备"指示灯也可以看出联锁机的工作状态。

两套联锁机在运行期间,不但通过自诊断系统验证本机是否工作正常,还实时交换动态信息,相互比较、验证,判断本机及邻机是否正常工作。如果主机判断出自身发生故障,则通过倒机电路自动切换到备机,此时备机开为主机运行,而故障机器重新启动。如果备机发生故障,则备机重新启动。在双机切换和联锁机重启动时,不影响整个系统的运行,即实现动态无缝切换。

(2)倒机电路

联锁机有完善的故障检测功能,当有故障发生后,用软件予以判断,决定是否切除本系或倒机。

完成双系切换的硬件电路(VSYS 电路板)上安装有数个小型的安全型继电器,对各系的双 CPU 板及其软件运行正确与否判断,最终驱动一组倒机继电器,决定联锁机是主系还是备系。联锁机允许通过对本机系统复位来实现人工倒机。两系的切换时间为300～500 ms。

(3)"二取二"安全 CPU 电路结构

每系联锁机的 CPU 板上有两套完全相同的计算机系统。正常情况下,A、B 两套 CPU 电路工作同步,结果一致,此时,由该板驱动正常继电器。只有正常继电器吸起,才能接通该板输出电路电源,输出有效结果;不工作或故障情况时,正常继电器落下,切断输出电路电源,该板没有输出。从硬件上保证联锁机"故障—安全"特性。"二取二"CPU 电路工作原理如图 3-1-7 所示。

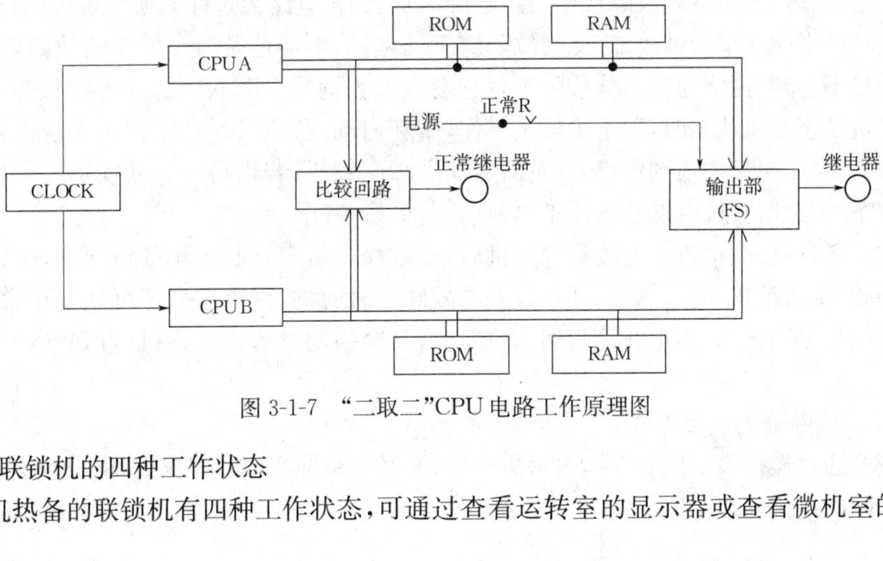

图 3-1-7　"二取二"CPU 电路工作原理图

(4)联锁机的四种工作状态

双机热备的联锁机有四种工作状态,可通过查看运转室的显示器或查看微机室的电务维修机显示器得知各联锁机的工作状态：

①停机状态——联锁机关机掉电或正在重启、联锁程序未运行，此时联锁机处于停机状态。当联锁机处于停机状态时，不执行联锁运算。此状态在控制台和电务维修机上用红色表示。

②主机状态——在双机热备系统中，倒机电路决定在某一时刻只有一套联锁机运行于主机状态。此状态在控制台和电务维修机上用绿色表示。

当联锁系统上电启动时，先投入运行的联锁机自动进入主机状态。

在系统运行期间，两套联锁机通过自诊断和互诊断机制，判断系统是否工作正常，只有主机判断发生危险性故障，同时备机处于热备状态，才会切换到备机。

③热备状态——在双机热备系统中，当一套联锁机作为主机运行后，另一套联锁机则可以运行于热备状态。此状态在控制台和电务维修机上用黄色表示。

联锁机上电启动后，采集到另一套联锁机已处于主机状态的前提下，经自诊断、互诊断，认为本机无故障且与主机的动态信息同步后，进入热备工作状态。

④同步校核状态——在双机热备系统中，当一套联锁机作为主机运行后，另一套联锁机可以运行于同步校核状态。此状态在控制台用红色表示，在电务维修机上用白色表示。

同步校核状态是备机由停机状态向热备状态过渡的中间状态。

处于同步校核状态的联锁机还要向主机请求同步，当和主机建立通信，并且本机的联锁动态信息和主机完全一致时，才可进入热备状态。

当备机停机或备机仅处于“同步校核状态”时，如果主机因故停机重启或人为将主机切换到备机，是不妥当的，将会导致已开放信号突然关闭、站场道岔全部锁闭等严重后果。

如果备机自诊断发现自身有故障，则会不断重新启动计算机，主机单机工作，此时一旦主机停机，则会影响行车。因此当备机不断重新启动时，需尽快排除故障，使其正常运行，进入热备状态。

⑤工作状态转换

在联锁机上电启动时，先上电的联锁机如果无故障就会从停机状态直接到主机状态；后上电的联锁机就会从停机状态先到同步校核状态，再到热备状态。

当主用联锁机发生危险故障或不可控故障时后，倒机电路无条件切换到备机运行。

当联锁机发生非危险性故障（此类故障属于局部的、不会危及行车安全的故障，如双机联锁动态信息不一致、网络通信部分故障等），它会立即查询另一套联锁机的工作状态。若当另一套联锁机处于主机状态时，则本机停止工作，重新启动；若当另一套联锁机为备机且处于热备工作状态时，则自动切换到备机，并重新启动故障联锁机；若当另一套联锁机为备机且不处于热备状态，则此时主机会继续维持工作，直到备机热备。

所谓重启，即在联锁机发生故障并停机后，在维修人员来不及干预的情况下，令该机重新运行，重新和主机请求同步。如果刚才发生的故障是暂时的，则重启后即可恢复正常工作；如果刚才的故障是固定的，则重新检测到该故障后，又会强制重启该联锁机，直到维修人员排除故障为止。

4. 与其他部分的连接方式

联锁机通过操作表示网和操作表示机通信，通过联锁网实现联锁双机、驱采双机及联锁机与驱采机间的通信连接。

(1)与操作表示机的连接方式

联锁双机通过串行通信总线构成操作表示网与联锁双机连接，实现联锁双机与操作表示双机间操作命令、各种设备状态等信息的传送。

(2)与驱采机的连接方式

联锁双机、驱采双机间采用双环光缆连接的100 M局域网构成联锁网，实现联锁双机、驱采双机、联锁双机与驱采双机间通信。

(四)驱采机

1. 组成及功能

驱采机也采用的是日本信号公司EI-32安全型专用计算机，由电源板、CPU板、LAN通信板、LAN接口板和系统控制板组成，安装在驱采机箱内。比联锁机在硬件上少一块串口通信板。其功能是控制采集电路工作，获得现场信号设备的状态信息；通过联锁网，将采集到的站场状态传送到联锁机；通过LAN通信，接收联锁机传送的控制命令；并根据控制命令控制相应驱动电路，驱动继电器动作。

2. 冗余结构

驱采机也采用二乘二取二容错结构，但其“二乘”采用的是双系并用的冗余结构，因此驱采机没有倒机电路。每系驱采机和联锁机一样采用“二取二”CPU电路结构，构成“故障—安全”型计算机。联锁层二重冗余结构如图3-1-8所示。

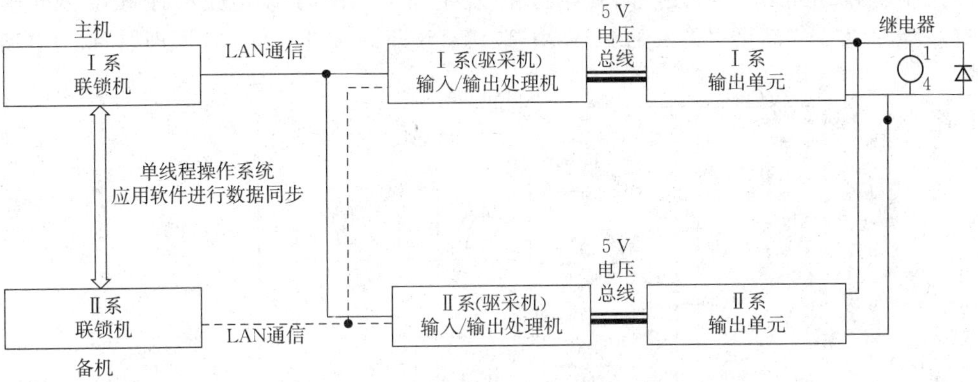

图3-1-8　联锁层二重冗余结构示意图

3. 与其他部分的连接方式

驱采双机通过联锁网与联锁双机连接；通过VME总线与驱动电路板、采集电路板连接。

(1)与联锁机的连接方式

驱采双机通过双环光缆构成的100 M局域网与联锁双机连接，实现驱采机与联锁机间信息交换。

(2)与采集、驱动接口电路板的连接方式

每系驱采机与本系的采集、驱动接口电路板一起安装在本系驱采机箱内。驱采机利用驱采机箱母版上的VME总线实现驱采机与驱动电路板、采集电路板间的通信控制功能。

(五)驱动、采集接口电路

驱动、采集接口电路设置在驱动、采集接口电路板(也称驱动、采集板)上。接口电路板与驱采机都安装在驱采机箱母板上，和驱采机一样也采用双板并用冗余结构。通过增加驱采扩展机箱，增加驱动、采集板，可以满足各种规模车站联锁的需要。

1. 驱动、采集接口电路安全保障方式

驱采机通过采集接口电路采集继电器状态，通过驱动接口电路驱动继电器动作，从而获得现场信号设备状态、控制现场信号设备动作。因此驱动、采集电路必须安全可靠。

驱动、采集接口电路采用“故障—安全”的电路设计，设计核心是闭环工作原理，即要求各硬件模块及依赖各硬件模块的控制命令和状态采集传递均实现闭环，通过软件使整个闭环系统运转起来。

电路还采用动态工作原理设计，即所采用的安全性信息采集和安全性控制命令输出电路均采用动态的输入/输出电路。电路中的任何一个器件发生故障，均可导致信息脉冲的中断，从达到“故障—安全”特性。

2. 驱动接口电路

每块驱动板上有16个驱动接口电路，可以输出驱动16个继电器，驱动板某路驱动的是哪个继电器由接口信息表约定。驱动板安装在驱采机箱中，一个驱采机箱最多可插11块驱动板。

驱动接口电路的基本原理仍为闭环动态设计原理。在电路内部设一个频率发生器，通过动态转换将频率信号转变为24 V直流电平，驱动继电器励磁。频率发生器受CPU板正常继电器的控制，如果正常继电器接点断开，则频率发生器不工作，驱动电路没有输出，因此驱动电路具有“故障—安全”特性。EI32-JD型计算机联锁系统驱动接口电路工作原理如图3-1-9所示。

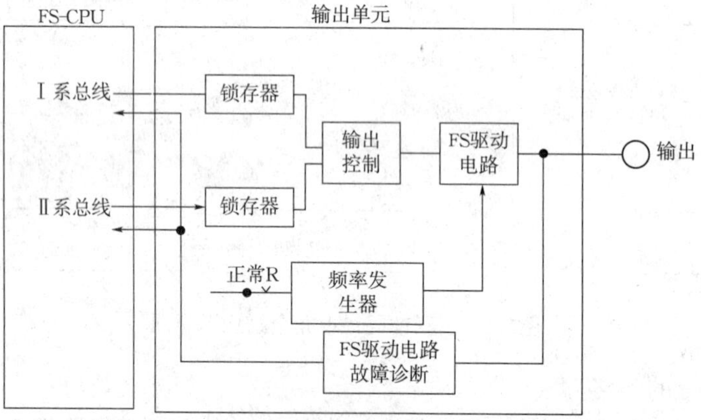

图3-1-9　EI32-JD型计算机联锁系统驱动接口电路工作原理图

驱动板输出的驱动电压范围为DC 20～26 V，由驱采24 V电源供出，可在继电器线圈上测量。输出电路每路提供两条引出线（+24 V、24 V地）用以驱动继电器。输出电路和它所驱动的继电器相互并联，Ⅰ系输出的一对线和Ⅱ系输出的一对线在物理上并联。图3-1-8所示的电路设计使得如果出现外界短路故障，不会烧毁输出电路。

3. 采集接口电路

每块采集板有64个采集接口电路，一个驱采机箱最多可插11块采集电路板，采集板某路采集的是哪个继电器接点由接口信息表约定。

采集接口电路从组合架引入接点闭合时的直流电压，由软件产生内部动态信号，当要采集的继电器接点闭合时，形成采集的动态信号，该动态信号被采集到后分别送往 A、B 两条总线，分别被 CPU 板的两个 CPU 读取，反映相应继电器接点闭合。若采集的继电器接点断开或电路故障时，两个 CPU 都不能获得动态信号，认为相应继电器接点断开，从而实现“故障—安全”原则。EI32-JD 型计算机联锁系统采集接口电路原理如图 3-1-10 所示。

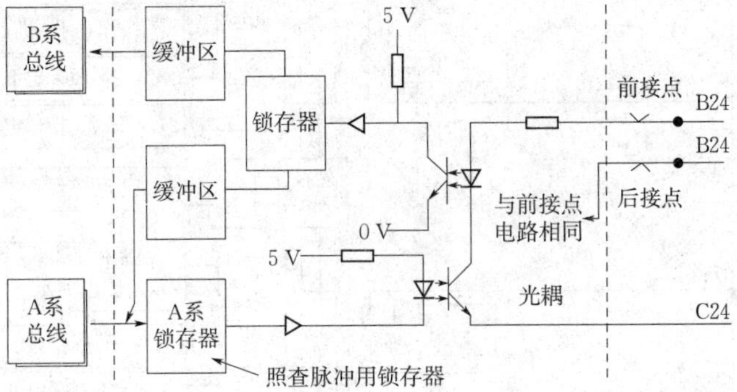

图 3-1-10 EI32-JD 型计算机联锁系统采集接口电路原理图

采集板采集电压范围为 DC 21.6～26.4 V，由接口 24 V 电源供出，可在室内分线盘上进行测量。

4. 与其他部分的连接方式

驱采机通过 VME 总线与驱动、采集接口电路交换信息，驱动、采集接口电路通过接口配线与继电器连接。EI32-JD 型计算机联锁系统驱动、采集接口配线如图 3-1-11 所示。

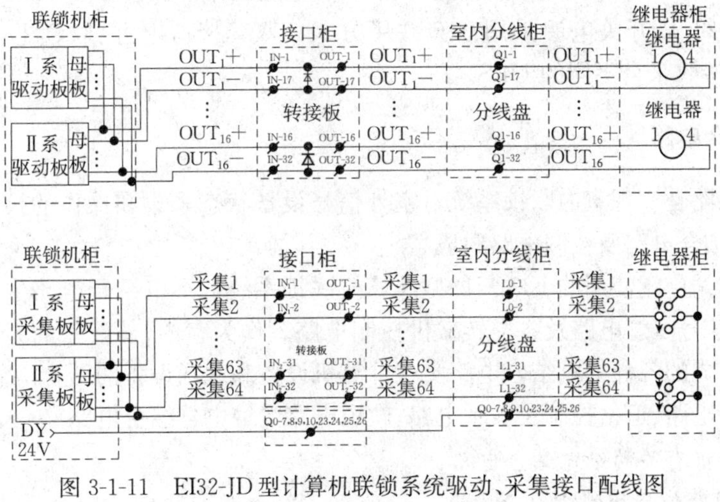

图 3-1-11 EI32-JD 型计算机联锁系统驱动、采集接口配线图

驱动接口电路采用双断驱动设计，即驱动继电器输出为独立的双线方式，没有共用回线，具有较高的防止混线误动的能力，提高了系统的安全性。

（六）电源系统

EI32-JD 型计算机联锁系统所需的两路 220 V 交流电源由车站信号电源屏独立提供。电源引入线上加装防雷单元、采用隔离变压器、在线式 UPS 电源，对电源经过净化、隔离、抗干扰处理，处理后的电源分别提供给操作表示A、B机、操作表示机倒机单元、电务维修机、电务维修终端设备(打印机、显示器)、车务终端设备(运转室控制台设备、显示器、音箱等)、3套24 V开关电源(驱采电源、联锁电源、接口电源)。EI32-JD型联锁系统电源系统配置如图3-1-12所示。

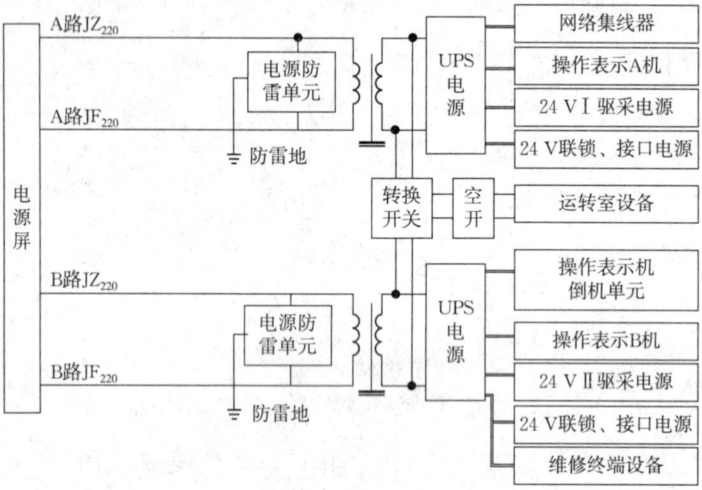

图3-1-12　EI32-JD型联锁系统电源系统配置图

24 V接口电源提供采集电路所需直流电源；24 V联锁电源提供联锁机、LAN局域网所有板卡、联锁机倒机电路工作电源；24 VⅠ系驱采电源提供Ⅰ系驱采机及Ⅰ系驱动电路工作电源；24 VⅡ系驱采电源提供Ⅰ系驱采机及Ⅱ系驱动电路工作电源。

联锁、接口24 V开关电源采用双套并用方式。双套接口电源、联锁电源、驱采电源的220 V输入同时接收来自不同的UPS。

四、继电结合电路

继电结合电路是实现室内联锁系统对室外信号设备状态采集和操作的控制电路，由采集结合电路、驱动结合电路及控制电路组成。

目前我国车站广泛使用的EI32-JD型计算机联锁系统的继电结合电路主要包括：定型的轨道电路、各种信号点灯电路及各类转辙机控制电路。作为室内、外设备的界面，目前仍采用安全型继电器组成的各种继电结合电路实现计算机设备和现场设备的结合。下面主要介绍一下有关信号点灯电路、道岔控制及表示电路、轨道电路的继电器结合电路。

(一)与信号机有关的继电结合电路

1. 进站及进路信号机继电结合电路

进站及进路信号点灯电路，以既有线进站信号机为例。

进站及进路信号组合包括：LXJ、TXJ、ZXL、LUXJ、YXJ、1DJ、2DJ，7个继电器，每架进站及进路信号机设一个信号组合。

其中，驱动LXJ、ZXL、YXJ、TXJ、LUXJ；采集LXJ、TXJ、ZXL、YXJ、LUXJ、1DJ、2DJ。其采集、驱动继电接口电路如图3-1-13所示。

进站及进路信号点灯电路，延用 6502 电气集中联锁系统的进站及进路信号机点灯电路。这里不再介绍。

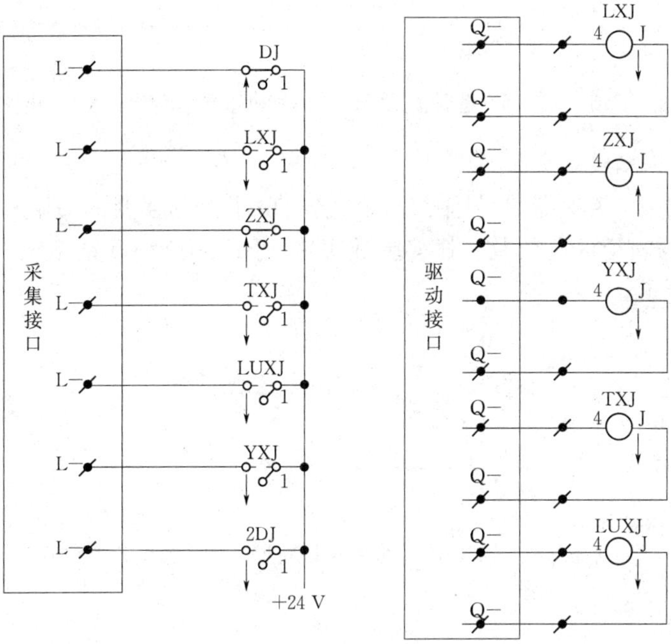

图 3-1-13　EI32-JD 联锁系统进站及进路信号机采集、驱动继电结合电路

2. 出站信号机继电结合电路

一方向出站信号机共设 3 个继电器：LXJ、DXJ、DJ，其中驱动 LXJ、DXJ；采集 LXJ、DXJ、ZXJ、DJ。单方向出站每 3 架一方向出站信号机设一个组合。

多方向出站信号机共设 4 个继电器：LXJ、ZXL、DXJ、DJ，其中，驱动 LXJ、DXJ、ZXJ；采集 LXJ、ZXJ、DXJ、DJ。多方向出站信号机每两架信号机设一个组合。EI32-JD 型联锁系统两方向出站信号机采集、驱动继电结合电路如图 3-1-14 所示。

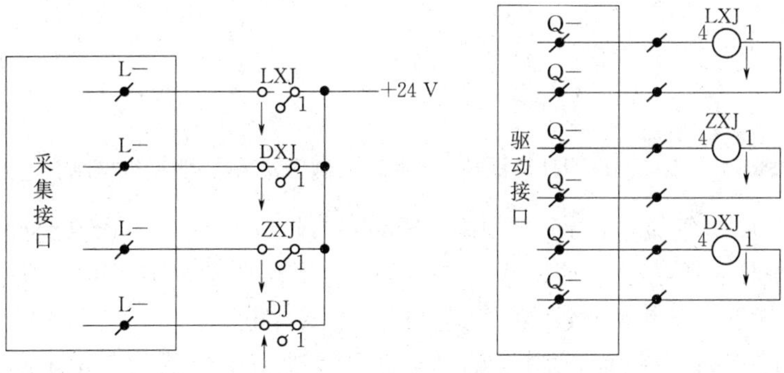

图 3-1-14　EI32-JD 型联锁系统两方向出站信号机采集、驱动继电结合电路

3. 调车信号继电结合电路

每架调车信号机共设两个继电器：DXJ、DJ，每 4 架信号机设一个组合，其中，驱动 DXJ；采集 DXJ、DJ，其电路如图 3-1-15 所示。

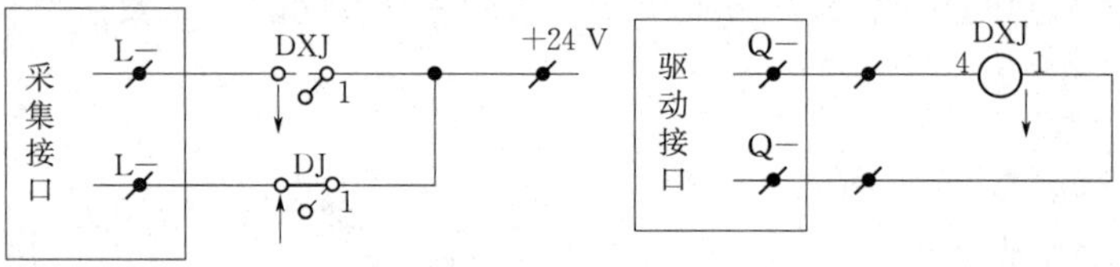

图 3-1-15　EI32-JD 型联锁系统调车信号机采集、驱动继电结合电路

（二）轨道区段继电结合电路

根据受电端数决定继电器数，只采集每个区段的 GJ，一送多受的 GJ_1、GJ_2 等不采集，可集中放置，组合数根据轨道区段数及一送多受数决定。EI32-JD 型联锁系统轨道区段采集结合电路如图 3-1-16 所示。

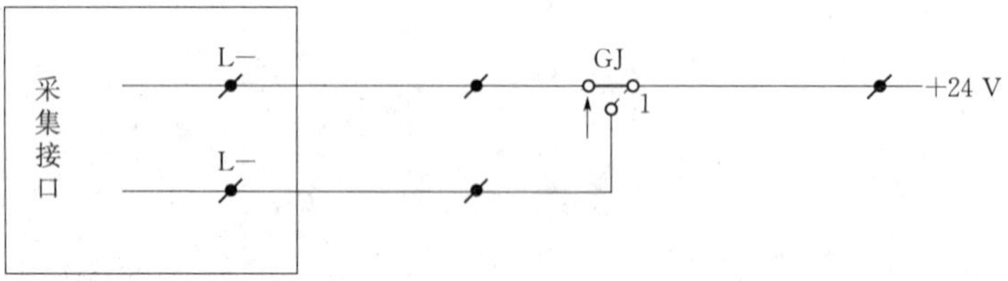

图 3-1-16　EI32-JD 型联锁系统轨道区段采集结合电路

（三）道岔继电结合电路

以四线制道岔结合电路为例。共设 7 个继电器：FCJ、DCJ、DBJ、FBJ、SJ、1QDJ、2QDJ，其中，驱动 FCJ、DCJ、SJ；采集 DBJ、FBJ、SJ，每组道岔（双动计为一组）占一个组合。EI32-JD 型计算机联锁系统四线制道岔采集、驱动继电结合电路如图 3-1-17 所示。

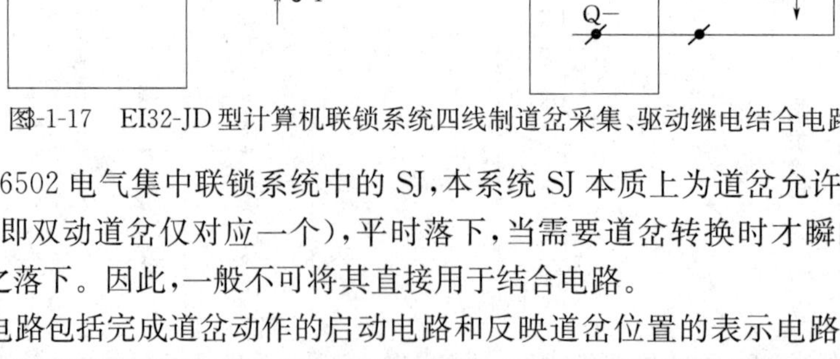

图 3-1-17　EI32-JD 型计算机联锁系统四线制道岔采集、驱动继电结合电路

SJ 不同于 6502 电气集中联锁系统中的 SJ，本系统 SJ 本质上为道岔允许操纵继电器，每组道岔设一个（即双动道岔仅对应一个），平时落下，当需要道岔转换时才瞬间吸起，DCJ 或 FCJ 落下后随之落下。因此，一般不可将其直接用于结合电路。

道岔控制电路包括完成道岔动作的启动电路和反映道岔位置的表示电路两个部分，道岔表示电路与继电联锁相同，而启动电路要稍做改动。EI32-JD 型计算机联锁系统的道岔室内控制电路如图 3-1-18 所示，其原理结构与 6502 电路中的道岔控制电路基本一致，例如，表示电路、一道岔启动继电器的自闭电路。不同之处就是一道岔启动继电器励磁电路和二道岔启动继电器的转极电路。

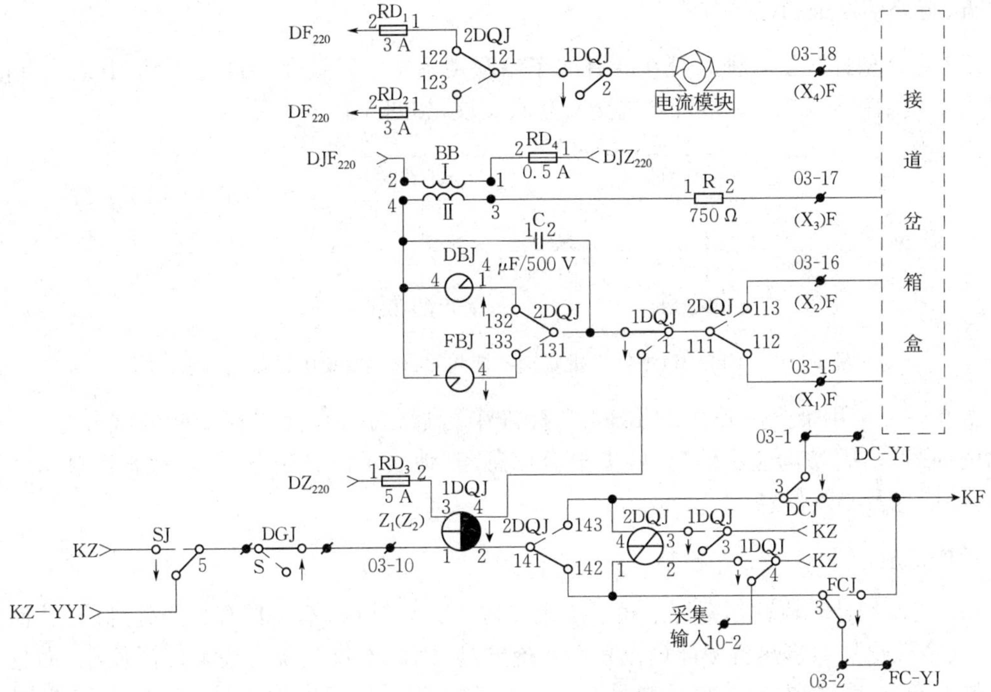

图 3-1-18　EI32-JD 型计算机联锁系统四线制道岔控制电路

1. 1DQJ 励磁电路

当道岔需要单操，定位（反位）扳动到反位（定位）时，用鼠标单击道岔总反位（定位）按钮，然后再用鼠标单击相应道岔单操按钮，操作表示机将此操作传给联锁机，联锁机运算判断后，若该道岔可以扳动，由联锁输出命令给驱动电路，控制道岔动作，这时该道岔的 SJ 和 FCJ（或 DCJ）吸起，其电路为：KZ—$SJ_{52\text{-}51}$—$DGJ_{51\text{-}52}$—$1DQJ_{3\text{-}4}$—$2DQJ_{141\text{-}142(141\text{-}143)}$—FCJ（或 DCJ）$_{31\text{-}32}$—KF，构通 1DQJ 励磁电路。

当选路道岔需要动作时，按压进路的始、终端按钮，操作表示机将此操作传给联锁机，联锁机运算判断后，若该道岔可以扳动，由联锁机输出命令给驱动电路，控制道岔动作，这时该道岔的 SJ 和 FCJ（或 DCJ）吸起，其电路为：KZ—$SJ_{52\text{-}51}$—$DGJ_{51\text{-}52}$—$1DQJ_{3\text{-}4}$—$2DQJ_{141\text{-}142(141\text{-}143)}$—FCJ（或 DCJ）$_{31\text{-}32}$—KF，构通 1DQJ 励磁电路。

可以看出，不管道岔单操或选路，1DQJ 励磁电路是一样的，需要注意的是：当选路时，若该道岔就在规定位置，该道岔的 FCJ（或 DCJ）和 SJ 是不吸起的，因此该道岔启动继电器励磁电路也是不工作的。

2. 2DQJ 转极电路

道岔单操或选路时，1DQJ 励磁后 2DQJ 转极，电路为：KZ—$1DQJ_{41\text{-}42(31\text{-}32)}$—$2DQJ_{2\text{-}1(3\text{-}4)}$—FCJ（DCJ）$_{31\text{-}32}$—KF。

3. 其他说明

（1）SJ 平时处于落下状态且可通过采集接口得到检查。

（2）在 1DQJ 的励磁电路中串接了相应道岔区段的 DGJ 的吸起接点，提高了电路的安全性。

（3）在 X_4 回线中串有电流模块，可提供道岔动作的相关数据。

五、与外部系统的连接方式

EI32-JD 型计算机联锁系统在既有线车站联锁系统一般只和 CTC 调度集中系统有接口。通过操作表示机与 CTC 车站自律机交叉互联实现，如图 3-1-19 所示。

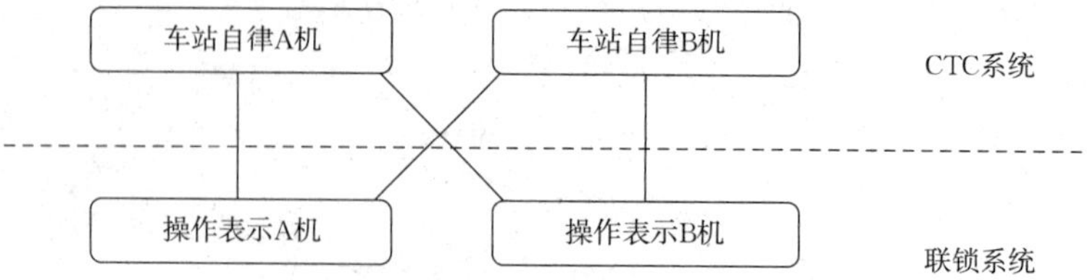

图 3-1-19　EI32-JD 型计算机联锁系统与 CTC 调度集中设备接口示意图

既有线多采用带光电隔离的 RS-422 标准串行通信接口，使用双绞的四线制连接方式。通信的内容包括：站场表示信息、各类报警信息、其他表示信息状态、控制状态信息制命令信息、时钟信息及心跳信息。

【知识拓展】

EI32-JD 型计算机联锁系统采用了二乘二取二冗余结构，不仅具有高速处理能力，而且可靠性、安全性也比双机热备型计算机联锁系统要高，因此不仅在既有线上广泛使用，而且也是高速铁路车站联锁系统的主要型号之一。它与 CTC 调度集中系统、列车运行控制系统（CTCS）及 CSM 信号集中监测系统一起构成高速铁路信号系统。

在高速铁路信号系统中 EI32-JD 型计算机联锁系统不仅要完成所有联锁控制功能，还要实现与其他信号系统间的通信接口功能。所以高速铁路车站使用的 EI32-JD 型计算机联锁系统，联锁机和驱采机采用性能更好、运算速度更快的高速 CPU 板，并且在联锁运算层还增加了实现与 RBC 无线闭塞中心信息交换的通信机。下面就介绍一下高速铁路车站与既有线车站中使用的 EI32-JD 型计算机联锁系统不同之处。

一、通信机

通信机也采用日信公司生产的 EI-32 安全型专用计算机，实现与 RBC 无线闭塞中心间通信接口功能，包括以下 6 块电路板：

（1）系统控制板（VSYS-D）。用于实现对倒机继电器的控制、状态采集和系统复位。

（2）LAN 接口板（OPTHX-C）。提供两个光纤接口用于构成光纤环网。

（3）LAN 控制板（LANHX-E）。实现对双环光缆构成局域网的网络通信控制。

（4）CPU 板（FSR32LS-D）。采用日信新改进的 FSR32LS-D 高速 CPU 板，采用二取二的安全 CPU 电路设计、板载 4 M 内存储。

（5）以太网板（ENETHXR-A）。提供支持 TCP/IP 协议和 UDP 协议的以太网连接，与信号安全数据通信网连接，实现与 RBC 信息通信。

（6）电源板（VPW1-C）。完成 DC 24 V—DC 5 V 电源转换，向通信机各电路板提供电能。

通信机和联锁机一样也采用二乘二取二冗余结构，通信机箱中包括Ⅰ系通信机、Ⅱ系通信机及一块用于倒机控制的倒机板（VRB2-A）。通信机双系之间存在主、备关系，双系无优先级控制。处于主用状态的通信机负责完成通信的安全层运算，备用机仅负责转发主用机数据。

通信机倒机板实现倒机逻辑控制。

通信机通过 LAN 控制板、LAN 接口板接入联锁网(100 M LAN 网),与联锁机进行信息通信。EI32-JD 型联锁系统联锁层网络连接如图 3-1-20 所示。通信机与联锁机之间没有绑定关系,即采用分层的运行方式,通信机的双系切换与联锁机的双系切换无关。

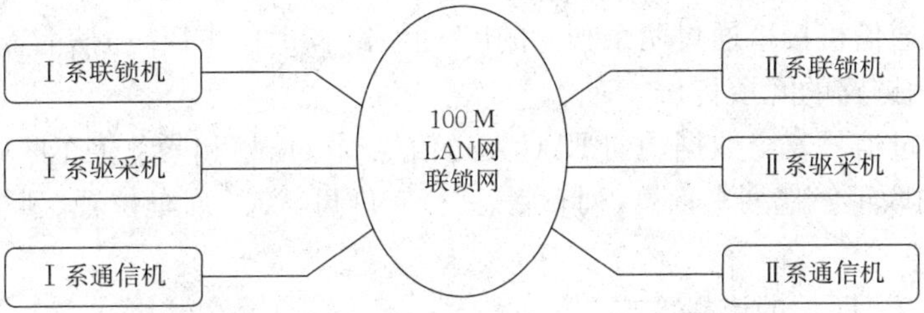

图 3-1-20　EI32-JD 型联锁系统联锁层网络连接示意图

二、与外部系统的连接方式

在高速铁路信号系统中 EI32-JD 型计算机联锁系统需要提供通道与接口与 CTC 调度集中系统、CSM 信号集中监测系统及列车运行控制系统(CTCS)中的无线闭塞中心 RBC、列控中心 TCC 通信。EI32-JD 型计算机联锁系统与外部系统间连接如图 3-1-21 所示。

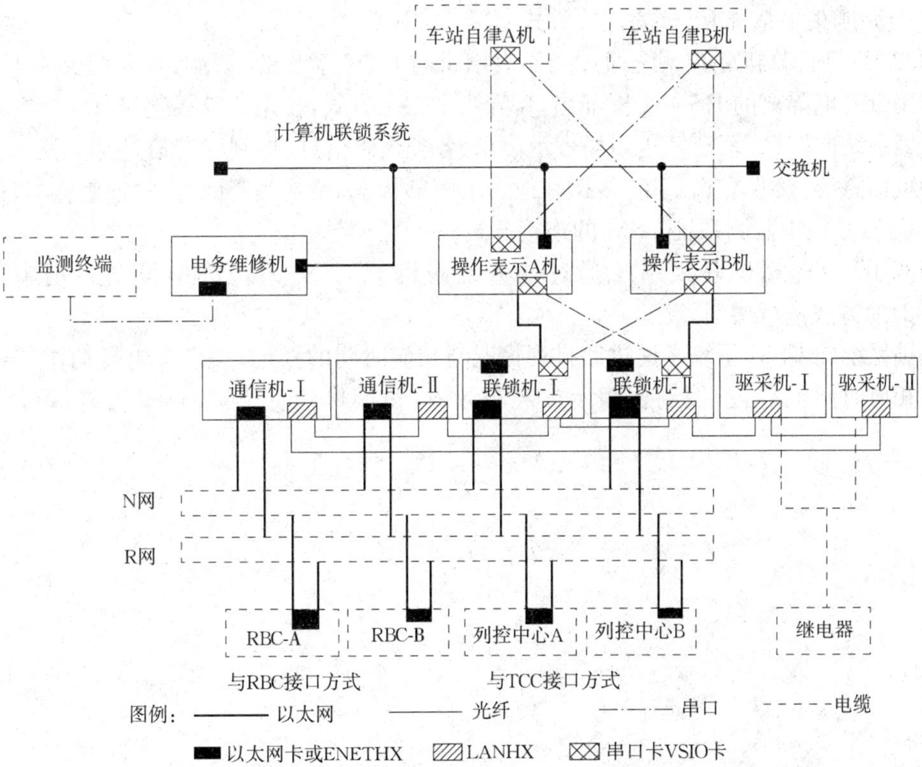

图 3-1-21　EI32-JD 型计算机联锁系统与外部系统间连接示意图

1. 与无线闭塞中心 RBC 系统的连接方式

EI32-JD 型计算机联锁系统的通信机通过双以太网接口接入安全数据通信网与 RBC 系统进行通信。两端采用标准 RJ-45 端口连接。

虽然每台联锁通信机可以提供两个以太网接口，满足与 RBC 通信前置机的交叉互联需求，但受 RBC 通信前置机的逻辑连接数限制，每台联锁通信机仅与一个 RBC 通信前置机建立逻辑连接。两个通信机接口通过两个独立的以太网络，同时向 RBC 通信前置机发送安全数据包，从而实现通信链路的冗余备份。

联锁系统通过信号安全数据网向 RBC 发送信号授权信息和紧急停车区域信息。

RBC 系统向联锁发送列车信息(列车状态、行车许可状态、列车位置、列车速度、列车长度等信息)。

2. 与列控中心 TCC 的连接方式

EI32-JD 型计算机联锁系统是在联锁机上增加一块以太网接口板，将联锁机接入信号安全数据网，通过安全数据网与列控中心 TCC 进行通信。

列控中心 TCC 向联锁系统提供区间允许发车信息、轨道电路状态信息、信号降级信息、离去区段通过信号机灯丝断丝信息、灾害防护信息和无配线车站信号机状态采集等信息。

联锁系统向列控中心 TCC 发送车站进路信息、区间运行方向信息、进站信号机灯丝断丝信息和无配线车站信号机驱动命令等信息。

3. 与调度集中系统 CTC 的连接方式

EI32-JD 型计算机联锁系统通过操作表示机与 CTC 系统的车站自律机交叉互联实现通信。采用带光电隔离的 RS-422 标准串口，异步全双工方式，使用双绞线连接。

联锁系统向 CTC 系统发送站场表示信息、各类报警信息、控制状态信息、控制模式转换信息和心跳信息等；接收 CTC 系统传送其他表示信息状态、控制命令信息、时钟信息等。

4. 与信号集中监测系统 CSM 的连接方式

EI32-JD 型计算机联锁系统通过电务维修机与 CSM 系统终端设备采用串行通信(RS-232)的方式进行通信。

联锁系统向 CSM 系统发送进路排列情况与相应时间的登记；关键继电器动作、铅封按钮动作与相应时间的登记；控制台表示信息记录、按钮操作信息记录；灯丝报警、熔丝报警等信息。

任务二　EI32-JD 型计算机联锁系统操作

【知识目标】

1. 掌握 EI32-JD 型计算机联锁系统开、关机方法和步骤。
2. 掌握 EI32-JD 型计算机联锁系统控制台操作方法和步骤。
3. 掌握 EI32-JD 型计算机联锁系统电务维修机操作方法和步骤。

【能力目标】

1. 具备熟练开启和关闭 EI32-JD 型计算机联锁系统的能力。
2. 具备熟练使用控制台设备完成各种联锁控制功能的能力。
3. 具备熟练使用电务维修机查询各种记录信息的能力。

【相关知识】

车站值班员通过控制台实现车站联锁控制功能；电务维修人员通过电务维修机获得联锁系统运行过程中的所有状态信息，为检修作业和查找故障提供依据。下面从开、关机步骤、控制台操作及电务维修机操作三方面，学习操作使用 EI32-JD 型计算机联锁系统。

一、系统开启、关闭步骤

(一)系统开启步骤

(1)检查分线柜底部电源板上的所有空开是否都在开启状态(开关在上位置为开启状态)，若有关闭请开启。

(2)检查联锁机柜后面所有空开是否都在开启状态，若有关闭请开启。

(3)开启 UPS A 电源和 UPS B 电源，当两台 UPS 电源输入显示亮稳定绿灯后(UPS 电源输入/输出正常)，依次开启以下设备电源。

(4)开启操作表示机倒机单元的 24 V 电源 1 和 24 V 电源 2 的开关。

(5)开启操作表示 A 机和操作表示 B 机。

(6)开启两个联锁机电源开关。

(7)开启所有联锁机柜最上部两台驱采电源开关。

(8)开启两个接口电源开关。

(9)开启维修机电源。

(10)开启运转室显示器开关。

(二)系统关闭步骤

(1)退出维修机程序，在“开始”菜单下的“关闭系统”关闭维修机。

(2)关闭两个接口电源开关。

(3)关闭所有联锁机柜最上部两台驱采电源开关。

(4)关闭两个联锁机电源开关。

(5)关闭操作表示 A 或 B 机。

(6)关闭操作表示机倒机单元的 24 V 电源 1 和 24 V 电源 2 的开关。

(7)关闭 UPS A 电源和 UPS B 电源。

注 1:电源屏提供给联锁设备的电源为两路 AC 220 V,当只提供一路时,运转室的显示器可能会没显示,此时把分线柜电源板上的双向开关拨上(或下)即可。

注 2:电源屏停电超过 10 min 后,一定要按上述步骤关闭设备电源,电源屏恢复供电后,按开启步骤开启设备电源。

二、控制台操作

EI32-JD 型计算机联锁系统控制台可采用单元拼装式控制台、显示屏(CRT)与鼠标结合的操作台等形式。以显示屏与鼠标结合的控制台方式为例,说明屏幕显示与操作方法。

控制台显示界面分为两类:一类是自动显示的;一类是人工检索的。有关进路、道岔和信号的信息能直观、及时和形象化地显现出来有些不经常发生或不经常变化的信息则在信息框(屏幕最下一列的信息提示框)中自动显示出来,其屏幕显示界面如图 3-2-1 所示。

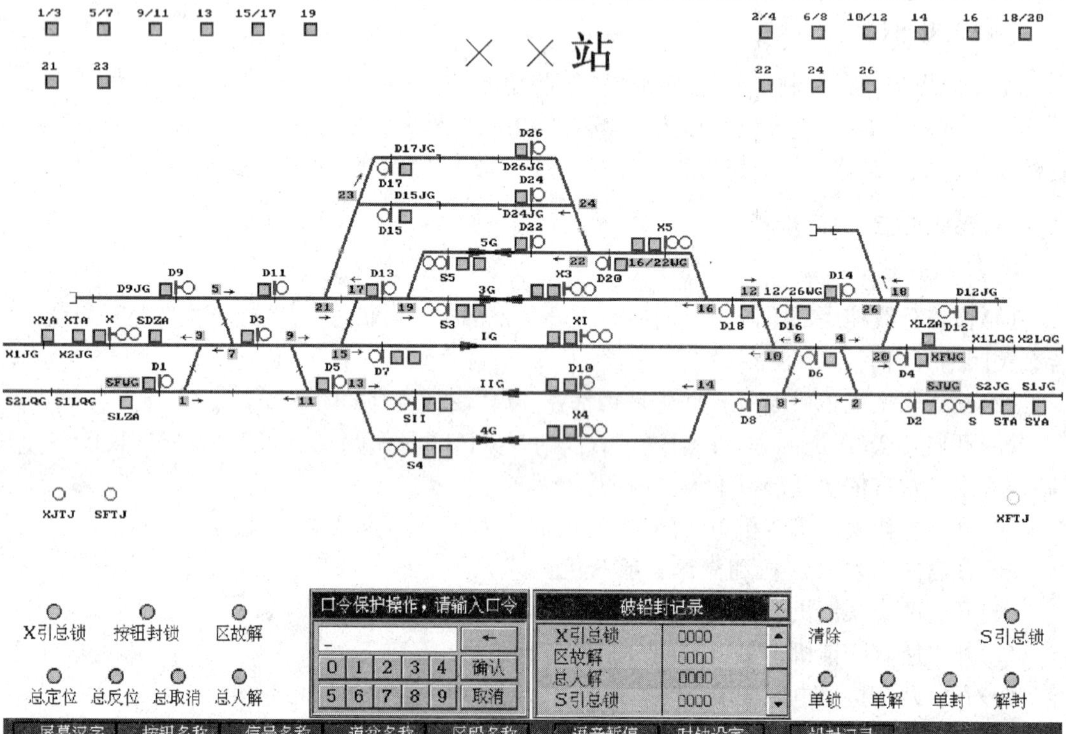

图 3-2-1 ××站 EI32-JD 计算机联锁系统控制台屏幕显示界面

(一)站场图形显示

屏幕上的站场图形与信号平面布置图的站场图基本一致。

1. 轨道区段状态显示

(1)绝缘节以白色短竖线(交叉渡线处的以短横线)表示;侵限绝缘以红圆圈中的红色竖线表示。

(2)经由道岔的线路以实线连接为当前开通方向。线路的开口(道岔开口)表示了当前道岔的开通方向。

(3)线路的显示颜色：轨道区段空闲且在解锁状态时，呈青色；轨道区段空闲且在锁闭状态时，呈白色；轨道区段有车或发生故障时，呈红色。

2. 信号复示器设置及其显示

(1)信号复示器在站场图中的位置与信号布置平面图中的位置一致。

(2)列车信号复示器在信号机关闭时呈圆形红色；信号机开放时其圆形颜色与室外信号机显示一致；信号机第一灯泡主、副灯丝均断丝时，复示器闪红光；第二灯泡被使用且灯丝断丝时仅有“2灯泡断丝”的提示。

(3)调车信号复示器在信号关闭时，呈蓝色；信号开放时，呈白色；灯泡断丝时，闪蓝光。

3. 道岔状态显示

(1)道岔的状态在站场图的相应道岔处和单设的道岔按钮处均有显示。

(2)站场道岔处的显示：道岔的开口表示当前线路断开的一侧；道岔暂时(如正在转换)失去表示时，线路断开；道岔挤岔时，线路上挤岔的岔心闪红光，并有语音报警；道岔单封时，道岔岔心处出现蓝色圆点；道岔单锁时，道岔岔心处出现红色圆点。

(3)道岔按钮处的显示：道岔在定位时，按钮呈绿色；道岔在反位时，按钮呈黄色；道岔在转换时，按钮呈灰色；道岔挤岔时，按钮呈红色；道岔单封时，道岔按钮名呈蓝色；道岔单锁时，道岔按钮名呈红色。

(二)界面上的其他显示

1. 界面上的菜单显示

屏幕下方第一行为菜单框或称菜单按钮，多为非自复式。以鼠标单击某一菜单框时，框中出现“√”符号，表示曾被单击过，同时屏幕上显示相应的信息。再次单击该框时，表示按钮复原，框中符号“√”及相应的信息随之消失。

2. 界面信息自动提示框

屏幕最下一行是信息自动提示框。

(1)操作或联锁出现异常的提示框(在屏幕左下角)，该框中能提供以下信息：

①操作错误——按钮操作不符合规定或按钮配对有误。

②操作无效——按钮操作符合规定，但因条件不满足而无法执行。

③进路选不出——在进路选排过程中，因条件不满足而选不出。

④进路不能锁闭——进路选排成功后，因进路锁闭条件不满足而无法锁闭进路。

⑤信号不能开放——开放信号的条件不满足。

⑥信号不能保持——信号开放后，因保持条件不满足而不能保持开放。

⑦1灯丝断丝——信号机的第1灯丝断丝(1灯丝继电器失磁)。

⑧2灯丝断丝——信号机的第2灯丝断丝(2灯丝继电器失磁)。

⑨命令不能执行——在进路或道岔锁闭期间，无法实现的操作命令。

⑩不能自动解锁——因某种故障使进路不能自动解锁。

(2)故障报警框——当发生灯泡断丝、熔丝断丝、道岔挤岔、发码故障等故障时，框内提供汉字报警信息，而且该框的底色为红、蓝交替闪烁。

(3)延时信息框——反映人工解锁、接近锁闭后的区段故障解锁、延续进路解锁、第一区段故障时，引导造成开放信号或股道上道岔解锁的延时解锁时间变化情况。

(4)联机信息框——反映操作表示机、联锁机、电务维修机及电务维修机与联锁机之间的通信网的状态。

①操作表示机：对应两台上位机设有两个显示方块，左方块代表A机，右方块代表B机。绿色方块表示该机处于主控状态；黄色方块表示该机处于备机(热备)状态；红色方块表示该机处于脱机或停机状态。

②联锁机：显示内容及方式与操作表示机一样。

③电务维修机：设一个显示框。绿色表示该机正常运行；红色表示该机停止运行。

(5)系统日时钟框——系统日时钟是指在系统内部表达当地标准时间的时钟。在系统中(包括电务机)，凡需要标明时间的设备状态、行车过程，以及各种数据，均以系统日时钟的时间为准。系统日时钟的时间应与标准时间(以中央电台报时为准)相一致。系统日时钟的时间与标准时间的误差超过1 min时应进行校准。系统日时钟的底色不断变化时，表明操作表示机正在运行。

(6)电源屏供电框——反映电源屏当前供电状态。

(三)按钮配置

1."列车信号"按钮和进路按钮

(1)"列车信号"按钮——在每一架列车信号复示器的前方，紧靠复示器处，设置一个绿色"列车信号"按钮，也称作"列车进路"按钮。主要供进路排列、解除或重复开放信号使用。

(2)"列车通过"按钮——为了简化操作，排列列车通过进路时，把正线直股接车进路和正线直股发车进路视为一条进路，只需按压一个通过进路的"始端"按钮和一个双线发车口处的"列车终端"按钮或单线进站口处的"信号"按钮即可。为此，在每一进站信号复示器的前方靠近信号按钮处，设一个绿色"列车通过"按钮。

(3)"引导信号"按钮——当进站信号(或接车进路信号)机因故障不能开放或开放后又因故关闭时，可按引导方式接车。为了办理引导进路和开放引导信号，在每个接车信号复示器的前方设一个白色"引导信号"按钮。

2."调车信号"按钮和"进路"按钮

(1)"调车信号"按钮(也称"调车进路"按钮)——在每一架调车信号复示器的前方设置一个白色"调车信号"按钮。它既可作调车进路的始端按钮，又可作调车进路的终端按钮或列车进路变通按钮或调车进路变通按钮，由按压按钮的顺序而定。

(2)"调车变通进路"按钮——当调车进路始端和终端两点间有两条或两条以上的调车进路时，规定其中只有一条为调车基本进路，其他皆为调车变通进路。

3. 功能(共用)按钮

功能按钮可按车站或咽喉配置，包括："进路总取消"按钮、"进路总人工解锁"按钮(带铅封)、"轨道区段故障解锁"按钮(带铅封)、"道岔总定位操纵"按钮(总定位)、"道岔总反位操纵"按钮(总反位)、"道岔单封"按钮(单封)、"道岔解封"按钮、"道岔单锁"按钮、"道岔单解"按钮(单解)、"按钮封锁"按钮(列车按钮封锁)。

4. 专用按钮

(1)"道岔"按钮——对应每组道岔(共用同一控制电路)设一个带显示的按钮。"道岔"按钮需与道岔功能按钮(如"道岔总定位"或"总反位操纵"按钮)配合操作，才能控制道岔。

(2)"引导总锁闭"(带铅封)按钮(X、S引总锁)——当道岔失去表示、无法办理进路时,需将咽喉中的全部道岔锁闭后才能办理引导接车。为此,对应每一咽喉设置一个带铅封带灯的按钮。

(3)"清除"按钮(清除)——为清除不带铅封的操作按钮信息、进路控制异常信息框中的显示等,对应全站设一个"清除"按钮。

(四)操作方法

1. 办理列车进路和重复开放信号

(1)基本进路操作:"进路始端信号"按钮+"进路终端信号"按钮。

(2)通过进路操作:"通过进路"按钮(在通过进路的始端)+正线发车"进路终端信号"按钮或专设的"进路终端"按钮。

(3)变通进路操作:"始端信号"按钮+"变通"按钮(一个或一个以上)+"进路终端"按钮。

(4)重复开放信号操作:"进路始端信号"按钮。

2. 办理调车进路和重复开放信号

(1)基本进路操作:"调车进路始端信号"按钮+"调车进路终端信号"按钮。

(2)变通进路操作:"进路始端"按钮+"变通"按钮+"进路终端"按钮。

(3)重复开放信号操作:"进路始端信号"按钮。

3. 进路或轨道区段的解锁

(1)取消进路操作:"总取消"按钮+"进路始端信号"按钮。

(2)人工解锁操作:"总人解"+输入口令+"进路始端"按钮。

(3)轨道区段故障解锁操作:"区故解"按钮+输入口令+待解锁的"区段"按钮。

(4)调车组合进路解锁操作:调车组合进路是由若干条单元进路(基本进路或变通进路)组合而成。组合进路的解锁需按单元进路分别办理。

4. 引导进路的办理与解锁

引导进路的办理与解锁分为三种方式:一是接车进路已锁闭后转为引导方式;二是接车进路不能锁闭时,办理引导进路方式;三是全咽喉道岔引导总锁闭方式。对这三种方式的操作说明如下:

(1)接车进路锁闭后转引导方式:接车进路已经锁闭,由于某种故障不能开放允许信号时,需按本方式办理引导进路。

①办理操作

a. 当信号机内方第一轨道区段电路无故障时的操作为:"引导"按钮+输入口令。

b. 信号机内方第一轨道电路区段故障时的操作为:"引导"按钮+输入口令。此后必须断续地单击"引导信号"按钮。重复单击的间隔时间不应超过14 s,否则"引导信号"自动关闭。

②解锁操作

a. 轨道电路无故障(含进路为白光带)情况下的解锁操作:

第一步,取消引导锁的操作:"总人解"+输入口令+"列车信号"按钮。

第二步,取消进路锁的操作:"总取消"+"列车信号"按钮。

b. 其他情况的解锁操作:

第一步,取消引导锁的操作:"总人解"+输入口令+"列车信号"按钮。

第二步,按"区故解"方式解除进路锁闭。

(2)接车进路不能锁闭时办理引导进路方式:接车进路因轨道电路区段故障不能建立,在此情况下，需按本方式办理引导进路。

①办理操作："引导"按钮＋输入口令＋接车股道入口处的"列车信号(或终端)"按钮。

②引导锁的解锁操作："总人解"＋输入口令＋"列车信号"按钮。

(3)全咽喉区道岔总锁方式：引导进路中的道岔失去表示时采用该方式。

①办理操作

值班人员须确认道岔位置正确、进路空闲、未建立敌对进路(敌对信号未开放)后，采取如下操作："引导总锁"按钮＋输入口令＋"引导"按钮＋输入口令。

②引导总锁解除操作

列车到达股道后，才能解除引导总锁，采取如下操作："引导总锁"按钮。

5. 道岔的单操和单封、单锁与解锁

(1)道岔单操操作："总定位(总反位)"按钮＋"道岔"按钮。

(2)道岔单封操作："单封"按钮＋"道岔"按钮。

(3)道岔解除封锁操作："解封"按钮＋"道岔"按钮。

(4)道岔单锁操作："单封"按钮＋"道岔"按钮。

(5)道岔单解操作："单解"按钮＋"道岔"按钮。

6. 改变运行方向

(1)改变运行方向的正常办理

设甲站为接车站，乙站为发车站，区间空闲，双方均未办理发车，此时若甲站要求向乙站发车，当向正向发车时，则由甲站值班员按压列车"始端"或"终端"按钮，办理发车进路，即可自动改变运行方向；当向逆向发车时，则由甲站值班员先按下"允许反方向"按钮(允许反向)，然后按压列车"始端"或"终端"按钮，办理发车进路，即可自动改变运行方向。

(2)改变运行方向的辅助办理

设甲站为接车站，乙站为发车站，当区间亮红灯，此时若甲站要求向乙站发车，需两站值班员确认区间空闲后，共同进行辅助办理来改变运行方向，具体操作如下：

甲站：破封按压"总辅"(鼠标操作为单击"总辅"，输入口令，此时按钮闪烁)，破封按压"发辅"(鼠标操作为单击"发辅"，输入口令，此时按钮闪烁)，辅助灯亮白闪；等乙站辅助办理完毕，甲站发车表示灯亮绿灯后，"发辅"、"总辅"自动复原，辅助灯亮白灯，表示本站辅助办理完毕。

乙站：甲站辅助办理后，本站辅助灯亮白闪，破封按压"总辅"(鼠标操作为单击"总辅"，输入口令，此时按钮闪烁)，破封按压"接辅"(鼠标操作为单击"接辅"，输入口令，此时按钮闪烁)；当接车表示灯亮黄灯，辅助灯亮白灯后，"接辅"、"总辅"自动复原，表示本站辅助办理完毕。

注：在"发辅"、"接辅"、"总辅"按下期间，值班员也可再次单击按钮(相当于按钮松开)，使按钮复原。

三、电务维修机的操作使用

电务维修机是监视 EI32-JD 型计算机联锁系统的运行情况、故障原因和车站信号设备状态的变化情况，记录车站值班人员操作情况的设备；同时还能记录车站运行情况，随时回放车站历史信息。

EI32-JD 型计算机联锁系统同时还向其他系统提供本站的开关量信息，供监测系统、调监系统等使用，其屏幕界面显示如图 3-2-2 所示。

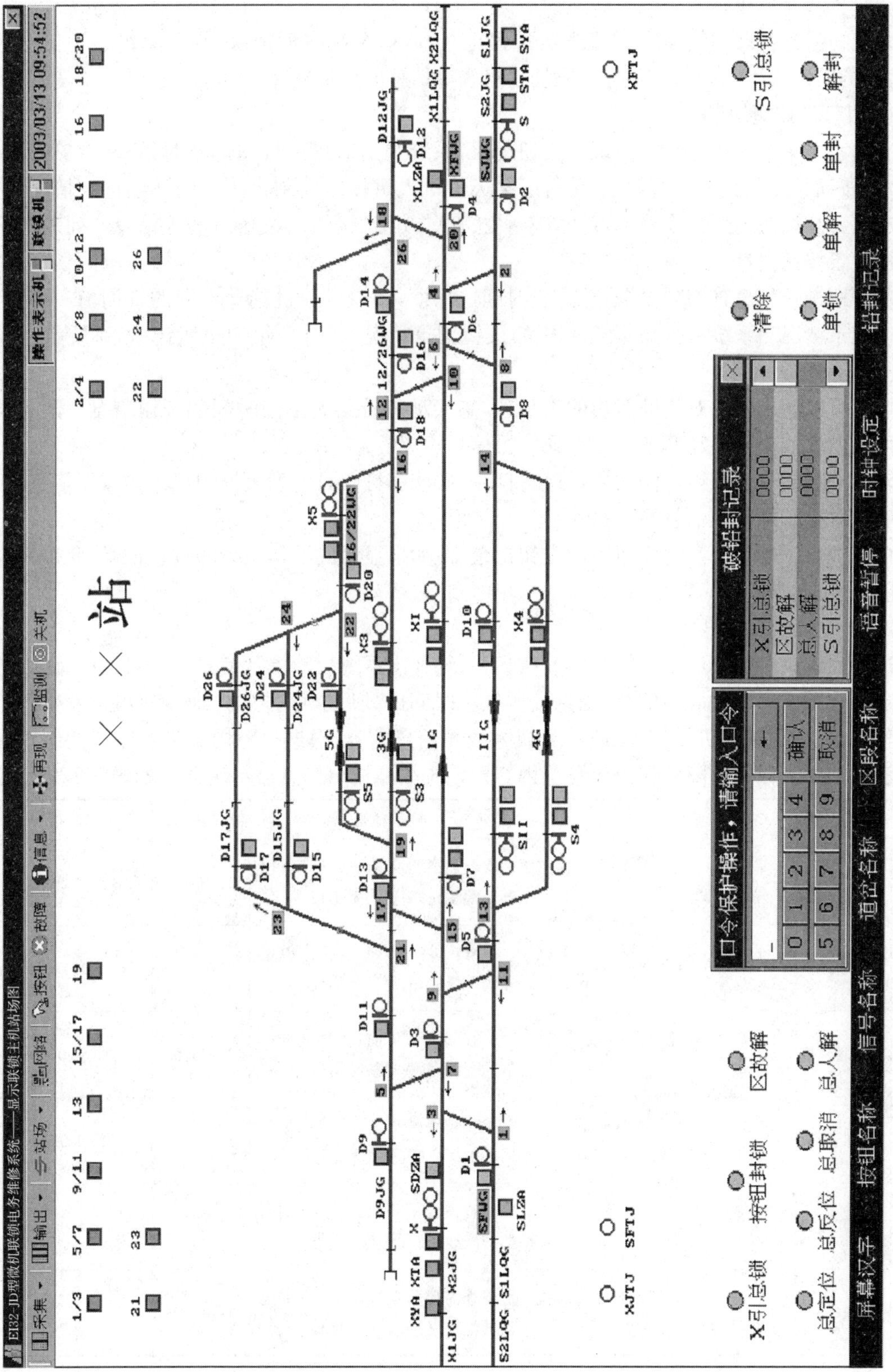

图3-2-2　电务维修机显示界面图

(一)信息查询功能

系统的信息查询功能提供了值班员按钮记录、联锁系统故障记录、查看降级显示信号记录、值班员操作信息提示、联锁采集/驱动信息表等信息的查询功能。

1. 值班员按钮记录

通过系统菜单选择(单击)值班员按钮记录,系统弹出值班员按钮记录对话框。在列表框中,按照按钮按压时间的先后顺序列出了某天值班人员按压控制台按钮的详细记录情况,包括:按钮名称、按钮类型(“信号”按钮、“破封”按钮、“功能”按钮)、按压时间等信息。列表框一行显示两条按钮信息。

单击请选择信息日期列表框,会弹出时间选择框,用户可通过选择不同的日期,查看某天的按钮记录情况。系统将保留最近一年的按钮记录情况,超过一年的按钮记录,系统将自动删除。

用户可以通过使用对话框右边的滚动条,来滚动查看当天不同时间的按钮信息。滚动条一次可以向上或向下滚动两条(一行)或一页信息。

对话框还提供了按钮打印功能,按钮打印一次能够打印目前列表框中显示的按钮信息,不在列表框中显示的按钮信息不会打印。

单击“刷新”按钮可实时刷新当前按钮记录,但如果显示的不是当天的按钮记录,此按钮会自动隐藏。

2. 联锁系统故障记录

通过系统菜单选择(单击)了“故障”按钮,系统弹出系统故障提示信息显示对话框,详细地列出了某天联锁系统的故障信息,信息按照发生时间的先后顺序排列详细地列出了发生故障的操作表示机、联锁机机号(A 机还是 B 机)、故障信息内容、根据故障内容系统建议的纠正措施、发生的时间,以及故障源代码信息等内容。系统故障提示信息显示对话框如图 3-2-3所示。

序号	来源	故障内容	建议措施	时间	备注
994	Ⅰ系联锁机	采集(L48:第 8 路)前、后接点均断开	检查需要采集前、后接点继电器的配线完好;更换采集板	21:35:53	71 01 01 00 30 08
995	Ⅰ系联锁机	采集(L44:第 31 路)前、后接点均断开	检查需要采集前、后接点继电器的配线完好;更换采集板	21:35:59	71 01 01 00 2c 1f
996	Ⅱ系联锁机	采集(L44:第 31 路)前、后接点均断开	检查需要采集前、后接点继电器的配线完好;更换采集板	21:35:59	71 01 01 00 2c 1f
997	Ⅰ系联锁机	采集(L48:第 8 路)前、后接点均断开	检查需要采集前、后接点继电器的配线完好;更换采集板	21:36:03	71 01 01 00 30 08
998	Ⅱ系联锁机	采集(L48:第 8 路)前、后接点均断开	检查需要采集前、后接点继电器的配线完好;更换采集板	21:36:03	71 01 01 00 30 08
999	Ⅰ系联锁机	采集(L44:第 31 路)前、后接点均断开	检查需要采集前、后接点继电器的配线完好;更换采集板	21:45:04	71 01 01 00 2c 1f

序号	来源	故障内容	建议措施	时间	备注
1 000	Ⅱ系联锁机	采集(L44:第 31 路)前、后接点均断开	检查需要采集前、后接点继电器的配线完好;更换采集板	21:45:04	71 01 01 00 2c 1f
1 001	Ⅰ系联锁机	采集(L48:第 8 路)前、后接点均断开	检查需要采集前、后接点继电器的配线完好;更换采集板	21:45:07	71 01 01 00 30 08
1 002	Ⅱ系联锁机	采集(L48:第 8 路)前、后接点均断开	检查需要采集前、后接点继电器的配线完好;更换采集板	21:45:08	71 01 01 00 30 08

图 3-2-3　系统故障提示信息显示对话框图

维修人员能够利用故障信息,结合站场回放,分析故障原因,找出故障隐患,同时还可在系统不能自动恢复的情况下结合系统给出的建议措施,及时纠正错误。

备注栏内列出了故障信息的原始代码,它是提供给生产厂商分析故障的原始依据,因此在和生产厂商联系时,除详细提供故障发生前后的相关情况外,同时也需提供列表框中的故障原始代码。

当通过系统菜单选择(单击)了“信息”按钮后,系统弹出查看信息选择菜单,当选择了查看系统记录信息后,会弹出系统记录信息显示对话框,该对话框显示全部故障信息记录,内容比系统故障提示信息显示对话框更多。

3. 信息提示

(1)操作信息提示

当通过系统菜单选择(单击)了“信息”按钮后,系统弹出查看信息选择菜单。当选择了操作信息提示框后,系统弹出图 3-2-4 所示的对话框。

操作信息提示显示窗口实时显示值班员的操作信息和联锁系统的提示信息。在进行回放作业时,操作信息提示显示窗口也会显示出回放时刻值班员的操作信息和联锁系统提示信息。最后一列显示为“R”时为回放信息,否则为实时信息。

操作信息显示窗口

B/Ⅰ系	S_{II}Z : 进路选不出	02:19:43	R
B/Ⅱ系	S_{II}Z : 进路选不出	02:19:43	R
B/Ⅰ系	=>X_NJFZA	02:52:36	R
B/Ⅱ系	=>X_NJFZA	02:52:36	R
B/Ⅰ系	202/204 : 命令不能执行	03:51:31	R
B/Ⅱ系	202/204 : 命令不能执行	03:51:31	R

图 3-2-4　操作信息显示窗口示意图

提示框分四列,第一列显示的是信息来源,分 A 机、B 机和Ⅰ系、Ⅱ系;第二列显示的是信息内容,包括提示信息和按钮信息;第三列显示的是信息时间;第四列显示是否为回放。

(2)继电器信息提示

通过系统菜单选择(单击)了“信息”按钮后,系统弹出查看信息选择菜单。当选择了显示继电器状态后,系统弹出图 3-2-5 所示的对话框。

继电器状态变化窗口

I-2SBJ	↓	01:11:10
I-8SBJ	↓	01:11:10
SFSJ	↓	01:11:10
Ⅱ-4SBJ	↓	01:11:10
Ⅱ-6SBJ	↓	01:11:10
$X_{Ⅱ}$LDJ1	↑	01:44:20
D_{211}1DJ	↑	01:44:20
Ⅱ12GAJ-Q	↓	01:44:20
S_NFJ-Q	↓	01:44:20
$S_Ⅰ$JGJ-Q	↑	01:44:20
$X_Ⅰ$ZDXJ	↑	01:44:20

图 3-2-5　继电器状态变化窗口示意图

继电器状态变化窗口实时显示全站继电器变化信息。窗口分三列，第一列显示的是继电器名称，名称为斜体表示驱动继电器后的变化信息，名称为正体表示采集到的继电器变化信息；第二列显示的是继电器状态，"↑"表示继电器从落下状态变为吸起状态，"↓"表示继电器从吸起状态变为落下状态；第三列显示的是时间。在进行回放作业时，继电器状态变化窗口也会显示出回放时的继电器变化信息。

4. 联锁采集/驱动信息表

通过系统菜单选择(单击)了"信息"按钮后，系统弹出查看信息选择菜单。当选择了联锁采集/驱动信息表后，系统弹出图 3-2-6 所示的对话框。

◉ 采集信息表　　○ 驱动信息表

序号	采集0	采集1	采集2	采集3	采集4	采集5	采集6
1	SGDJ	201/203DBJ	253/255SJ	2109FBJ	244DBJ	X_NLXJ	D_{217}DXJ
2	XGDJ	201/203FBJ	257/259DBJ	2109SJ	244FBJ	X_NZXJ	D_{219}DXJ
3	SDSJ	201/203SJ	257/259FBJ	2113DBJ	244SJ	X_NYXJ	D_{221}DXJ
4	XDSJ	205/207DBJ	257/259SJ	2113FBJ	248/250DBJ	X_NTXJ	D_{223}DXJ
5	RBJ	205/207FBJ	261/263DBJ	2113SJ	248/250FBJ	SLXJ	D_{225}DXJ
6	ZDYJ	205/207SJ	261/263FBJ	2115DBJ	248/250SJ	SZXJ	D_{227}DXJ
7	FDYJ	209/213DBJ	261/263SJ	2115FBJ	252DBJ	SYXJ	D_{229}DXJ
8	空	209/213FBJ	265/269DBJ	2115SJ	252FBJ	STXJ	D_{231}DXJ
9	空	209/213SJ	265/269FBJ	202/206DBJ	252SJ	SLUXJ	D_{233}DXJ
10	SZJJ	215/221DBJ	265/269SJ	202/206FBJ	254/256DBJ	XL_{11}LXJ	D_{235}DXJ
11	SCSJ	215/221FBJ	271DBJ	202/206SJ	254/256FBJ	XL_{11}ZXJ	D_{237}DXJ
12	SFKJ	215/221SJ	271FBJ	208DBJ	254/256SJ	XL_{11}YXJ	D_{239}DXJ

图 3-2-6　驱动、采集信息表显示对话框

详细列出了联锁系统信息采集和驱动的信息表，用户可以通过选择，查看采集信息表或驱动信息表。采集信息表从采集 0 开始，驱动信息表从驱动 1 开始，和系统实际配线相对应。

5. 查看报警信息

通过系统菜单选择(单击)了"信息"按钮后，系统弹出查看信息选择菜单。当选择了查看报警信息后，系统弹出报警信息的对话框。对话框中详细地记录了运转室显示器报警栏中(同时有语音提示)的各种报警信息，如道岔挤岔、信号故障关闭等。

(二)系统显示功能

系统提供的显示功能有采集机箱面板显示、驱动输出机箱面板显示、车站站场平面图显示和系统网络结构图显示等。车站站场平面图显示还提供了全屏显示、显示右屏(或显示某一屏)、显示主机、显示Ⅰ系、显示Ⅱ系、显示Ⅰ/Ⅱ系和显示文字等功能。

1. 采集机箱面板显示

通过系统菜单选择(单击)了“采集”按钮后,系统弹出采集机箱选择子菜单。

采集机箱子菜单中列出了本站配置的采集机箱,有几个机箱就有几个选项供用户选择,与实际硬件相对应。

选择了具体的某采集机箱后,系统显示主界面实时显示选择机箱的面板指示灯。

采集机箱界面显示Ⅰ系、Ⅱ系驱采机的状态,上面是Ⅰ系联锁机采集到的驱采机状态,下面是Ⅱ系联锁机采集到的驱采机状态。采集编号从0开始,每个编号下包括32路采集,每路采集的内容与信息表一致。每个采集点的颜色意义如下:

(1)当Ⅰ系、Ⅱ系驱采机采集状态相同时,与其相对应路的面板灯显示绿色。

(2)当Ⅰ系、Ⅱ系驱采机采集的状态不同时,与其相对应路的面板灯显示红色。

(3)对于不使用(信息表中为“空”,无配线)的采集点,面板灯正常显示为灰色;如该点有采集状态,则面板灯显示为黑色。

当移动鼠标到某采集点时,系统会给出该采集点的继电器名称信息。可以方便地通过图形界面,了解到联锁系统的采集情况,以及采集的状态等。

每块采集板对应两路采集显示,如“Ⅰ采集0[Ⅰ]”和“Ⅱ采集0[Ⅰ]”,其中“Ⅰ采集0[Ⅰ]”表示的是Ⅰ系联锁机采集到的Ⅰ系驱采机状态,“Ⅱ采集0[Ⅰ]”表示的是Ⅱ系联锁机采集到的Ⅰ系驱采机状态。

2. 驱动机箱面板显示

通过系统菜单选择(单击)了“驱动”按钮后,系统弹出驱动机箱选择子菜单。

驱动机箱子菜单中列出了本站配置的驱动机箱,选择了具体的某驱动机箱后,系统显示主界面实时显示选择机箱的面板指示灯。

主显示界面分别显示Ⅰ系、Ⅱ系联锁机产生的控制命令(上面是Ⅰ系联锁机,下面是Ⅱ系联锁机),Ⅰ系、Ⅱ系联锁机的控制命令通过联锁系统LAN网传送到Ⅰ系、Ⅱ系驱采机中,驱采机会根据联锁主机的控制命令动作驱动电路,进而产生控制组合架继电器的驱动电压。

因此,联锁机的控制命令和驱采机的驱动电路一一对应,进而和组合架驱动接口配线一一对应。每块驱动电路提供16路输出,因此显示图上每列对应了16路输出。

当联锁机有输出的情况下,对应路的面板灯显示为绿色;如果Ⅰ系、Ⅱ系联锁机输出不一致,对应的面板灯显示为红色;如果没有输出,对应的面板灯显示为黑色;对于不使用(信息表中为“空”,无配线)的输出点,面板灯显示为灰色,如该点有异常输出状态,则面板灯显示为蓝色(同“采集机箱面板显示”)。

移动鼠标到某输出点时,系统会给出该输出点的继电器名称信息。可以方便地通过图形界面,了解到联锁系统的输出情况,以及输出的状态信息等。

3. 系统网络结构图显示

通过系统菜单选择(单击)了“网络”按钮查看系统网络结构图后，主界面显示系统的网络结构图和实时的系统网络状态、主机运行状态等信息，如图 3-2-7 所示。

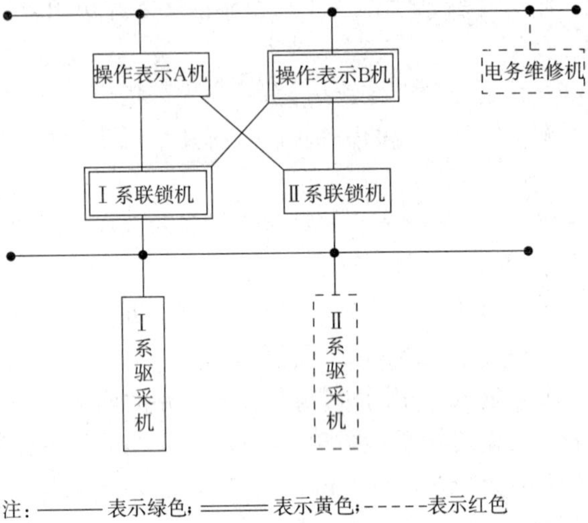

图 3-2-7　系统网络结构显示框图

图中列出了操作表示 A、B 机，Ⅰ系、Ⅱ系联锁机，Ⅰ系、Ⅱ系驱采机和电务维修机本身。如果联锁系统还和其他信号系统连接窗口还会显示与其他信号通信的网络状态。通过它们边框和文字的颜色来实时显示某机器当前的状态，具体颜色定义如下：

(1)机器边框的颜色定义

①绿色(图中用单实线表示)

表示某操作表示机正在主控；表示某联锁机正在主控；表示Ⅰ系、Ⅱ系驱采机工作正常；表示电务维修机工作正常。

②黄色(图中用双实线表示)

表示某操作表示机正处于热备状态；表示某联锁机正处于热备状态。

③白色

对于联锁机，表明它和主控操作表示机网络通信正常，但不处于主控和热备状态；对于操作表示机，表明它和电务维修机网络通信正常，但和主控操作表示机通信故障或不处于热备状态。

④红色(图中用虚线表示)

对于联锁机，表明它和主控操作表示机失去联系(网络通信中断)；对于操作表示机，表明它和电务维修机网络通信中断且和主控操作表示机通信中断。

(2)线条的颜色定义

图中还画出了操作表示机、联锁机间的操作表示网结构图、联锁机、驱采机的联锁系统 LAN 网结构图，以及操作表示机、电务维修机间的电务维修以太网结构图，当某两机器间网络通信完好时，显示绿色，否则显示红色。具体定义如下：

①绿色(图中用单实线表示)

a. 在操作表示网,表明操作表示机和联锁机通信正常。

b. 在联锁双网,对于联锁机和非主控操作表示机,表明其和主控操作表示机之间通信正常。

c. 在电务维修网,表明操作表示机和电务维修机通信正常。

②红色(图中用虚线表示)

a. 在联锁双网,对于联锁机和非主控操作表示机,表明其和主控操作表示机之间通信中断。

b. 在电务维修网,表明操作表示机和电务维修机通信中断。

c. 在进行再现功能时,网络图显示的是再现时刻的状态。

4. 显示车站站场图形

通过系统菜单选择(单击)了显示站场图形功能按钮"站场"后,系统主界面显示当前的主控联锁机站场信息;如果单击"站场"右边的向下图标"↓",则弹出子菜单。通过选择可显示联锁主机、Ⅰ系、Ⅱ系的站场图形和同时显示Ⅰ/Ⅱ系联锁机。

可以通过单击决定是否在站场图形中显示提示文字信息,如牵出线、到发线的名称;信号机、道岔的名称等。

(三)信息再现功能

信息再现功能是为用户再现过去一个月内某天车站现场设备(信号、道岔、区段等)的变化情况。结合按钮记录、故障记录,分析当时现场设备情况、值班员操作情况,以及可能引起故障的原因等。信息再现可以再现某天某时刻车站站场图形的信息;联锁系统采集信息(采集面板灯)、输出信息(输出面板灯)、系统网络结构图、信号设备状态等。

通过鼠标左键单击系统菜单条上的"再现"按钮,来激活信息再现功能。此时在系统菜单下面出现再现工具条,工具条上有以下功能项:

(1)打开——打开再现文件,选择回放历史信息的日期。

(2)单步向后——向后退一个记录单位。

(3)回退——让系统以倒退的方式连续提供历史信息。播放是按照时间的先后顺序提供历史信息。

(4)单步向前——向前进一个记录单位。

(5)暂停——暂停播放历史信息。

(6)停止——停止播放历史信息。

(7)记录单位选择框——选择跳转记录单位数值。

(8)滚动条——历史信息可以通过拉动滚动条任意再现记录位置。

在EI32-JD型计算机联锁系统中,历史信息的记录不是以秒为固定记录单位的,而是在联锁信息有变化的时候才进行记录,故相连的两条历史记录可能相差不到一秒,也可能相差十几秒。前进和后退一条记录指的就是向前或向后移动一个变化信息。

任务三　EI32-JD 型计算机联锁系统检修与故障处理

【知识目标】

1. 掌握 EI32-JD 型计算机联锁系统各部分面板指示灯含义。
2. 掌握 EI32-JD 型计算机联锁系统日常巡视的步骤、内容和方法。
3. 掌握 EI32-JD 型计算机联锁系统集中检修的步骤、内容和方法。
4. 掌握 EI32-JD 型计算机联锁系统常见故障的分析、处理方法。

【能力目标】

1. 具备熟练完成 EI32-JD 型计算机联锁系统日常巡视的能力。
2. 具备熟练完成 EI32-JD 型计算机联锁系统集中检修的能力。
3. 具备熟练处理 EI32-JD 型计算机联锁系统常见故障的能力。

【相关知识】

EI32-JD 型计算机联锁系统各组成部分电路板上都有相关状态指示灯，在检修和处理联锁设备故障时，都可以依据指示灯的显示判断联锁设备工作状态和故障范围。

一、机柜布置及各部分面板指示灯含义

（一）机柜布置

EI32-JD 型计算机联锁系统除运转室控制台设备外，在信号机械室内，有联锁机柜、综合机柜、分线柜，以及提供给电务人员的维修机终端设备。EI32-JD 型计算机联锁系统机框布置如图 3-3-1 所示。

联锁机柜中包括：驱采 24 V 开关电源（驱采机）、联锁机双系、联锁机倒机电路、双系驱采机箱、双系驱采扩展机箱。

综合机柜中包括：操作表示机双机、操作表示机倒机单元、网络集线器、联锁 24 V 开关电源（联锁机）、接口 24 V 开关电源（供采集电路使用），以及不间断电源 UPS。

分线柜中包括：隔离变压器、驱动线转接板、采集线转接板及电源配线板。

（二）各部分面板指示灯含义

1. 操作表示倒机单元面板指示灯含义

操作表示倒机单元面板示意如图 3-3-2 所示。

（1）指示灯的含义

B 机主用——指示灯亮，表明操作表示 B 机为主机。

A 机主用——指示灯亮，表明操作表示 A 机为主机。

切换检查——指示灯灭，表明操作表示 A 机主用，操作表示 B 机备用；指示灯亮，表明操作表示 B 机主用，操作表示 A 机备用。

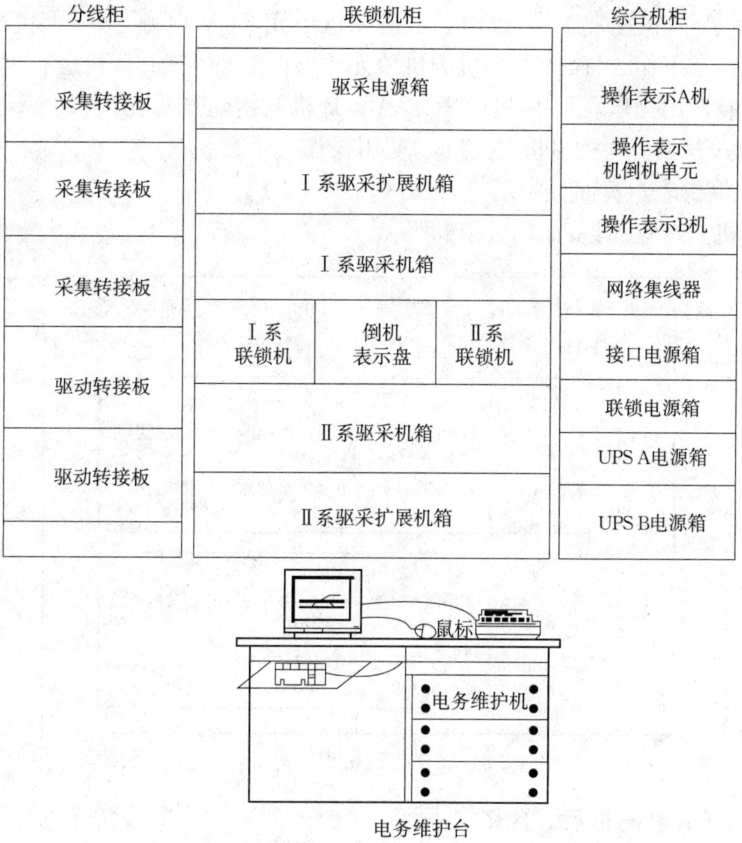

图 3-3-1　EI32-JD 型计算机联锁系统机柜布置示意图

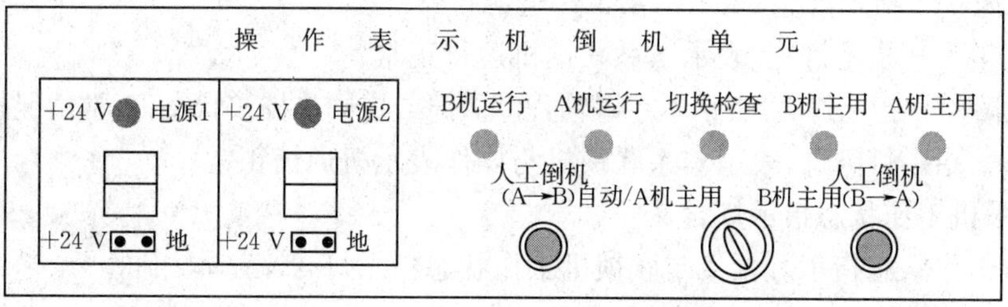

图 3-3-2　操作表示倒机单元面板示意图

B 机运行——指示灯亮，表明操作表示 B 机正常工作；B 监督继电器吸起。

A 机运行——指示灯亮，表明操作表示 A 机正常工作；A 监督继电器吸起。

(2)开关的含义

人工倒机(A→B)——自复开关，当操作表示 A 机和 B 机工作正常时(操作表示机倒机单元中“A 机运行”和“B 机运行”灯亮)，如果操作表示 A 机主用，按下开关，强制操作表示 B 机主用。

人工倒机(B→A)——自复开关,当操作表示A机和B机工作正常时(操作表示机倒机单元中"A机运行"和"B机运行"灯亮),如果操作表示B机主用,按下开关,强制操作表示A机主用。

自动/A机主用成自动/B机主用——带锁的非自复开关,平时锁在"自动/A机主用"位置;当操作表示A、B机正常工作,操作表示机倒机单元24 V电源正常,但倒机电路故障造成倒机单元无法正常工作时(操作表示机倒机单元中"A机运行"和"B机运行"灯灭),可以通过此钥匙开关强制使用操作表示A机或操作表示B机。钥匙开关在"自动/A机主用"位置时,使用操作表示A机;在"B机主机"位置时,使用操作表示B机。

2. 联锁机倒机表示盘面板指示灯含义

联锁机倒机表示盘面板,如图3-3-3所示。

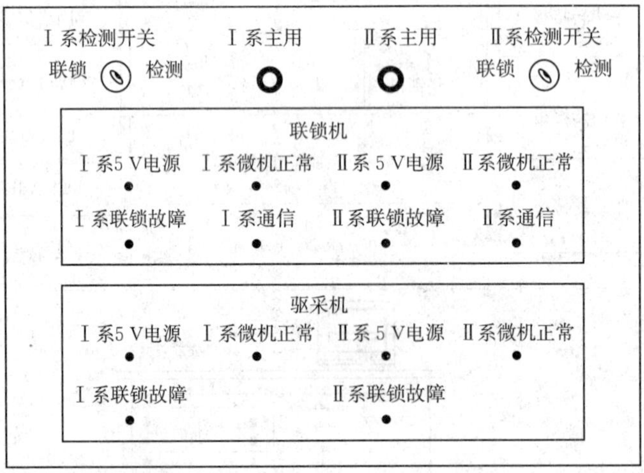

图3-3-3 联锁机倒机表示盘面板示意图

(1)联锁机工作状态指示灯含义

Ⅰ系联锁机和Ⅱ系联锁机是双机热备冗余结构,因此Ⅰ系联锁机和Ⅱ系联锁机工作状态指示灯含义相同。

5 V电源——指示灯亮,表示本系工作电源正常。

微机正常——指示灯亮,表示本系联锁机运行正常。

联锁故障——指示灯亮,表示本系联锁程序故障或在同步校核状态,正常情况指示灯灭灯。

通信——指示灯闪烁,表示本系联锁机与操作表示机通信正常。

(2)驱采机工作状态指示灯含义

驱采机工作状态指示灯含义与联锁机工作状态指示灯含义基本相同。

(3)其他

Ⅰ系主用——指示灯亮,表示Ⅰ系联锁机为主用状态。

Ⅱ系主用——指示灯亮,表示Ⅱ系联锁机为主用状态。

3. 联锁机、驱采机各板卡指示灯含义

联锁机、驱采机各板卡指示灯如图3-3-4所示。

(1)电源板指示灯含义

电源板指示灯含义见表3-3-1。

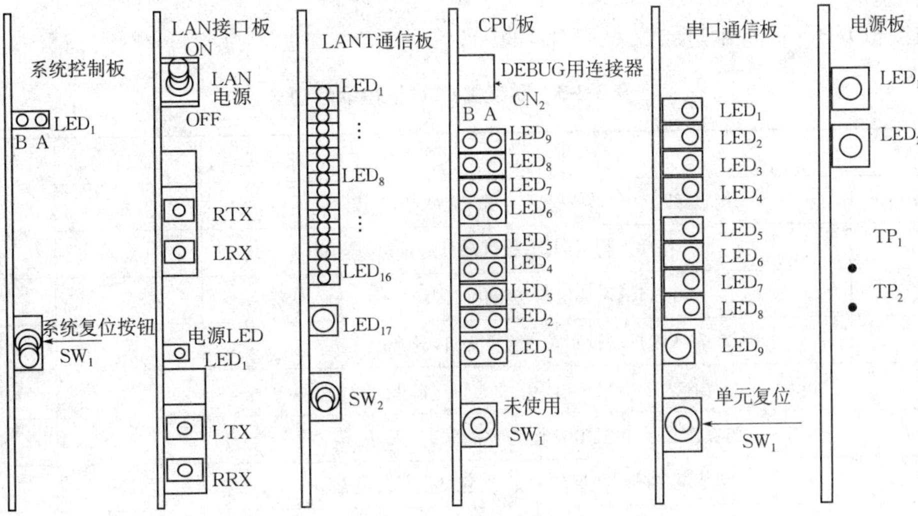

图 3-3-4　联锁机、驱采机各板卡指示灯含义图

表 3-3-1　电源板指示灯含义

名　称	内　　容	颜色	正常状态
LED_1	系统电源正常时点灯	绿	稳定绿灯
LED_2	软件运行正常时点灯	绿	稳定绿灯
TP_1	+5 V		
TP_2	0 V		

(2)串口通信板指示灯含义

串口通信板指示灯含义见表 3-3-2。

表 3-3-2　串口通信板指示灯含义

名　称	内　　容	颜色	正常状态
LED_1	未使用	黄	灭灯
LED_2	未使用	黄	灭灯
LED_3	未使用	黄	灭灯
LED_4	串口 3 接收发送状态;闪烁:有数据收发	黄	
LED_5	串口 2 接收发送状态;闪烁:有数据收发	黄	
LED_6	串口 1 接收发送状态;闪烁:有数据收发	黄	
LED_7	未使用	黄	灭灯
LED_8	接收操作表示机的数据时闪烁,未接收时灭灯	黄	
LED_9	本板工作正常灯(稳灯/灭灯:异常)	绿	闪烁
SW_1	单元内部复位	—	OFF

(3)联锁机 CPU 板指示灯含义

联锁机 CPU 板指示灯含义见表 3-3-3。

表 3-3-3　联锁机 CPU 板指示灯含义

名　称	内　　容	颜色	正常状态
LED$_1$-A	总线校核结果;稳灯:一致;灭灯:不一致	黄	稳灯
LED$_1$-B	程序运行时闪烁;稳灯/灭灯:异常	绿	闪烁
LED$_2$-A	LAN 通信未初始化时闪烁	黄	灭灯
LED$_3$-A	闪烁联锁正常;稳灯/灭灯:异常	黄	闪烁
LED$_4$-A	与操作表示 B 机串口通信正常;稳灯/灭灯:异常	黄	闪烁
LED$_5$-A	与操作表示 A 机串口通信正常;稳灯/灭灯:异常	黄	闪烁
LED$_6$-A	与邻联锁机 LAN 通信正常;稳灯/灭灯:异常	黄	闪烁
LED$_7$-A	与Ⅱ系所有驱采机 LAN 通信均正常;稳灯/灭灯:异常	黄	闪烁
LED$_8$-A	与Ⅰ系所有驱采机 LAN 通信均正常;稳灯/灭灯:异常	黄	闪烁
LED$_9$-A	未使用	黄	灭灯
LED$_{2\sim9}$-B	未使用	绿	灭灯
SW$_1$	未使用		

(4)驱采机 CPU 板指示灯含义

驱采机 CPU 板指示灯含义见表 3-3-4。

表 3-3-4　驱采机 CPU 板指示灯含义

名　称	内　　容	颜色	正常状态
LED$_1$-A	总线校核结果;稳灯:一致;灭灯:不一致	黄	稳灯
LED$_1$-B	程序运行时闪烁;稳灯/灭灯:异常	绿	闪烁
LED$_2$-A	LAN 通信未初始化时闪烁	黄	灭灯
LED$_3$-A	闪烁采集数据正确;稳灯/灭灯:异常	黄	闪烁
LED$_4$-A	闪烁驱动数据正确;稳灯/灭灯:异常	黄	闪烁
LED$_5$-A	未使用	黄	闪烁
LED$_6$-A	闪烁有主控联锁机;稳灯/灭灯:异常	黄	闪烁
LED$_7$-A	与Ⅱ系联锁机 LAN 通信均正常;稳灯/灭灯:异常	黄	闪烁
LED$_8$-A	与Ⅰ系联锁机 LAN 通信均正常;稳灯/灭灯:异常	黄	闪烁
LED$_9$-A	未使用	黄	灭灯
LED$_{2\sim9}$-B	未使用	绿	灭灯
SW$_1$	未使用		

(5)LAN 通信板指示灯含义

LAN 通信板指示灯含义见表 3-3-5。

表 3-3-5　LAN 通信板指示灯含义

名　称	内　　容	颜色	正常状态
LED_1(LE)	L 回线接收异常:点灯	绿	灭灯
LED_2(LR)	L 回线接收正常:点灯	绿	点灯
LED_3(LH)	L 回线无接收异常:点灯	绿	灭灯
LED_4(LM)	L 回线接收异常:点灯	绿	灭灯
LED_5(LS)	L 回线发送异常:点灯	绿	灭灯
LED_6(LT)	L 回线发送正常:点灯	绿	点灯
LED_7(LB)	L 回线发送:点灯:回线切断	绿	灭灯
LED_8(OK)	点灯:硬件初期化中;灭灯:正常动作中	绿	灭灯
LED_9(RE)	R 回线接收异常:点灯	绿	灭灯
LED_{10}(RR)	R 回线接收正常:点灯	绿	点灯
LED_{11}(RH)	R 回线无接收异常:点灯	绿	灭灯
LED_{12}(RM)	R 回线接收异常:点灯	绿	灭灯
LED_{13}(RS)	R 回线发送异常:点灯	绿	灭灯
LED_{14}(RT)	R 回线发送正常:点灯	绿	点灯
LED_{15}(RB)	R 回线发送:点灯:回线切断	绿	灭灯
LED_{16}(HO)	主 I/F 正常;点灯:正常;灭灯:异常	绿	点灯
LED_{17}	LAN 通信线旁路点红灯	红	灭灯
SW_2(PASS)旁路开关	上侧:正常;下侧:旁路	—	上侧

(6)LAN 接口板指示灯含义

LAN 接口板指示灯含义见表 3-3-6。

表 3-3-6　LAN 接口板指示灯含义

名　称	内　　容	颜色	正常状态
LED_1(电源)	LAN 传送部电源 ON:点灯	绿	点灯
SW_1开关(LAN 电源)	上侧:LAN 传送部电源 ON	—	上侧
	下侧:LAN 传送部电源 OFF		
RTX、LRX　LTX、RRX	是 LAN 网双环光纤的两个接口		

(7)系统控制板指示灯含义

系统控制板指示灯含义见表 3-3-7。

表 3-3-7　系统控制板指示灯含义

名　称	内　　容	颜色	正常状态
LED_1-A	动作状态异常时点稳红灯	红	灭灯
LED_1-B	动作状态正常时点稳绿灯	绿	点灯
SW_1	系统复位按钮 (复位时拉出此按钮向上松手系统复位后按钮自动恢复原状)	—	下侧

4. 采集板、驱动板指示灯含义

采集板、驱动板面板示意如图 3-3-5 所示。

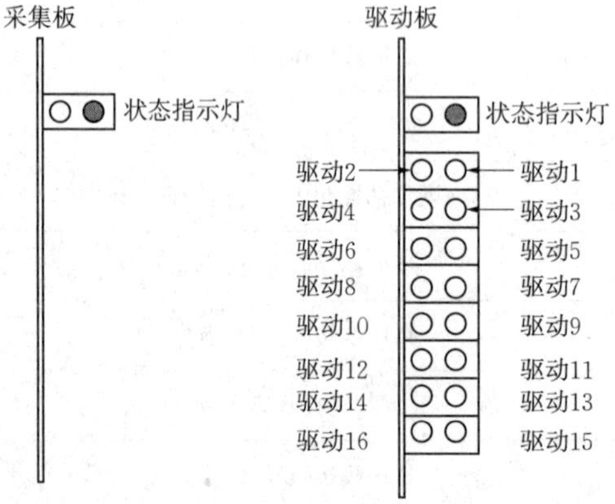

图 3-3-5　采集板、驱动板面板示意图

采集板上端指示灯表明采集板是否正常工作,绿灯表示正常,红灯表示有故障。

驱动板上端指示灯表明驱动板是否正常工作,绿灯表示正常,红灯表示有故障;面板中间的指示灯(16 个绿灯),用以表明驱动电路是否有驱动控制命令输入,有驱动信息时绿灯点亮,无驱动信息时灭灯。

二、EI32-JD 型计算机联锁系统检修作业

(一)EI32-JD 型计算机联锁系统日常巡视作业内容

1. 控制台设备日常巡视

(1)访问车站值班员有无异常情况。

(2)通过控制台显示器台面右侧下部会的联锁机、操作表示机、维修机各机的工作状态指示灯,了解各设备工作情况。

(3)铅封登记、计数器登记,每日两次。

2. 电务维修机信息查询

(1)查看各种记录是否正常,包括报警信息和实时测试信息,如有问题要向上级反映,并做好记录。

(2)系统网络工作状态是否良好。

3. 机柜外观巡视

(1)各部分外观清洁,机箱、机柜通风良好。

(2)机柜盘面手柄、开关位置正确,操作表示机工作正常时,双机切换手柄在“自动”位置,工作机与备机处于同步工作状态。

(3)机柜风扇工作正常,各类计算机工作无异状,各种工作指示灯显示正常。

(4)各部插接件连接无异状。

(5)各类电源指示灯正常,无异状。

(二)EI32-JD型计算机联锁系统集中检修作业内容

1. 控制台设备检修

(1)控制台屏幕显示器和鼠标应经常保持清洁无污渍,必要时可用稀释后的民用清洗剂或酒精清洗,忌酸、碱等腐蚀性介质。

(2)检查控制台各设备引出电缆是否插接牢固,检查控制台下部电缆状况,避免挤压、受潮,各种铭牌齐全。

(3)检查显示器显示亮度、对比度、颜色是否适宜;音箱音量、音色是否适宜,必要时应车站值班员要求可适当调整。

(4)核对显示器上的时钟显示是否正确,如果有误差,应及时修正。

2. 电务维修机检修

(1)检查电务维修机各插头、插座连接牢固。

(2)查看各种记录是否正常,包括报警信息和实时测试信息,如有问题需向上级反映,并做好记录。

(3)校核电务维修机时钟显示是否准确,否则应校正。

3. 机柜内部检修

(1)机柜中各类电源的指示灯是否正常点亮。

(2)测试电源电压及对地电压,并做记录。

(3)Ⅰ、Ⅱ联锁机中应有一联锁机工作在主机状态,相应倒机表示盘的“Ⅰ联锁主用”指示灯点亮;另一联锁机工作在备用状态。

(4)联锁机倒机试验。联锁机双机应通过人工操作复位开关的方式倒机。倒机时应选择“天窗”点进行,试验正常后不必倒回。

(5)操作表示机倒机试验。操作表示机(上位机)通过人工按压操作表示机倒机单元上“A→B”或“B→A”按钮倒机一次。倒机时选择“天窗点”内进行,试验正常后不必倒回。

(6)检查联锁机、操作表示机的主机插接器(包括网线)连接是否牢固,电源插接是否牢固,主机无异常声音。

(7)检查操作表示机、电务维修机连接插座插接牢固、良好。

(8)检查采集板、驱动板无异状,插接良好,连接电缆的32芯插头插座插接牢固。

(9)检查接口架32芯插头插座连接牢固良好。

(10)检查机柜固定牢固、不歪斜;检查机柜风扇正常,清扫机柜内、外部。

(11)联锁机柜、操作表示机柜、分线柜,防尘防鼠整修,配线、电缆绑扎牢固,铭牌齐全;各端子螺丝紧固;插接器连接良好,铭牌齐全;继电器插接良好,铭牌齐全。

(12)备用板每年一次替代试验,确保备用板处于良好状态。

4. UPS电源电池检修

检查UPS电源是否在充电状态，是否报警鸣响，如果UPS电源前面板更换电池指示灯亮红灯，说明电池需更换，此时应更换电池。

UPS电源电池需要每三个月进行一次充放电。充放电方法如下：

(1)确认24 V开关电源哪台为热备。

(2)把作为热备24 V开关电源供电的UPS电源输入插头拔下，UPS电源发出报警声，此时UPS电源靠电池供电，电池开始放电。

(3)观察UPS电源前面板电池充电条形图，当5个发光管只亮3个格时(仅需几分钟)，电池放电到60%以下。

(4)插上UPS电源输入插头，电池开始充电。

按照上述方式维护的UPS电池使用寿命可以延长，并且维护过程中不影响计算机联锁系统使用。

5. 电源模块检修

在综合柜内有两路电源防雷模块，电源防雷采用劣化指示模块，正面有一个方形绿色色标，当绿色色标变为红色时，应及时更换电源防雷模块。

(三)检修作业注意事项

(1)所有的板卡都不能带电插拔，更换时必须断电更换。

(2)倒机试验时，必须保证备机在热备状态下才能进行。

(3)备机自诊断发现自身有非危险性故障，则会不断重新启动计算机。此时主机单机工作，需尽快排除备机故障，使其正常运行，进入热备状态。

(4)定期检查各设备的输入电源线，要牢固完全接触，不能有松落现象。

(5)查找故障时必须注意：拔插设备的连线，特别是视频线，一定要关闭设备电源，必要时要点进行检修。

三、EI32-JD型计算机联锁系统常见故障处理方法

为保证系统安全、可靠、不间断地运行，EI32-JD型计算机联锁系统在设计时采用双机热备的动态冗余结构，并设计有专用的硬件诊断部件和诊断程序，提供尽量全面的软硬件自检测、互检测功能。I/O故障可精确定位到端口和数据位。

检测到故障，实时送往维修机显示、记录，并给出详细、清晰的故障报告，维修人员可以很方便地从维修机中得到这些数据，根据这些数据可迅速排除故障。因此，遇到故障首先要从维修机中查到故障数据，表3-3-8给出了部分EI32-JD型计算机联锁系统部分故障内容、含义及可能原因。

表3-3-8　EI32-JD联锁系统部分故障内容、含义及可能原因

序号	故障内容	含　义	可能的故障原因
1	采集(第××板第××路)前、后接点混线	某个继电器的前、后接点同时采集到为闭合状态	该继电器或配线有故障

续上表

序号	故障内容	含　义	可能的故障原因
2	道岔××室外混线(定、反表都有)	某道岔DBJ、FBJ都采集到为前接点闭合状态	组合架配线或与联锁系统间配线有故障
3	调信××的DXJ室外混线	DXJ吸起,但联锁系统没有驱动它	DXJ驱动电路混线
4	信号因故障关闭	允许信号故障关闭	允许信号点灯电路断线故障
5	采集(第××板第××路)前、后接点均断开	某个继电器的前、后接点同时采集到为断开状态	组合架继电器或配线有故障
6	采集(第××板第××路)驱采机Ⅱ有采集,驱采机Ⅰ无采集	双系采集不一致	驱采机Ⅰ中对应的采集板有故障
7	采集(第××板第××路)驱采机Ⅰ有采集,驱采机Ⅱ无采集	双系采集不一致	驱采机Ⅱ中对应的采集板有故障
8	驱采机Ⅰ,第××块采集板故障		频繁出现该提示信息,表明该采集板故障
9	联锁机Ⅰ,系统控制板采集故障		频繁出现该提示信息,表明该系统控制板有故障
10	联锁机Ⅰ,系统控制板输出检查错误		频繁出现该提示信息,表明该系统控制板有故障
11	操作表示机倒机单元故障		倒机单元故障
12	查询不到主控联锁机		两台联锁机同时故障
13	Ⅰ联锁机与Ⅰ驱采机LAN通信中断		在Ⅰ驱采机重启时,该提示属于正常信息
14	Ⅰ联锁机与Ⅱ联锁机LAN通信中断		在Ⅱ联锁机重启时,该提示属于正常信息
15	Ⅱ联锁机与Ⅰ联锁机LAN通信中断		在Ⅰ联锁机重启时,该提示属于正常信息
16	操作表示机与A联锁机通信中断		在Ⅰ联锁机重启时,该提示属于正常信息
17	操作表示机与B联锁机通信中断		在Ⅰ联锁机重启时,该提示属于正常信息

(一)运转室控制台故障处理方法

1. 黑屏故障的处理

对于黑屏故障的处理,应首先观察故障现象:是前、后台都没有,还是一个有,一个没有。如果是一个有,一个没有,则故障点多在从分屏器到显示器之间,可逐步查找。如果是前后台都没有,则按如下步骤处理:

(1)可能原因:显示器电压瞬间过高或过低造成显示器自保护。

处理方法:关闭显示器,然后再开一下,如果问题仍没得到解决,检查电源屏一、二路电源情况。

(2)可能原因:显示器输入的220 V电没有。

处理方法:如果没有电源,则依据工程图册中"交流220 V电源连接图"查找;如果有,则可能是显示器坏。

(3)可能原因:操作表示机故障。

处理方法:维修故障的操作表示机。

(4)可能原因:接触不良(包括:分屏器和显卡故障、显示器数据线)。

处理方法:依据工程图册中"计算机设备之间电缆连接图"检查相应部分。

(5)人为因素:值班员在调整显示器的明暗等设置时,有可能误操作,使 $Input_1$、$Input_2$ 的设置与实际不一致造成显示器黑屏。

此外还应注意现场有可能误报:例如有时候屏幕仅没有站场平面图,但有错误信息提示(包括板卡驱动、批处理、硬盘故障等)现场反映仍然是黑屏。所以首先应判断是不是真正的黑屏。同时应了解上位机是否工作;电源灯(POWER)是否点亮;机器背部的电源风扇是否转动;重新启动时是否有"嘟"的一声自检等。

2. 屏幕显示信号设备故障的处理方法

【故障现象3-1】 全场红光带故障

可能原因:首先判断前台运转室的显示器右下角的时钟走不走。

①如果走,则说明上位机软件运行正常。故障点可能在联锁机,也可能在组合架处,查看维修机故障记录,分析故障原因。

a. 联锁机故障

处理方法:重启相应联锁机,即操纵系统控制板复位按钮。

b. 组合架处故障

处理方法:检查轨道电源是否有电等;另外还要检查上位机与联锁机通信的串口通信板卡接触是否良好,串口线是否断线。

②如果不走,则说明操作表示机死机。

处理方法:应首先重启操作表示机后再观察;同时依据维修机故障记录查找故障原因。

③电源问题:测量接口电源、联锁电源或驱采电源是否故障,也可从联锁倒机表示盘的面板上直接观察故障情况。

【故障现象3-2】 遗留白光带故障

可能原因:如有些区段轨道残压过高,还有就是软件问题,再如接近区段前的小短轨,当单机高速通过时可能造成遗留白光带的问题。

处理方法:检查工程配线和继电器性能,若是软件问题重启联锁机。

【故障现象3-3】 部分红光带故障

可能原因:此类故障一般都是因为室外轨道电路故障或轨道继电器采集电路故障引起的。

处理方法:首先从室内、外分线盘判断故障在室内还是室外,室外查找相应区段室外轨道电路,室内查找相应轨道继电器采集电路。

【故障现象 3-4】 信号机不能开放或灯丝断丝故障

可能原因：此类故障一般都是因为信号继电结合电路故障引起的。

处理方法：首先判断是驱动、采集还是信号点灯电路故障，然后按一般继电电路故障查找方法查找。

【故障现象 3-5】 道岔不能操纵或道岔挤岔故障

可能原因：此类故障一般都是因为道岔继电结合电路故障引起的。

处理方法：首先判断是道岔控制电路故障还是表示电路故障，再判断是驱动还是采集电路故障，然后按一般继电电路故障查找方法查找。

3. 屏幕显示不正常的处理方法

【故障现象 3-6】 前台显示器显示不正常，如白光带、白灯变成黄光带、黄灯，称之为缺色。后台显示器工作正常。

可能原因：

(1)显示分屏器到前台显示器视频电缆插接不牢或某条芯线断线。

(2)驱动前台显示器的显示分屏器相应位坏。

(3)前台显示器坏。

处理方法：

(1)把前台显示的视频电缆线拧紧，将前、后台显示器的显示电缆线在显示分屏器输出端交换。若前台显示器恢复正常，后台显示器故障与前台一样，则显示分屏器驱动前台显示器的一路故障或显示器电缆断线；若还是前台显示器显示不正常，则前台显示器故障。

(2)将前显示器显示电缆从显示分屏器的输出端拔下，插在显示分屏器驱动后台的输出插座上。若前台显示器显示正常，故障发生在显示分屏器驱动前台一路；若前台显示器显示仍不正常，说明显示电缆内有断线。

【故障现象 3-7】 前、后台显示器都不正常(缺色)(前、后台各有一个屏)，如白光带、白光变成黄光带、黄灯，称之为缺色。

可能原因：

(1)主用操作表示机显卡坏。

(2)主用操作表示机显卡到操作表示机倒机单元视频线插头没插紧。

(3)主用操作表示机显卡到操作表示机倒机单元之间视频电缆有断线。

(4)操作表示机倒机单元主用机部分的故障。

(5)操作表示机倒机单元到显示分屏器之间视频电缆故障。

(6)前、后台显示器视频电缆都接触不良(两条线)或两条视频电缆都断线。

(7)前、后台显示器都坏。

处理方法：前、后台显示器视频电缆两条都接触不良；两条线同时断一样的线；两台显示器同时坏的概率极小，最后考虑它们。

(1)将操作表示机倒机单元人为干预切换到备机，具体做法如下：

若操作表示 A 机为主用机，按下开关“人工倒机 A→B”，强制操作表示 B 机主用；若操作表示 B 机为主用机，按下开关“人工倒机 B→A”，强制操作表示 A 机主用。

此时若前、后台显示器显示正常，故障在原主用机显示卡；若还不正常，则故障可能是操作表示机倒机单元到显示分屏器间视频电缆线故障。

（2）用备用的视频电缆换下原视频电缆。

若前、后台显示器显示正常，则是原操作表示机倒机单元到显示分屏器间视频电缆坏；若还不正常，则可能是显示器故障或显示分屏器到显示器间视频电缆故障。

（3）拿一台新的显示器将旧的换下。

若换后显示正常，则是显示器坏；若换后显示还不正常，则需要更换显示分屏器到显示器间的视频电缆。

4. 屏幕上鼠标箭头不能拖动故障处理方法

【故障现象 3-8】 鼠标箭头在控制台显示器上拖不动，命令发不下去，显示屏右下端计时正常。

可能原因：

（1）鼠标坏、鼠标长期使用太脏。

（2）操作表示机倒机单元到控制台鼠标线没接好或断线。

（3）操作表示机倒机单元主用侧继电器接触不良。

（4）主用机 COM_1 接口坏。

（5）主用机 COM_1 接口到操作表示机倒机组合连线未接好或断线。

处理方法：

（1）首先检查鼠标接线各插头插座，将其插紧。若正常了，说明线松头；若不正常，向下检查。

（2）人为干预，将原上位主用机切向备用机。先进行人工倒机，倒机后若鼠标工作正常，说明原主用机 COM_1 接口坏、主用机 COM_1 接口到操作表示机倒机组合连线断线、操作表示机倒机单元主用侧继电器故障。

（3）倒机后鼠标工作还不正常，故障可能是鼠标坏或操作表示机倒机组合到运转室之间鼠标连线断。更换新鼠标，若正常，说明鼠标坏；若不正常，则是操作表示机倒机组合到运转室的鼠标连线断。用备用鼠标线替换断线。

（二）操作表示机故障处理方法

【故障现象 3-9】 控制台显示屏幕相应操作表示机为故障状态。

（1）查看操作表示机倒机单元上的运行灯是否点亮，如果 A 机运行和 B 机运行灯均点亮，说明计算机没有问题，而是通信不良。

处理方法：进行倒机操作，如果还不能恢复正常，则可重启备用机，甚至于重启维修机。

（2）如果操作表示机倒机单元上的运行灯没有点亮，先查看操作表示机的 POWER 灯是否点亮。如果不亮，则重启计算机，重启后还不亮，则测量一下计算机输入的 220 V 电源，如果 220 V 电源正常，可判定是计算机电源故障，如果 220 V 电源不正常，则查找电源故障。

（3）如果操作表示机的 POWER 灯点亮，但是过几分钟后操作表示机倒机单元上的运行灯还没有点亮，则应接显示器查看计算机的状态，根据操作表示机故障情况具体分析。

（4）在查找故障时必须注意：

①一定要关闭设备电源。

②必要时要点进行检修。

（三）操作表示机热备不稳的处理方法

如果操作表示计算机能够运行，但倒机单元的运行灯时亮时灭，说明计算机或倒机单元工作不稳定，此时应重启该计算机。

操作表示机故障恢复后，只有待倒机单元的运行灯稳定点亮的情况下，才能做倒机试验。否则应要点，在要点期间关闭另一台完好的计算机，看故障机是否能够单机稳定工作，包括不带倒机单元和通过倒机单元两种情况。如果单机能够稳定运行，则多可能是操作表示机软件问题，如双机不能同步等。

（四）电源故障处理方法

1. 联锁电源、驱采电源和接口电源故障处理

（1）当综合柜的联锁电源箱 1、2 电源故障后，Ⅰ系驱采机箱、Ⅱ系驱采机箱、Ⅰ系联锁机箱、Ⅱ系联锁机箱，以及倒机板全部停止工作，恢复联锁电源箱的 1、2 电源后，联锁机和驱采机都需要人工复位后才可进入同步工作状态。

（2）（以Ⅰ系为例）当联锁机柜的Ⅰ系驱采 24 V 电源故障后，Ⅰ系的采集板和驱动板都灭灯，I 系驱采机电源板灭灯，LAN 通信板红灯，同时倒机表示盘驱采机的 I 系微机正常灯灭，I 系联锁故障灯点红灯，Ⅰ系通信、Ⅱ系通信闪绿灯，上电后自动恢复。

（3）（以Ⅰ系为例）当联锁机柜的接口电源故障后，Ⅰ系驱采机箱的 CN_6 没电，Ⅰ系所有采集电路故障。

2. UPS 电源故障处理方法

（1）紧急故障处理

紧急故障指 UPS 已彻底损坏，根本无法启动供出电源，此时可采取下述处理办法：

①将故障 UPS 的负载直接接向 220 V 电源，如可接至打印机电源。

②A 有一台 UPS 故障，可立即使用供电直连线将计算机所用电源直接接向原 UPS 的输入，也可将原来故障 UPS 供电的设备暂移至另一台完好 UPS，使之继续工作，并做好故障 UPS 未修复前万一这一台 UPS 也出现故障的紧急处理预案，如准备一条电源直连供电线等，甚至引至墙上电源。

注意：2 kV·A 和 1 kV·A 的 UPS 输入插头型号不同。1 kV·A 的输入插头为计算机电源的通用插头；2 kV·A 者为专用插头。

（2）非紧急情况故障处理

非紧急情况指发生电池报警等故障，UPS 仍有输出。此时故障的处理原则上由 UPS 厂家维修。

【故障现象 3-10】　UPS A 和 UPS B 电源都发出“哔—噼”的报警声（约每隔 30 s 四次）。UPS 电源正常供电指示灯灭，UPS 电池供电指示灯亮。联锁系统运行正常。

可能原因：交流 220 V 电压未送到 UPS 电源输入端。

①电源屏供电不正常，空开跳闸。

②UPS 电源输入插头与插座连接不良。

③电源供电线断线或接头松动。

④防雷柜输入端空开跳闸。

处理方法：检查电源屏给联锁系统送电的空开状态、防雷柜电源输入空开状态及 220 V 供电线路。

【故障现象 3-11】 UPS A 电源发出“哔—噼”的报警声(约每隔 30 s 四次);UPS A 电源正常供电指示灯灭,电池供电指示灯亮。UPS B 电源工作正常,联锁系统运行正常。

可能原因:

①UPS A 电源输入端未接通 220 V 电压。

②UPS A 电源 220 V 输入插头接触不良或断线。

③防雷柜中 A 隔离变压器接线松动。

处理方法:检查 UPS A 电源后侧的插头,防雷柜中 A 隔离变压器的接线。

【故障现象 3-12】 UPS A 面板指示灯熄灭,A 操作表示机不工作,另一系统正常工作。

可能原因:

①UPS A 没有 220 V 输出。

②UPS A 被关闭。

③UPS A 故障。

④UPS A 电池放电放光。

处理方法:检查 UPS A 供电,试图重启 UPS A。更换 UPS 电源。

【故障现象 3-13】 UPS A 和 UPS B 频繁发出“咔—咔”声响,电源正常指示灯和电池供电指示灯频繁互相切换。UPS 供电正常,联锁系统正常工作。

可能原因:外电网供电不稳,电源屏频频互切,供电忽高忽低或时有时无。

处理方法:检查电源屏供电。调整 UPS 的灵敏度,使其变低一些。

(五)联锁机故障处理方法

联锁机故障处理的原则是首先要保证在联锁电源、驱采电源,以及接口电源工作正常的情况下,来处理联锁机的故障,如上述电源有问题,应先处理电源问题。

首先要依据倒机表示盘面板上联锁机的相应表示灯来判断某个部位故障。下面以Ⅰ系为例说明。

(1)Ⅰ系微机正常灯亮、Ⅰ系联锁故障灯亮,则证明联锁机本身硬件没问题,只是联锁软件有故障,重启Ⅰ系联锁机即可。

(2)Ⅰ系微机正常灯灭,则证明联锁机本身存在硬件故障,具体哪块板子故障可依据各板子相应的指示灯来判断。

①电源板故障:测量 TP_1(红)～TP_2(黑)之间没有 5 V 电压,或 LED_1、LED_2 灭灯,或倒机表示盘Ⅰ系 5 V 电源指示灯灭。

②串口通信板:LED_9 灭灯,串口通信板故障。

③联锁 CPU 板:板子指示灯参照表 3-3-3。

④LAN 通信板:当 LAN 通信板故障时,LAN 通信板点红灯,Ⅰ系主用时能自动倒到Ⅱ系。同时,倒机表示盘显示Ⅰ系联锁故障灯亮红灯,Ⅰ系通信灯闪光,当故障恢复,重新复位该板的开关后能自动同步到热备状态。

⑤LAN 接口板:当驱采机的 LAN 接口板故障时,该系 LAN 通信板灭灯,Ⅰ系主用时能自动倒到Ⅱ系。同时倒机表示盘显示Ⅰ系联锁故障灯亮红灯,该系联锁 CPU 板不工作。当故障恢复后 LAN 通信板点红灯,系统不能工作,只能通过复位系统控制板上的复位开关后系统才能工作。

⑥系统控制板：LED-A 点稳红灯，表示系统控制板故障。

(六)驱采机故障处理方法

驱采机故障处理的原则是首先要保证在联锁电源、驱采电源，以及接口电源工作正常的情况下，来处理驱采机的故障，如上述电源有问题，应先处理电源问题。

首先要依据表示盘面板上驱采机的相应表示灯来判断某个部位故障。其故障处理方法与联锁机板卡故障处理类似。

(七)采集板和驱动板故障方法

(1)采集板故障：可根据维修机故障提示来判断哪块采集板故障或根据采集板 LED_1-A 点稳红灯来判断采集板故障。

(2)驱动板故障：可根据维修机故障提示来判断哪块驱动板故障，也可依据驱动板上的表示灯来判断故障点。

(八)维修机故障处理方法

维修机停用将严重影响对联锁故障的判断，有 CTC 结合的车站还会导致 CTC 失去表示，因此，维修机故障也应及时恢复。应积极采取措施设法重新启用系统，可采取下列方法：

(1)进入 BIOS 设置，重新搜索硬盘。

(2)如磁盘安装了镜像，现场人员也可以设法利用镜像恢复文件。

(3)重装新安装系统。

复习思考题

1. EI32-JD 型计算机联锁系统主要技术特点有哪些？
2. EI32-JD 型计算机联锁系统按层次结构分为几层？各层组成及含义是什么？
3. EI32-JD 型计算机联锁系统由哪几部分组成？各部分功能有哪些？
4. 简述 EI32-JD 型计算机联锁系统中“故障—安全”的联锁机工作原理。
5. 简述 EI32-JD 型计算机联锁系统中联锁机与其他部分间的连接方式。
6. 简述 EI32-JD 型计算机联锁系统中驱采机与其他部分间的连接方式。
7. 分析 EI32-JD 型计算机联锁系统输入采集接口电路的工作原理。
8. 分析 EI32-JD 型计算机联锁系统输出驱动接口电路的工作原理。
9. 简述客专中使用的 EI32-JD 型计算机联锁系统与既有线使用的联锁系统的区别。
10. 简述 EI32-JD 型计算机联锁系统开、关机步骤。
11. 简述 EI32-JD 型计算机联锁系统检修作业的内容和步骤。
12. EI32-JD 型计算机联锁系统由哪几个机柜组成？各机柜中包括哪些设备？
13. 简述联锁机各板卡面板指示灯的含义。
14. 分析控制台显示屏上备用操作表示机状态显示框呈红色，可能的故障原因有哪些？
15. 分析控制台显示屏上某轨道区段红光带，可能的故障原因有哪些？

项目四　DS6-K5B 型计算机联锁系统维护

【项目导引】

DS6-K5B 型计算机联锁系统是由北京全路通信信号研究设计院有限公司与日本京三公司联合开发的，具有高可靠性和安全性的联锁设备，广泛应用于铁路主干线及新建客运专线上。在学习 DS6-K5B 型计算机联锁系统硬件组成、结构及工作原理的基础上，熟练掌握 DS6-K5B 型计算机联锁系统操作使用、检修作业及故障处理的内容、步骤及方法，通过实践获得熟练完成系统操作使用、检修作业及快速处理常见故障的能力，达到完成 DS6-K5B 型计算机联锁系统维护的目的，满足车站与区间维修信号工岗位要求。

任务一　DS6-K5B 型计算机联锁系统认知

【知识目标】

1. 掌握 DS6-K5B 型计算机联锁系统的技术特点、硬件结构、设备组成及作用。
2. 掌握 DS6-K5B 型计算机联锁系统的接口电路工作原理。

【能力目标】

1. 具备从层次结构正确理解 DS6-K5B 型计算机联锁系统组成及各部分作用的能力。
2. 具备从冗余结构正确理解 DS6-K5B 型计算机联锁系统可靠性、安全性保障技术应用的能力。
3. 具备识别、分析 DS6-K5B 型计算机联锁系统继电结合电路的能力。

【相关知识】

DS6-K5B 型计算机联锁系统的联锁机和电子终端采用京三公司的 K5B 型安全专用计算机，系统采用二乘二取二的冗余结构，可靠性、安全性更高。

一、DS6-K5B 型计算机联锁系统的主要特点

（一）硬件主要特点

（1）DS6-K5B 型计算机联锁系统所有涉及安全信息处理和传输的部件，均按照“故障—安全”原则设计，并采用了二重系结构。

（2）联锁处理部件采取双 CPU 安全冗余结构，具备“故障—安全”性能。联锁双系采用主

从式热备冗余，通过高速通道进行数据交换，保证二重系同步运行，可实现不间断切换，具有高可靠性。

(3)输入/输出电路采用京三公司生产的电子终端，电路为二重系并行工作，具有"故障—安全"性能。输入/输出均采取静态方式。省去了"静态—动态"变换电路，简化继电器接口电路设计，方便系统维护。

(4)DS6-K5B型计算机联锁系统内各子系统间全部采用光缆连接，联锁机、电子终端采用浮地安装，与外界完全隔离，具有很高的抗电压瞬变能力和抗电磁干扰性能，符合国家电磁兼容标准和防雷标准。

(二)软件主要特点

(1)DS6-K5B型计算机联锁系统的联锁控制软件是在北京全路通信信号研究设计院有限公司生产的DS6系列联锁软件基础上移植生成，保留了通过原铁道部计算机联锁检验站测试的联锁软件的核心程序和数据结构，保证新系统的联锁功能满足我国车站计算机联锁技术条件的要求。

(2)联锁控制软件严格按照模块化结构设计。各模块之间的数据交换，按照一定的数据结构，通过特定的联锁逻辑演算区进行，各模块保持相对的独立性。软件在总线同步运行的双CPU上执行，经过比较一致后输出，具有高可靠性和故障导向安全的特性。

(3)控显机和监测机的应用软件是由北京全路通信信号研究设计院有限公司承担，在Windows操作平台上进行研制开发的。

(4)系统自诊断功能完善，故障报警定位准确。

DS6-K5B型计算机联锁系统把北京全路通信信号研究院有限公司应用软件的开发成果和日本京三公司生产的具有高可靠性和高安全性的专用计算机设备结合在一起，使系统的安全性、可靠性和适用性达到了新的水平。

二、DS6-K5B型计算机联锁系统层次结构

DS6-K5B型计算机联锁系统自上而下由操作表示层、联锁运算层、执行控制层和现场设备层四个层次构成。它们之间通过标准化接口相互通信，并且联锁运算层设备可通过光纤环网控制远程终端，实现区域联锁功能，其层次结构如图4-1-1所示。

操作表示层由操作控制台和电务维护机组成。操作控制台是联锁系统控制的人机界面，由控显计算机和操作显示设备构成，控显计算机设在信号机械室，操作显示设备设在运转室，显示设备为液晶显示器，操作设备为鼠标；电务维护台设在机械室供电务维护人员查询或打印输出各类监测信息。

联锁运算层由联锁逻辑部组成。联锁逻辑部由并列两重系联锁机组成，两重系以主从方式同步运行，每一系联锁机采用"故障—安全"的双CPU处理器，称为逻辑控制单元，用于完成联锁设备的软件和硬件管理、联锁逻辑运算，以及与其他系统的安全接口和通信控制功能。联锁机以二取二表决机制保证联锁运算层的"故障—安全"特性。

执行控制层由输入/输出单元，即电子终端设备组成，可实现驱动现场设备动作、采集现场设备状态的功能。输入/输出单元也是二重系结构，并采用"故障—安全"型双CPU构成的智能控制器。输入/输出单元的输入/输出电路按"故障—安全"的原则设计，因此由电子终端设

备组成的执行控制层能够满足联锁设备的高可靠性和高安全性的要求。

DS6-K5B 型计算机联锁系统是通过继电结合电路与室外设备结合的。现场设备层包括至接口架和组合架的各种配线、继电结合电路及室外信号设备。

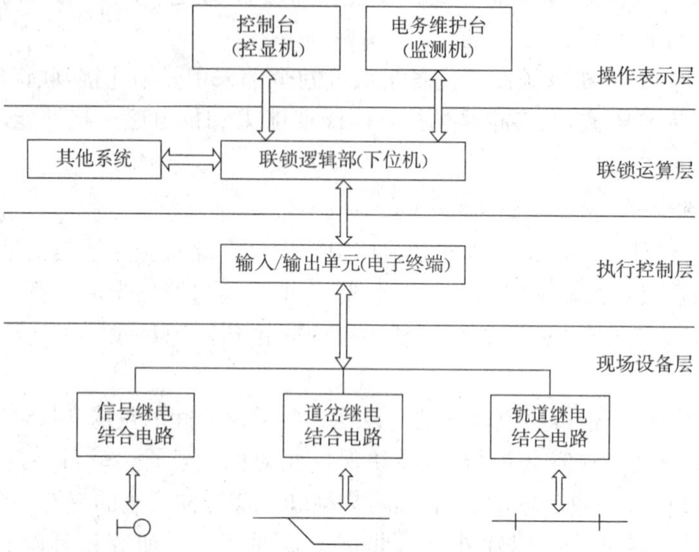

图 4-1-1　DS6-K5B 型计算机联锁系统层次结构示意图

三、DS6-K5B 型计算机联锁系统硬件组成及各部分功能

DS6-K5B 型计算机联锁系统由控制台、电务维护台、联锁机、输入/输出接口设备(在 DS6-K5B 型计算机联锁系统中这部分电路又称作“电子终端”,用字符“ET”表示)和电源五个部分组成。DS6-K5B 型计算机联锁系统硬件组成如图 4-1-2 所示。

(一)控制台

DS6-K5B 型计算机联锁系统的控制台采用 DS6 系列的传统结构。

1. 组成

由控显双机和车站值班员办理行车作业的操作、表示设备组成。控显机采用双机热备可靠性冗余结构。操作、显示设备设在运转室。根据用户要求操作设备可选择按钮盘或鼠标,表示设备可选单元式表示盘或显示器。早期设备中还包括完成运转室设备和控显双机的切换控制功能的控显机转换箱,后来采用运转室设双套操作、表示设备分别与控显双机连接的方式,不再设控显机转换箱了。这里不再讲解控显机转换箱相关知识。

控显机采用工业计算机。机箱内除安装连接操作显示设备的接口板外,还安装有两块带有光电转换的串行通信接口卡 INIO,用于同联锁机通信。

2. 功能

控制台主要功能包括:接收并处理车站值班员鼠标操作或按钮信息;向联锁机发送操作命令信息;与联锁机通信,从联锁机接收站场实时变化信息、操作提示和报警信息;向车站值班提供站场图形显示、操作提示和报警信息的文字和语音输出。

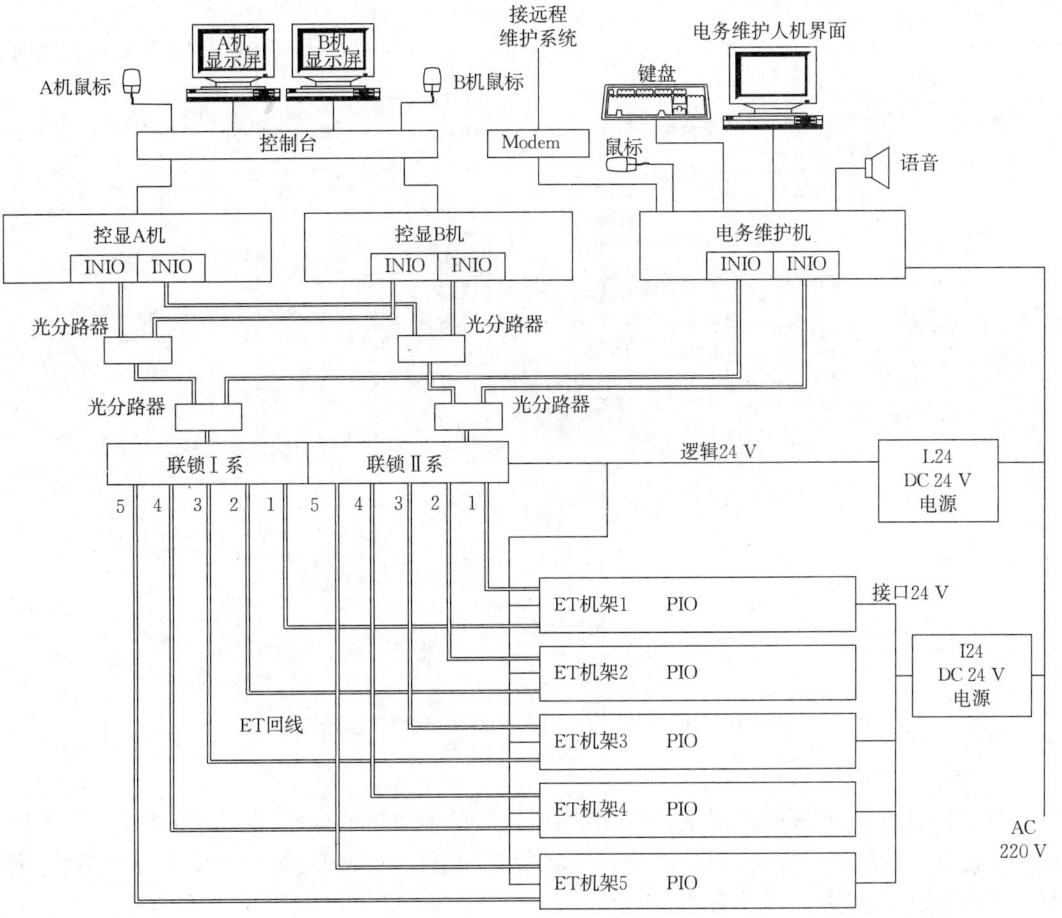

图 4-1-2　DS6-K5B 型计算机联锁系统硬件组成

3. 与其他部分的连接方式

控显机双机与联锁机的两重系，通过光分路器构成交叉互连的冗余关系。控显双机每一台内安装了两块 INIO 通信卡：$INIO_1$、$INIO_2$，分别用于同联锁机Ⅰ系和Ⅱ系通信；联锁机的每一系提供两个与控显双机通信的接口；为了实现联锁的每一系都能够与控显双机同时或与其中的任意一台单独通信，在联锁机与控显机之间的通信线路上增设了光分路器(Optical Branch Unit，OBU)，实现交叉互联。联锁机、控显机和监测机之间的光缆连接如图 4-1-3 所示。

每个光分路器由两块电路板组成：一块电源板 SPHC-PW；一块信号传送板 SPHC-TT。光分路器由接口 24 V(I24)供电。电源板产生 5 V 电压供信号传送板工作。光分路器的作用是将一侧的输入信号分成两路输出，同时将另一侧两路输入的信号合并成一路输出。

(二)电务维护台

1. 组成

电务维护台设备包括：电务维修机也称监测机(为了避免与微机监测或集中监测等设备混淆，改名为电务维修机)、键盘、鼠标、显示器、打印机。

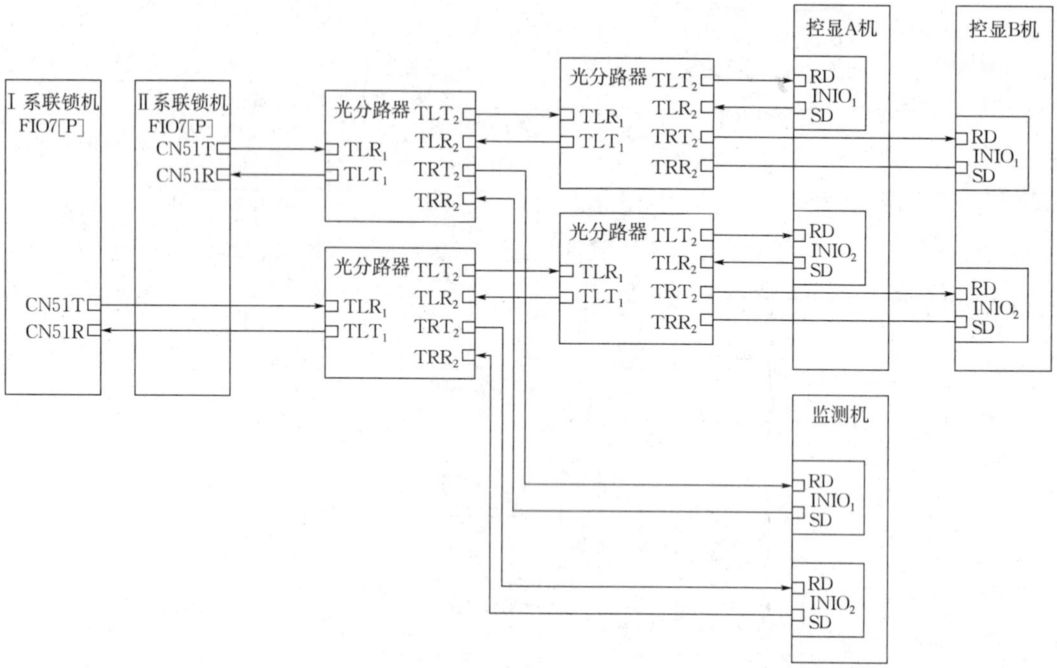

图 4-1-3　联锁机、控显机和监测机之间的光缆连接图

2. 功能

其主要功能有：与联锁机通信，接收联锁机发送的值班员的操作、站场实时状态、联锁设备的工作状态和系统自诊断等信息，监测程序将所有的信息记录到实时数据库中分类汇总，供维护人员查询、显示或打印输出各类信息。

具体功能包括：

(1)对现场信号设备的状态进行实时的记录、显示；对值班员按钮操作的记录、显示。

(2)根据需要可进行历史回放，再现设备的连续变化情况，按要求进行查询、打印、数据转存等。

(3)可直接观察采集、驱动继电器的状态，给电务维修人员提供相应的信息。

(4)通过对记录信息的汇总、分析、判断，形成各种查询结果，给电务维修人员查找故障提供帮助。

(5)修改监测机时间。

(6)具有远程诊断功能，通过远程可再现现场的故障情况。

3. 与其他部分的连接方式

监测机通过串行通信总线与联锁机通信，以获取联锁系统维护信息。监测机内安装两个带光电转换功能的串行通信接口板 INIO 卡，通过光缆与联锁二重系连接。

DS6-K5B 型计算机联锁系统每系联锁机只提供一对通信接口与控显双机及监测机通信，因此 K5B 联锁系统中用了四个光分路器(型号：SPHC)来实现联锁双系与监测机、控显双机的光缆连接。

（三）联锁机

1. 组成

K5B 联锁系统的联锁层采用二乘二取二的冗余结构，由两个结构和功能完全相同的联锁机（也称联锁逻辑部）组成。

联锁双机为并列二重系结构，两系之间采取处理周期同步的并行运行方式。正常时，两系同时具有向外进行控制输出的能力；当一系发生故障时，另外的一系转入单系工作。而故障系停止对外输出。

每系联锁机都采用双 CPU 总线同步比较方式实现“故障—安全”的特性。总线比较器以共用时钟为单位，对双重 CPU 的工作过程、处理结果进行对照检查，如两者完全一致，认为联锁机无故障，正常继电器吸起，输出有效；若比较结果不一致，认为有故障发生，正常继电器落下，屏蔽对外输出，从而达到联锁机具有“故障—安全”的特性。总线比较器能在一个 CPU 时钟周期内及时的发现 CPU 及周边器件故障，使安全得到最有效的保证。“故障—安全”的联锁机工作原理如图 4-1-4 所示。

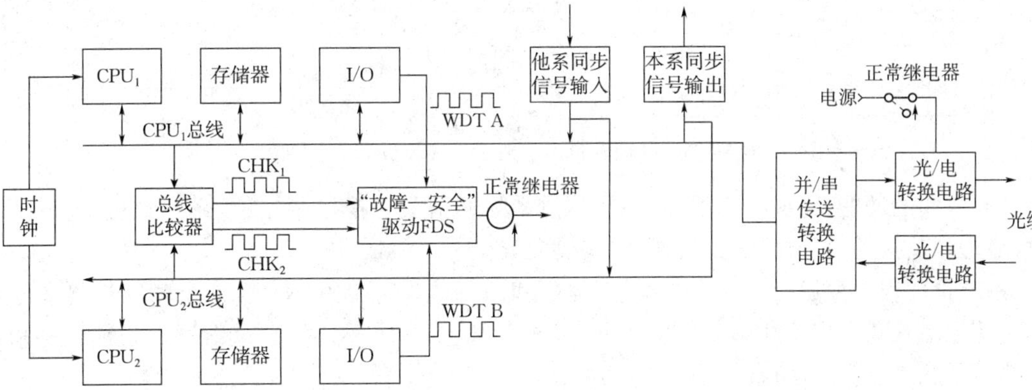

图 4-1-4　“故障—安全”的联锁机工作原理图

K5B 联锁系统的联锁双机（Ⅰ系和Ⅱ系）安装在一个 800 mm×330 mm 的机架内。两系组成完全相同，每系功能板卡通过机箱母板安装于机架的正面和背面，并通过母板总线进行通信。

（1）联锁机架正面安装的板卡

联锁逻辑部机架正面安装板卡如图 4-1-5 所示。联锁机架正面每一系联锁机由 IPU6 电源板、F486-4I 联锁 CPU 板、FSIO$_1$ 电子终端及上位机接口板、FSIO$_2$ 电子终端通信扩展接口板四块电路板组成。每一系的机架有两个空闲插槽，需要时可插入与其他系统通信的接口板。各板之间通过机箱母板上的 VME 总线互联。

①IPU6 电源板

IPU6 电源板是联锁机配备的专用电源，输入为逻辑 24 V 直流电源，输出为直流 5 V。该板前面板有电源开关，开关开启后即为本系的各功能板供电。

②F486-4I 联锁 CPU 板

F486-4I 是联锁机的 CPU 板。二重系每一系各有一块 F486-4I 板，安装在联锁机架每一系左边第二个槽位（正面），采用二取二 CPU 电路结构构成“故障—安全”的联锁机。

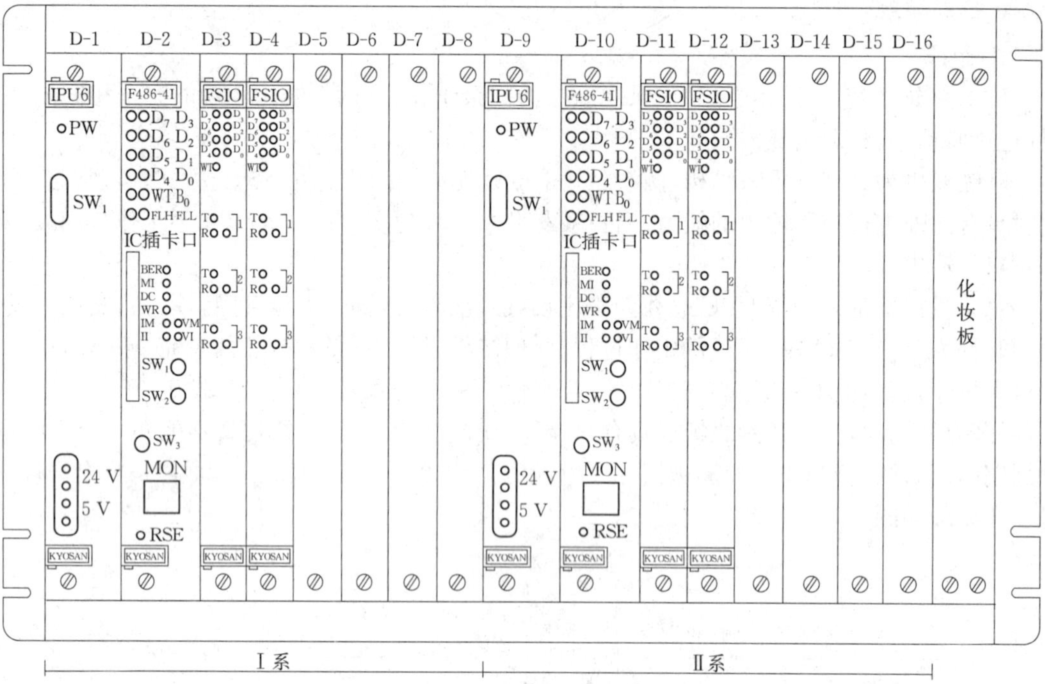

图 4-1-5　联锁逻辑部机架正面安装板卡示意图

F486-4I 的功能:完成联锁逻辑运算;二重系间通信及切换控制;二重系一致性检查;系统的故障检测及报警,异常时停止动作,输出倒向安全。

系统管理程序存储在 ROM 中,联锁程序和站场数据存储在 RAM 中。联锁机每次停电后,需将存储有联锁程序和站场数据的 IC 卡插入 IC 卡插槽,从 IC 卡重新读入联锁程序和数据,然后系统才能投入运行。

③FSIO 接口板

FSIO 板最多可以安装两块,$FSIO_1$ 板是联锁机与控显机、监测机,以及电子终端之间的通信接口板,安装在联锁机的第三个槽位。每块 $FSIO_1$ 板只有三条与电子终端连接的回线,如不够可以在第四个插槽位再插入一块 FSIO 板即 $FSIO_2$ 板,可提供两条与电子终端连接的回线,使联锁机可连接的电子终端回线增至 5 个,板内地址设置与第一块板不同。板上 ROM 固化有通信程序。

其功能是从 F486-4I 板接收联锁运算产生的输出命令传送给电子终端;从电子终端接收表示信息传送给 F486-4I 板;同时它也从 F486-4I 板接收站场的表示信息并发送给控显机及监测机,用于站场图形的实时显示和提示报警;它还接收控制台的鼠标操作信息传送给 F486 板用于联锁运算。

(2)联锁机架背面安装的板卡

联锁机架背面每系联锁机分别配有逻辑 24 V 电源引入端(CN_1)、DID、FIO7[P]板及 EXP FIO7P 板。联锁逻辑部机架背面安装板卡如图 4-1-6 所示。

①DID 板

在高铁车站联锁系统中使用,用来设置 125 M LAN 环网上的物理地址。

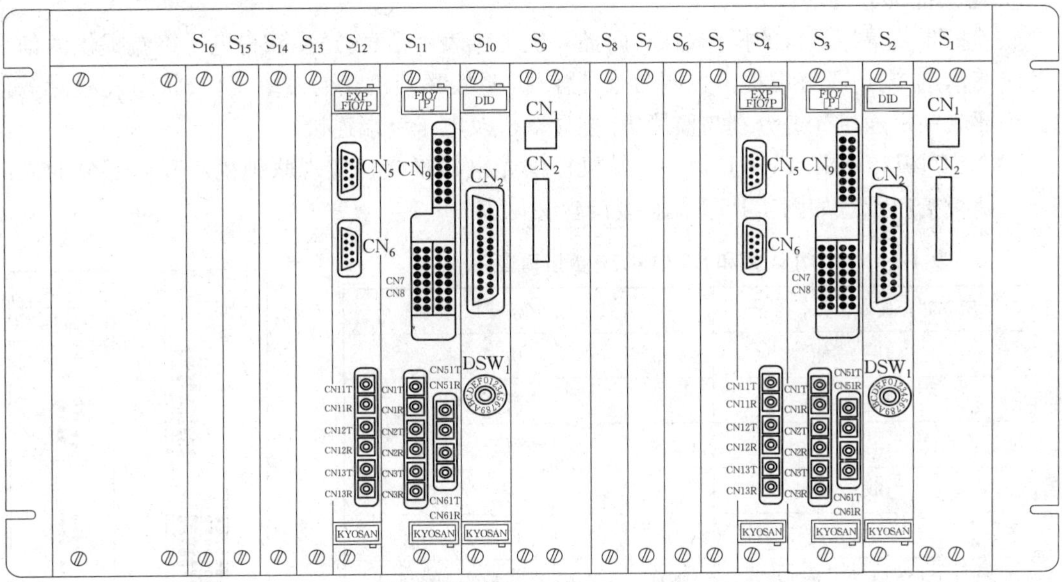

图 4-1-6　联锁逻辑部机架背面安装板卡示意图

②FIO7[P]板

是 $FSIO_1$ 与电子终端之间通信及与控显机、联锁维护机之间通信的光电信号变换接口。FIO7[P]板上有 3 对电子终端回线的光缆接口和一对与控显机、监测机连接的光缆接口。

特别提醒：光缆接口插座在不用的情况下必须安装保护罩，防止光线照射到插座内的光接口上。

③EXP FIO7P 板

当电子终端回线数量超过三个时，联锁机架正面需增加一块 $FSIO_2$ 板，此时机架背面需插入 EXPFIO7P 板，是 $FSIO_2$ 板与电子终端之间通信的光电信号变换接口。

2. 功能

联锁机的基本功能包括：

(1)系统周期管理功能。完成系统运行周期、周期超时和空闲时间的管理等。

(2)操作命令处理功能。接收和处理控显机传来的进路控制命令，给出响应，对非法操作给予报警提示。

(3)输入/输出控制功能。向电子终端下达信号设备动作控制命令；接收电子终端上传的信号设备状态表示信息。

(4)逻辑运算功能。完成联锁控制逻辑安全运算，产生动作信号设备控制命令。

(5)表示信息上传功能。向操作表示层提交进路控制与信号设备表示信息。

(6)安全管理功能。完成二取二 CPU 电路处理、硬件资源在规定的周期内全部被访问和检查、对联锁程序任务模块的运行状态进行监视、对关键信息代码的合法性进行检查等安全管理功能；完成监督二重系工作状态，进行系间的数据同步和故障切换管理功能。

3. 与其他部分的连接方式

联锁机要获得控显机的操作命令，向控显机提供表示信息，还要获得电子终端提供的信号设备状态信息，向电子终端提供控制命令；监测机要从联锁机获取系统工作、状态及故障等信息。因此联锁机通过光缆分别与监测机、控显双机及电子终端连接。

FIO7[P]板和 EXP FIO7P 板为联锁机提供光电转换接口实现联锁机与其他部分的光缆连接。两板接口示意如图 4-1-7 所示，接口含义见表 4-1-1。

表 4-1-1 FIO7[P]板和 EXP FIO7P 板接口含义

FIO7P 板接口含义		EXP FIO7P 板接口含义	
接口编号	功能	接口编号	功能
CAN_9	预留	CAN_5	预留
CAN_7	预留	CAN_6	预留
CAN_8	预留		
CN1T	ET-LINE$_1$输出光纤接口	CN1T	ET-LINE$_4$输出光纤接口
CN1R	ET-LINE$_1$输入光纤接口	CN1R	ET-LINE$_4$输入光纤接口
CN2T	ET-LINE$_2$输出光纤接口	CN2T	ET-LINE$_5$输出光纤接口
CN2R	ET-LINE$_2$输入光纤接口	CN2R	ET-LINE$_5$输入光纤接口
CN3T	ET-LINE$_3$输出光纤接口	CN3T	预留
CN3R	ET-LINE$_3$输入光纤接口	CN3R	预留
CN51T	控显机、监测机输出光纤接口		
CN51R	控显机、监测机输入光纤接口		
CN61T	预留		
CN61R	预留		

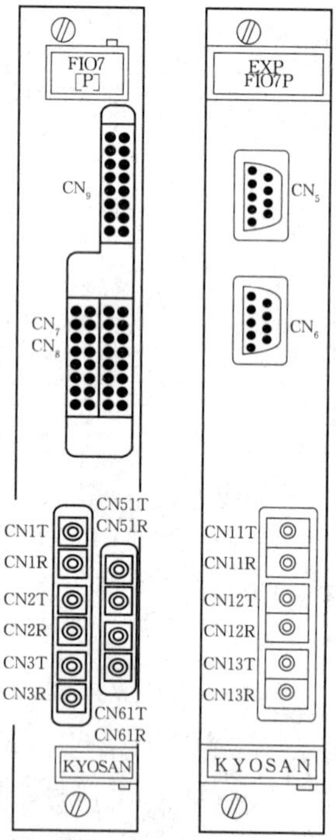

图 4-1-7 FIO7[P]板和 EXP FIO7P 板接口示意图

FIO7[P]板提供一对光缆接口通过四个光分路器，实现联锁双机与监测机和控显双机的连接。FIO7[P]板还可以提供三对光缆接口，EXP FIO7P 板可以提供两对光缆接口，实现联锁双机与电子终端的连接，因此联锁双机最多可以连接 5 个电子终端。联锁机与电子终端光缆连接如图 4-1-8 所示。

（四）电子终端

1. 组成

DS6-K5B 型计算机联锁系统的“故障—安全”的输入/输出接口称为电子终端(Electronic Terminal，ET)。电子终端是由“故障—安全”型双 CPU 电路构成的智能控制器，采用二重系并用结构。

电子终端设备安装在 ET 机架内，包括 ET-LINE 通信板和 ET-PIO 智能输入/输出接口板。一个 ET 机架有 12 个插槽，机架正面左边的两个插槽用于安装两个 ET-LINE 板；其余的 10 个插槽用于安装 ET-PIO 板，机架内所有板子均是双板并用的二重系结构。电子终端机架正面结构如图 4-1-9 所示。

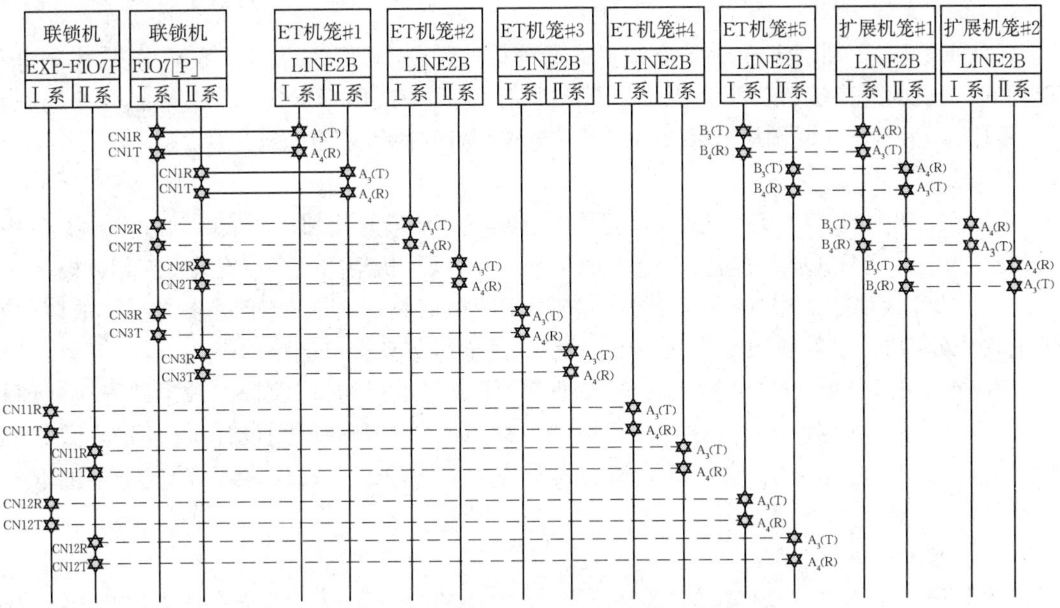

图 4-1-8　联锁机与电子终端光缆连接图

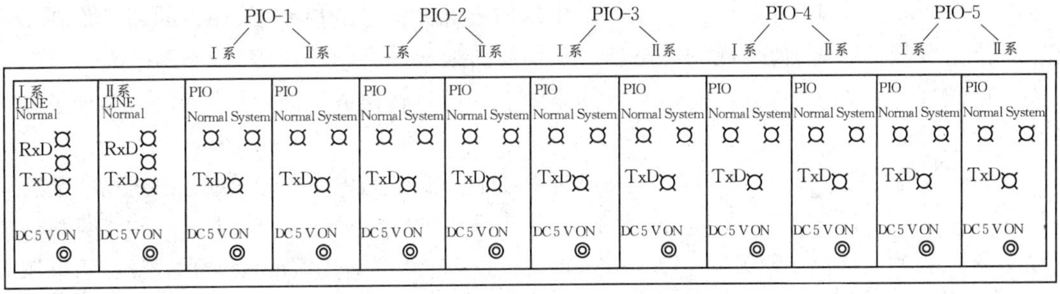

图 4-1-9　电子终端机架正面结构示意图

ET 机架内所有二重系的电路板并列插在同一机架上，对外的并联连接通过母板电路实现，只单独引出一条电缆，既可以减少工程施工、调试工作量，还能避免外部连接接插件和连接电缆对系统可靠性的影响。电子终端机架背面结构如图 4-1-10 所示。

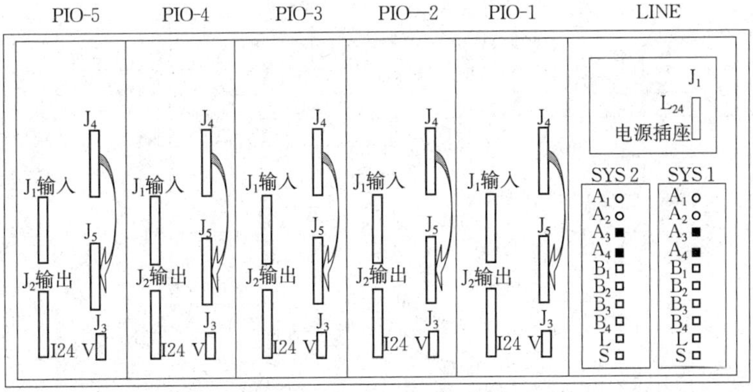

图 4-1-10　电子终端机架背面结构示意图

(1)ET-LINE 板

每块 ET-LINE 通信板上有与联锁机的通信接口和两个 DC 24 V、DC 5 V 电源，实现电子终端和联锁机的通信接口功能。在一个 ET 机架内必须安装两个 ET-LINE 模块，一个与联锁机Ⅰ系连接，另一个一联锁机Ⅱ系相连。ET 与联锁机的通信采用光纤连接。

(2)PIO 板

在 ET 机架内的 PIO 板必须从机架正面左起第三个插槽起相邻成对安装。在每对 PIO 中，位置在左边的为Ⅰ系 PIO 板，右边的为Ⅱ系 PIO 板。一个 ET 机架内最多可安装 5 对PIO 板。

每个 PIO 板都是采用“故障—安全”型双 CPU 电路构成的智能控制器，包括“故障—安全”的安全处理器、32 路输入采集接口电路及 32 路输出驱动接口电路。

PIO 板上的双 CPU 的“故障—安全”处理器，完成对本板的输入/输出数据的安全处理和对本板电路的故障检测。输入/输出接口电路按故障倒向安全的原则设计，保证输入采集、输出驱动信息的安全性。并且输出驱动和输入采集均采用静态方式，直接驱动安全型继电器。简化接口电路设计，方便系统维护。

(3)输入采集接口电路

ET-PIO 的输入电路是典型的“静态—动态”变换的“故障—安全”输入电路。电子终端输入采集接口电路工作原理如图 4-1-11 所示，当要采集的继电器接点闭合时，从采集接点输入直流 24 V 的电压，在 ET-PIO 板内 CPU 产生的检查脉冲信号的控制下，输入回路工作在接通和断开交替变换的状态，使输入的静态(直流)信号转换成动态(脉冲)信号；当继电器接点断开或输入电路任意一处故障，都不能使输入静态(直流)信号转换成动态(脉冲)信号，实现了输入接口电路“故障—安全”的要求。

采集输入信号经过板内双 CPU 的同步处理后，通过光纤连接的串行通信通道发送给联锁机。

输入采集电路的直流 24 V 电压，由 K5B 联锁系统的“接口 24 V”(I24 V+)电源提供，通过采集接点和输入回路，返回“接口 24 V”的负极(I24 V−)。与组合架上的 KZ 24 V 电源互相隔离，有利于提高输入可靠性。

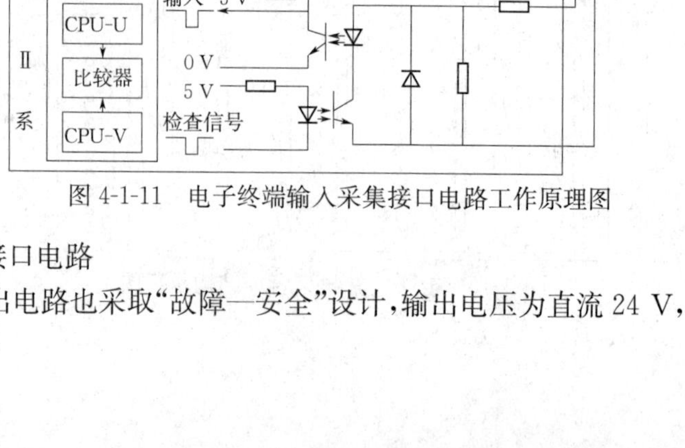

图 4-1-11 电子终端输入采集接口电路工作原理图

(4)输出驱动接口电路

ET-PIO 的输出电路也采取“故障—安全”设计，输出电压为直流 24 V，直接驱动安全型继电器。电源由DS6-K5B型计算机联锁系统的"接口24 V"提供。电子终端输出驱动接口电路工作原程如图4-1-12所示。

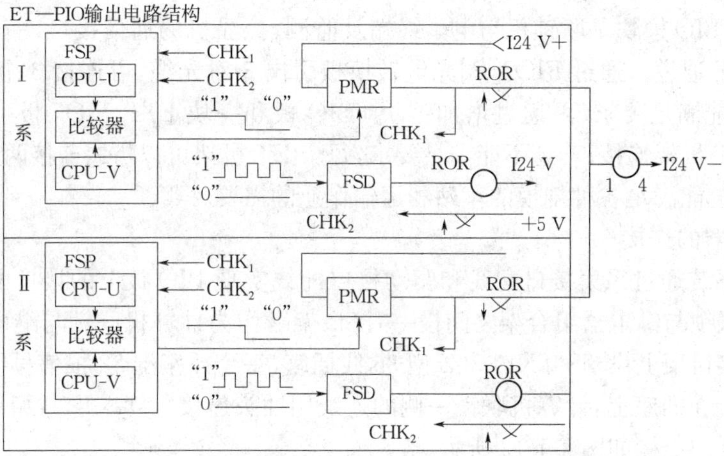

图4-1-12　电子终端输出驱动接口电路工作原理图

ET-PIO板内的双CPU通过光纤连接的串行通信接口接收联锁机发来的输出控制信息，经过双CPU的同步运算处理，对有输出的端口同时生成两路输出信号，每一路输出发出动态和静态两种输出信号。静态输出信号经过光耦器件(PMR)转换成24 V的直流输出电压；动态输出信号经过"故障—安全"驱动电路(FSD)驱动一个微型继电器(ROR)，ROR的一组接点串联接入PMR的输出回路。只有在静态、动态两路输出电路均无故障的情况下，才能对外输出电压，使继电器动作。

CHK_1是静态(直流)输出检查信号，CHK_2是动态(脉冲)输出检查信号，ET-PIO板内的双CPU从PMR的输出回路取得CHK_1回读信号，从ROR的另一组接点取得CHK_2回读信号，对输出回路的状态实现实时在线监视，一旦发现错误，立即进行导向安全处理。

K5B联锁系统的ET-PIO电路采取了双CPU同步控制的智能化设计，使得输入/输出接口电路在信息传输、运算处理和电路动作的每一个环节都达到了高可靠性，并具备了"故障—安全"的特性。

2. 功能

电子终端实现联锁机与现场信号设备之间的输入/输出接口功能，具体有：

(1)采集现场设备状态，按照稳定状态有效的原则做安全检查。

(2)向联锁机发送采集的设备状态。

(3)接收联锁机二重系发来的命令，并对二重系的命令进行比较。

(4)通过输出接口电路向现场设备(相关继电器)发送控制命令。

(5)对输入/输出模块进行自检测，并将检测信息发送给联锁机，故障时做导向安全处理。

3. 与其他部分的连接方式

(1)与联锁机的连接

联锁机与电子终端的物理连接通过FIO7[P]板和ET-NET间光缆实现。DS6-K5B型计算机联锁系统联锁机和电子终端均采用了二重系设计。联锁每一系都要接收电子终端二重系的输入信息，经过“或”处理后，作为联锁运算的输入；联锁二重系的输出通过电子终端的二重系并联输出。这种冗余的连接方式保证任何一个单系发生故障，系统都能正常运行，既保证高可靠性，又使设备具有“故障—安全”的特性。

联锁机的FSIO模块是联锁机与电子终端及监测、控显机的通信接口，一个FSIO模块上有3个ET-NET通道。通过FIO7[P]光电转换板引出3对光缆，可连接3个ET机架；若输入/输出接口不能满足要求，可通过增加一块FSIO板和一块EXP FIO7板引出两对光纤接口，增加两个ET机架连接；若还不能满足要求，每个ET机架可以扩展连接两个ET机架。因此K5B联锁系统能满足各种规模的车站和运输作业的需要。

(2)与继电器的连接

K5B联锁系统通过采集接口配线和驱动接口配线实现PIO板上的接口电路与继电器连接。在计算机联锁与继电器组合架之间设一“接口架”，作为计算机联锁与继电器电路之间的连接界面。在接口架上设CS-TX19-36Z型36线插座，每个插座配32根信号线。继电器电路一侧的连线焊接在插座上，计算机联锁一侧的连线用插头连接。DS6-K5B型计算机联锁系统与组合架继电器的连接如图4-1-13所示。

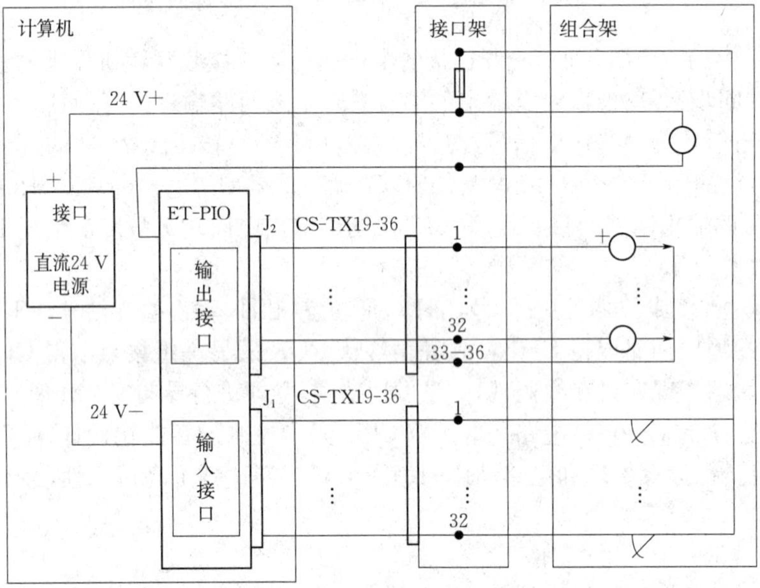

图4-1-13　DS6-K5B型计算机联锁系统与组合架继电器的连接示意图

在ET机架的背面，每一对ET-PIO有两个矩形插座，其中J_1用于连接输入信号。J_1插座有60芯，用其中的32芯引入32路输入信号。在接口架上，对应每一个ET-PIO的32路输入，设一个CS-TX19-36Z型插座，采用36芯信号电缆，电缆的一端用压接方式连接与J_1对应的插头，电缆的另一端焊接CS-TX19-36T型插头。

在ET-PIO背面的J_2与J_1插座型号相同，用于引入32路输出信号。连接电缆及两端的插头形式与输入电缆相同，输出电缆中有四根芯线用于连接输出信号的负极公共端。

ET-PIO输入插座J_1、输出插座J_2与机柜联机插座，以及接口架上的输入/输出插座接线端子之间的对应关系如图4-1-14所示。

序号	PIO 输入插座J_1	接口架插座端子
1	5	1
2	6	2
3	7	3
4	8	4
5	9	5
6	10	6
7	11	7
8	12	8
9	44	9
10	45	10
11	46	11
12	47	12
13	48	13
14	49	14
15	50	15
16	51	16
17	13	17
18	14	18
19	15	19
20	16	20
21	17	21
22	18	22
23	19	23
24	20	24
25	52	25
26	53	26
27	54	27
28	55	28
29	56	29
30	57	30
31	58	31
32	59	32
33	空	33
34		34
35		35
36		36

(a)

序号	PIO 输出插座J_2	接口架插座端子
1	3	1
2	4	2
3	5	3
4	6	4
5	7	5
6	8	6
7	9	7
8	10	8
9	42	9
10	43	10
11	44	11
12	45	12
13	46	13
14	47	14
15	48	15
16	49	16
17	12	17
18	13	18
19	14	19
20	15	20
21	16	21
22	17	22
23	18	23
24	19	24
25	51	25
26	52	26
27	53	27
28	54	28
29	55	29
30	56	30
31	57	31
32	58	32
33	1（24 V−）	33
34	40（24 V−）	34
35	21（24 V−）	35
36	60（24 V−）	36

(b)

端子位置图

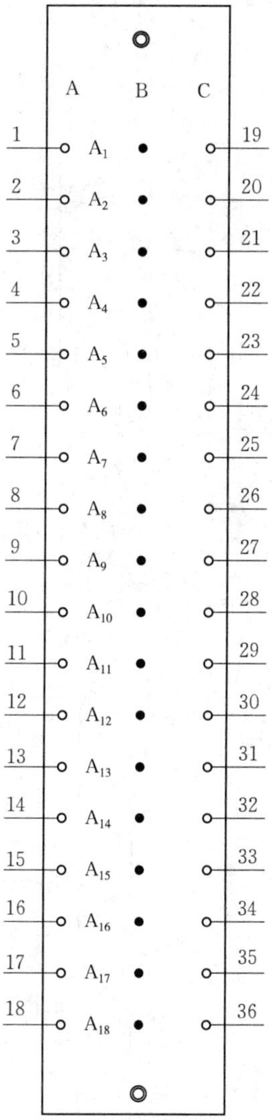

(c)

图 4-1-14　输入/输出插件端子对应图

①采集接口配线

采集电源由联锁电源柜的接口 24 V 电源提供。接口 24 V(IB 24)的"＋"KZ 24 V 接在被采集接点组的中间接点，接点闭合时经过信号电缆连到 PIO 的 J_1，进入 PIO 模块内部的输入电路，经 J_4、J_5 回到接口 24 V 电源的"－"。被采集继电器接点就像输入接口电路的电源开关一样，只有接点闭合，输入接口电路才能使输入静态（直流）信号转换成动态（脉冲）信号，智能输入/输出控制器收到动态（脉冲）信号就表示相应继电器接点闭合。ET-PIO 输入接口电路与继电器连接如图 4-1-15 所示。

②驱动接口配线

电子终端输出驱动信号从 PIO 模块的 J_2 引出，经过信号电缆连到接口架的 CS-TX19-36T/Z

型插头/插座，通过组合架间配线连接到被控继电器线圈的正极。继电器线圈的负极通过公共回线返回到接口 24 V 电源的"－"(IC24)。ET-PIO 输出接口电路与继电器连接如图 4-1-16 所示。

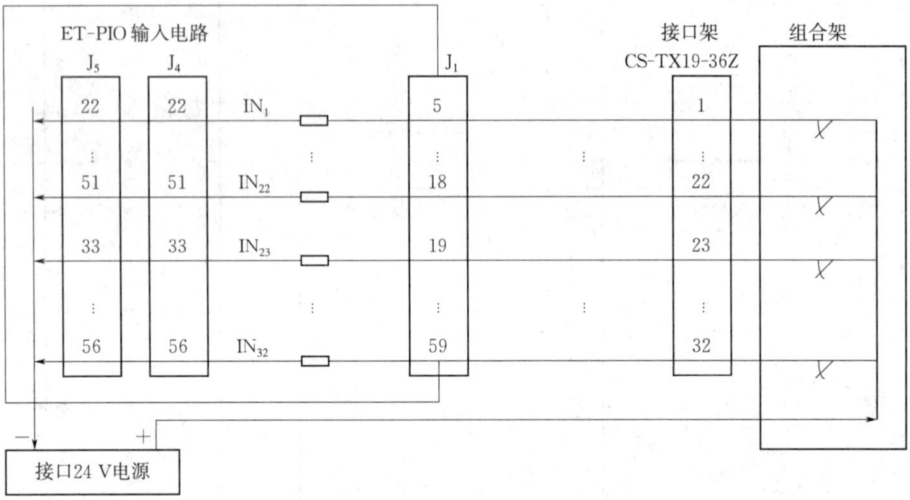

图 4-1-15　ET-PIO 输入接口电路与继电器连接图

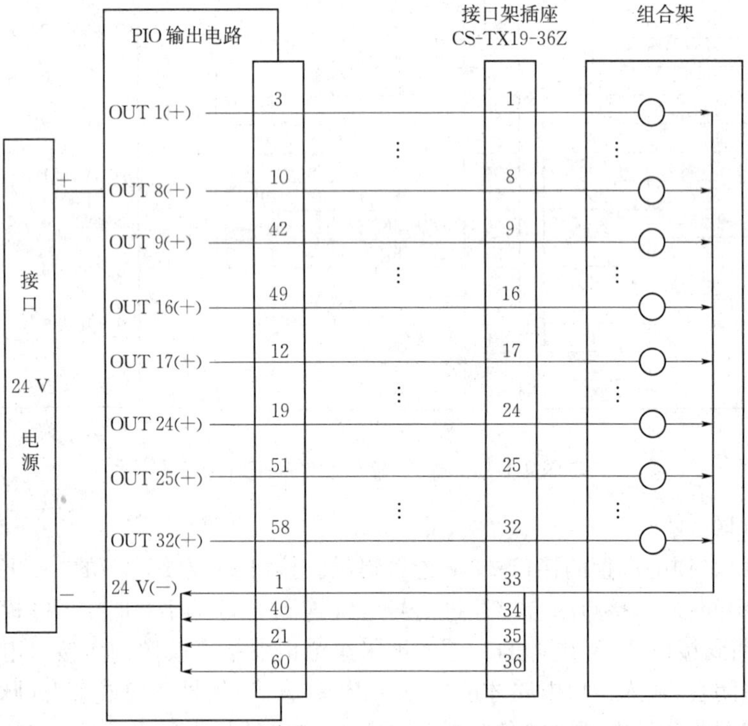

图 4-1-16　ET-PIO 输出接口电路与继电器连接图

(五)电源

DS6-K5B 型计算机联锁系统要求信号电源屏单独提供一路经隔离变压器和 UPS 整流净

化后的单相交流 220 V 电源，电流不少于 15 A。DS6-K5B 型计算机联锁系统电源系统如图 4-1-17所示。

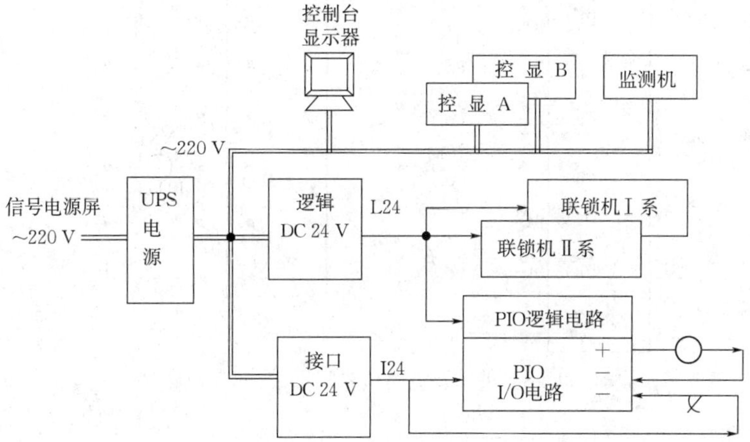

图 4-1-17　DS6-K5B 型计算机联锁系统电源系统图

控显机、监测机、控制台显示器、逻辑电源箱、接口电源箱和机柜风扇等设备使用电源屏输出的 220 V 电源。联锁机和电子终端采用两路直流 24 V 电源供电，第一路为逻辑 24 V 电源（L24 V），供联锁机和输入/输出单元的逻辑电路工作（经内部 DC—DC 变换成 5 V 电压）；另一路为接口 24 V 电源（I24 V），供输入/输出接口电路驱动继电器和采集表示信息。

逻辑 L24 V 电源和接口 I24 V 电源，都安装在计算机联锁系统的电源柜内。每一路 24 V 电源均由两个 AC—DC 开关稳压电源模块组成。两个模块在线工作互为热备，可自动切换保证电源的可靠使用。

组合架上，所有受联锁系统控制的继电器用的 24 V 电源，均由联锁系统的 I24 V 电源供电；组合架上，不受联锁系统控制的继电器的电源仍使用信号电源屏电源。

四、继电结合电路

DS6-K5B 型计算机联锁系统与现场信号设备的结合仍然使用继电器作为接口。结合电路包括：采集电路、驱动电路、执行控制电路三类。联锁系统通过采集电路了解现场信号设备的状态；通过驱动电路控制相关继电器的励磁、沿用 6502 电气集中联锁系统的信号机点灯电路、道岔控制电路，实现对现场信号设备的控制。下面介绍信号机、转辙机和轨道区段的继电结合电路。

（一）与信号机的继电结合电路

1. 进站及进路信号机继电结合电路

以既有线四显示进站信号机为例。

（1）采集电路

要采集的相关继电器有 DJ、2DJ、LXJ、ZXJ、TXJ、LUXJ 等，进站及进路信号机采集、驱动电路如图 4-1-18 所示。

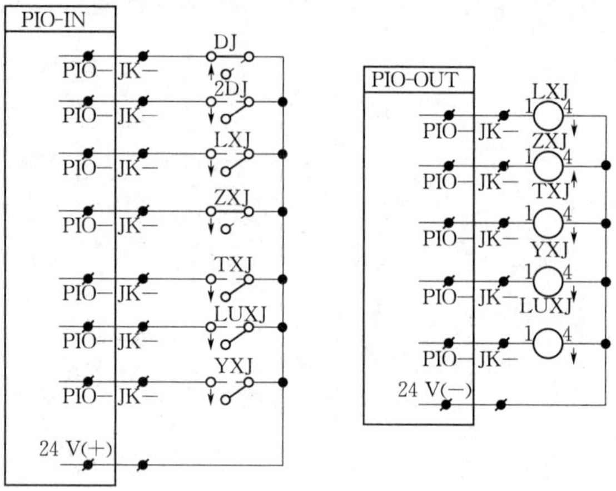

图 4-1-18　进站及进路信号机采集、驱动电路图

(2)驱动电路

要驱动的相关继电器有 LXJ、ZXJ、TXJ、LUXJ、YXJ 等,如图 4-1-19 所示。

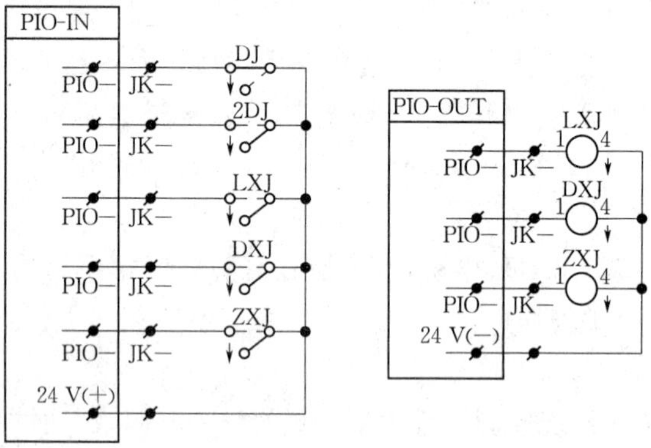

图 4-1-19　出站信号机采集、驱动电路图

(3)执行控制电路

DS6-K5B 型计算机联锁系统信号机点灯电路沿用 6502 电气集中联锁系统的信号点灯电路,进站及进路信号机点灯电路工作原理这里不再介绍。

2. 出站信号机继电结合电路

以三显示两方向出站兼调车信号机为例。

(1)采集电路

要采集的相关继电器有 DJ、2DJ、LXJ、DXJ、ZXJ 等,出站信号机采集、驱动电路如图 4-1-19 所示。

(2)驱动电路

要驱动的相关继电器有 LXJ、DXJ、ZXJ 等,如图 4-1-19 所示。

(3)执行控制电路

DS6-K5B 型计算机联锁系统信号机点灯电路沿用 6502 电气集中联锁系统的信号点灯电路,出站信号机点灯电路工作原理这里不再介绍。

3. 调车信号机继电结合电路

(1)采集电路

要采集的相关继电器有 DJ、DXJ,调车信号机采集、驱动电路如图 4-1-20 所示。

(2)驱动电路

要驱动的相关继电器有 DXJ,如图 4-1-20 所示。

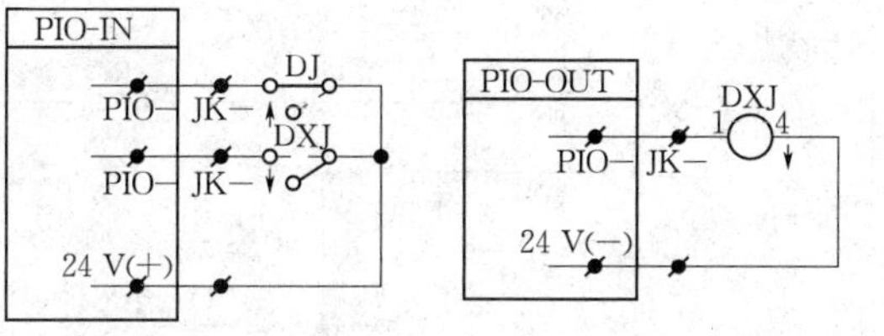

图 4-1-20　调车信号机采集、驱动电路图

(3)执行控制电路

DS6-K5B 型计算机联锁系统信号机点灯电路沿用 6502 电气集中联锁系统的信号点灯电路,调车信号机点灯电路工作原理这里不再介绍。

(二)与道岔间的继电结合电路

以 ZD6 型电动转辙机的四线制道岔控制电路为例。

1. 采集电路

道岔结合电路要采集的继电器有 DBJ、FBJ、YCJ。K5B 型计算机联锁系统要求每组道岔设一个道岔允许操纵继电器 YCJ(双动道岔按一组道岔处理设一个 YCJ)。用 YCJ 的一组前接点接在道岔启动电路的 KZ 回路中。YCJ 平时处于落下状态,转换道岔时,若该道岔区段在解锁状态,联锁系统在输出道岔操纵命令的同时输出 YCJ 吸起命令。道岔转换到位后,联锁系统停止输出,YCJ 落下。道岔因故在规定转换时间内不能转换到位时,联锁系统在取消定操或反操命令输出的同时,取消 YCJ 的输出命令,YCJ 落下。ZD6 型转辙机采集、驱动电路如图 4-1-21 所示。

2. 驱动电路

要驱动的继电器有 DCJ、FCJ、YCJ,如图 4-1-21 所示。

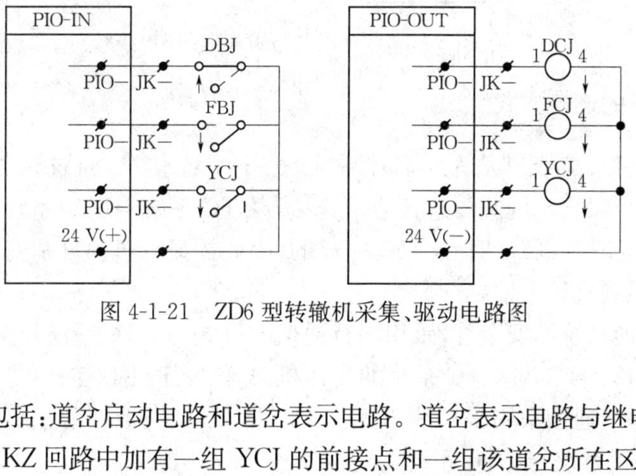

图 4-1-21　ZD6 型转辙机采集、驱动电路图

3. 执行电路

道岔控制电路包括:道岔启动电路和道岔表示电路。道岔表示电路与继电联锁相同,而启动电路稍作改动,即在 KZ 回路中加有一组 YCJ 的前接点和一组该道岔所在区段的轨道继电器前

接点，代替继电联锁电路中 SJ 接点，其余部分电路和继电联锁道岔启动电路相同。DS6-K5B 型计算机联锁系统四线制道岔控制电路原理如图 4-1-22 所示。

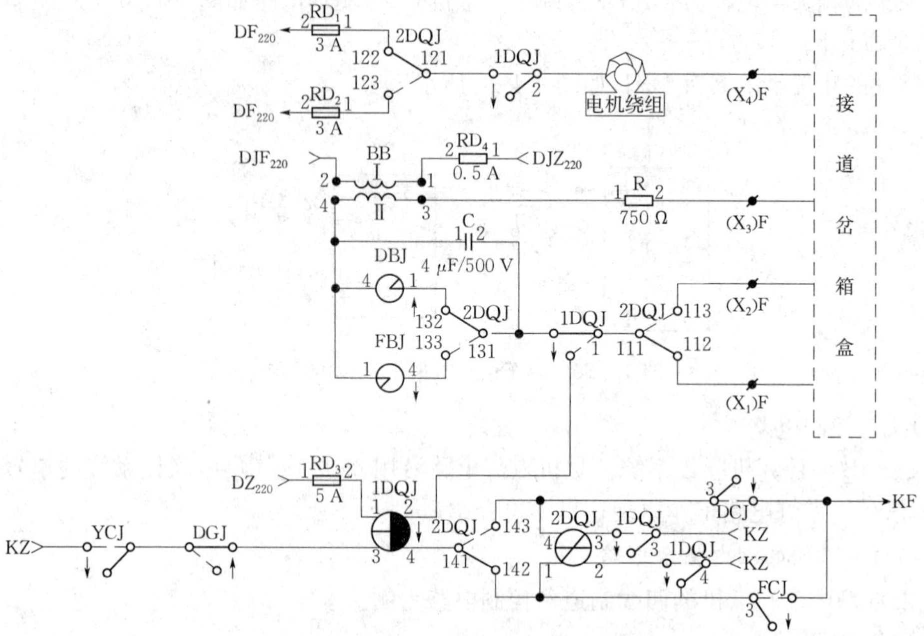

图 4-1-22 DS6-K5B 型计算机联锁系统四线制道岔控制电路原理图

（三）与轨道电路间的继电结合电路

DS6-K5B 型联锁系统仍使用继电联锁的轨道电路，联锁系统只需要采集 GJ 的状态，轨道电路采集电路如图 4-1-23 所示。

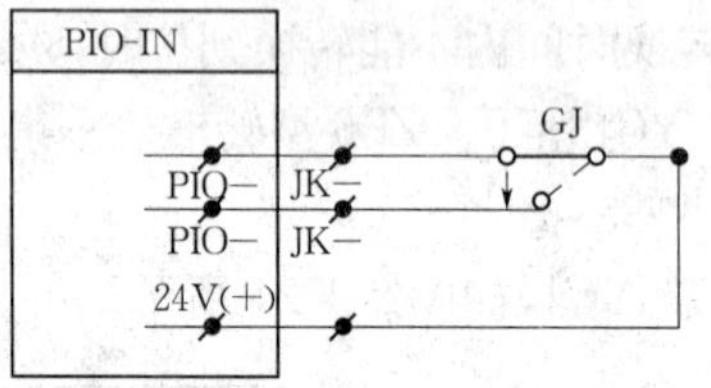

图 4-1-23 轨道电路采集电路图

五、与外部设备的连接方式

CTC 调度集中系统需要获取车站联锁系统的各种状态信息，向联锁系统发送各种行车指令，因此 CTC 系统与联锁系统间要进行通信连接。CTC 系统与联锁系统间通信是通过 CTC 系统的车站自律机与联锁系统的控显双机完成的，因此控显双机内分别安装有多串口通信板，用于和外部 CTC 系统进行通信。

为了不影响联锁系统的安全性，采用串行通信的方式与 CTC 系统连接。联锁系统通过控显机多串口卡 RS-422 接口与 CTC 系统的自律机 A 和自律机 B 连接，作为联锁系统与 CTC 的专用物理通道，串口通信采用串口线直连方式。从 CTC 机柜到联锁机柜的串口线由 CTC 提供。DS6-K5B 联锁系统与 CTC 系统的连接如图 4-1-24 所示。

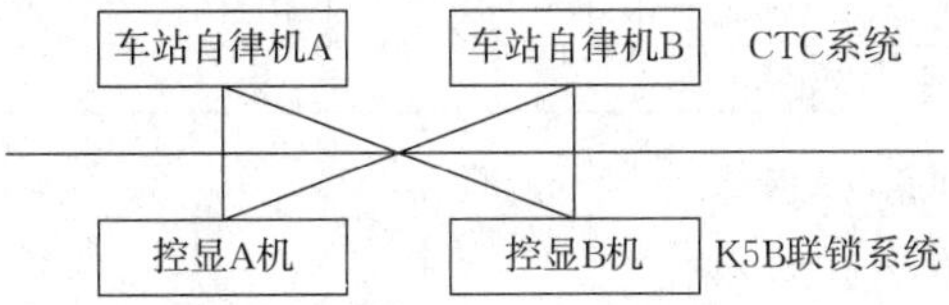

图 4-1-24　DS6-K5B 型计算机联锁系统与 CTC 系统的连接图

【知识拓展】

随着铁路信号技术的不断发展，形成了由调度集中系统、车站计算机联锁系统、列车运行控制系统（CTCS-2 级、CTCS-3 级）和信号集中监测系统构成的高速铁路信号系统。车站计算机联锁系统是高速铁路信号系统的重要组成部分，它为其他系统提供各种联锁信息，接收与列车在车站内行车有关的各类信息，与其他系统一起实现了列车的高速安全运行。

高速铁路信号系统对可靠性、安全性的要求更高，因此高速铁路信号系统中只选用高可靠、高安全的二乘二取二冗余结构的计算机联锁系统，DS6-K5B 型计算机联锁系统满足高速铁路的要求，在高速铁路信号系统中被广泛使用。下面就针对于与既有线车站使用的DS6-K5B型计算机联锁系统不同点加以说明。

在高铁中使用的 DS6-K5B 型计算机联锁系统，其系统结构和组成与既有线上使用的DS6-K5B 型计算机联锁系统基本相同，只是为了实现与其他高速铁路信号系统的连接，增加了必要的通信及接口设备。高速铁路信号系统中联锁系统分别通过安全数据通信网与列控系统（TCC、RBC、邻站联锁等）连接、通过调度集中数据通信以太网与 CTC 系统连接、通过信号集中监测数据通信以太网与集中监测系统连接。DS6-K5B 型计算机联锁系统有两种与安全数据通信网实现连接的方式。其与其他外部系统间的连接方式分别如图 4-1-25 和图 4-1-26 所示。

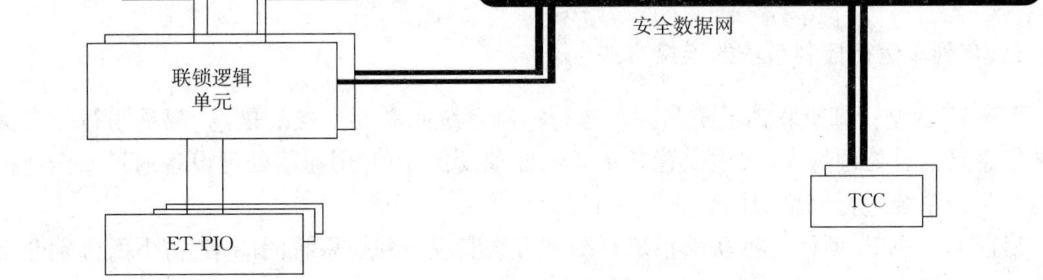

图 4-1-25　与其他外部系统间的连接方式示意图 1

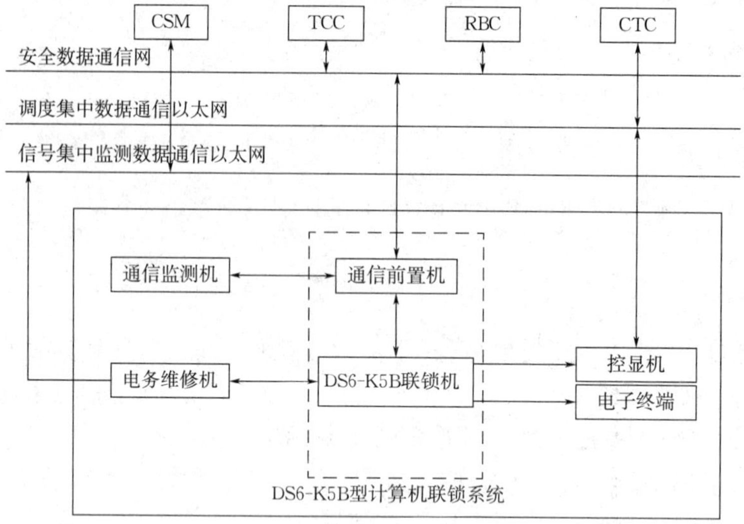

图 4-1-26　与其他外部系统间的连接方式示意图 2

一、与集中监测系统的连接方式

DS6-K5B 型计算机联锁系统通过电务维护机的以太网接口，接入信号集中监测数据通信以太网，与集中监测系统(CSM)连接。根据集中监测与计算机联锁通信协议与 CSM 系统进行信息交互。

计算机联锁系统主要向集中监测系统传送站场表示信息和进路光带信息，以及零散报警信息。

二、与调度集中系统的连接方式

DS6-K5B 型计算机联锁系统通过控显机以太网接口，接入调度集中数据通信以太网，与 CTC 系统的车站自律机 A 和车站自律机 B 连接。

控显 A 机和控显 B 机均装有专用以太网网卡分别接入 CTC 局域网，作为联锁系统与 CTC 系统的专用物理通道，根据调度集中车站自律机与计算机联锁通信协议与 CTC 系统进信息交互。

联锁系统向 CTC 系统传送站场表示信息和进路光带信息，以及零散报警信息，主要接收 CTC 系统发送的按钮信息，并根据按钮信息产生相关的进路命令。

三、与列车运行控制系统的连接方式

DS6-K5B 型计算机联锁系统与列车运行控制系统间需要交换的信息，都是与行车有关的安全信息且信息处理量大，必须设置专用通信处理设备，由专用通信处理设备通过安全数据通信网与列控系统进行信息交换。

目前 DS6-K5B 型计算机联锁系统有两种方式实现与列控系统间的结合，下面分别介绍。

(一)联锁机上加装辅助运算板和以太网接口板

由辅助运算板完成通信数据处理功能；以太网接口板实现安全数据通信网的网络连接。

高铁车站用 DS6-K5B 型计算机联锁系统机架正面如图 4-1-27 所示，这是目前 DS6-K5B 型计算机联锁系统与列控系统的最新连接方式。

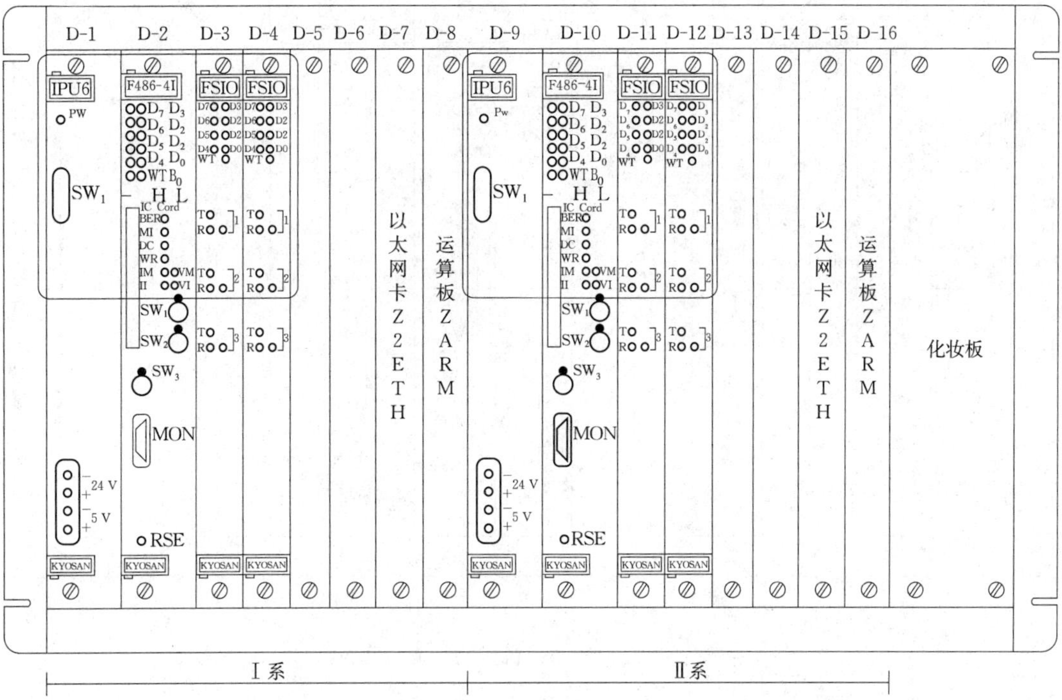

图 4-1-27　高铁车站用 DS6-K5B 型计算机联锁系统机架正面示意图

这种方式下，联锁机与辅助运算板通过机架母板上的 VME 总线连接，获得相关联锁数据，由辅助运算板处理形成各种列控系统需要的数据，通过以太网接口板接入安全数据通信网，传送给相关列控设备。

(二)在联锁系统中增设前置通信机

由前置通信机实现与列控系统通信接口功能，前置通信机机架正面如图 4-1-28 所示。

联锁机与前置通信机间通过 125 M LAN 局域网连接，前置通信机通过安全数据通信网与列控系统连接。

1. 前置通信机组成与功能

前置通信机实现联锁系统与车站列控中心(TCC)、无线闭塞中心(RBC)及邻站联锁系统的通信功能。

前置通信机也是二乘二取二的冗余结构，两个硬件组成完全相同的前置通信机安装在一个800 mm×300 mm 的机架内。每一个前置通信机都由 IPU6 电源板、F486-4I 板、FSIO 板、VHSC26 通信扩展板及 Z2ETH 以太网板组成。各板之间通过机架底板的 VME 总线互联。如图 4-1-28 所示。

各板功能介绍如下：

(1)IPU6 电源板

是前置通信机内配备的专用电源，输入为逻辑 24 V 直流电源，输出为直流 5 V。该板前面板有电源开关，断开和接通本机架所有板卡的供电电源。

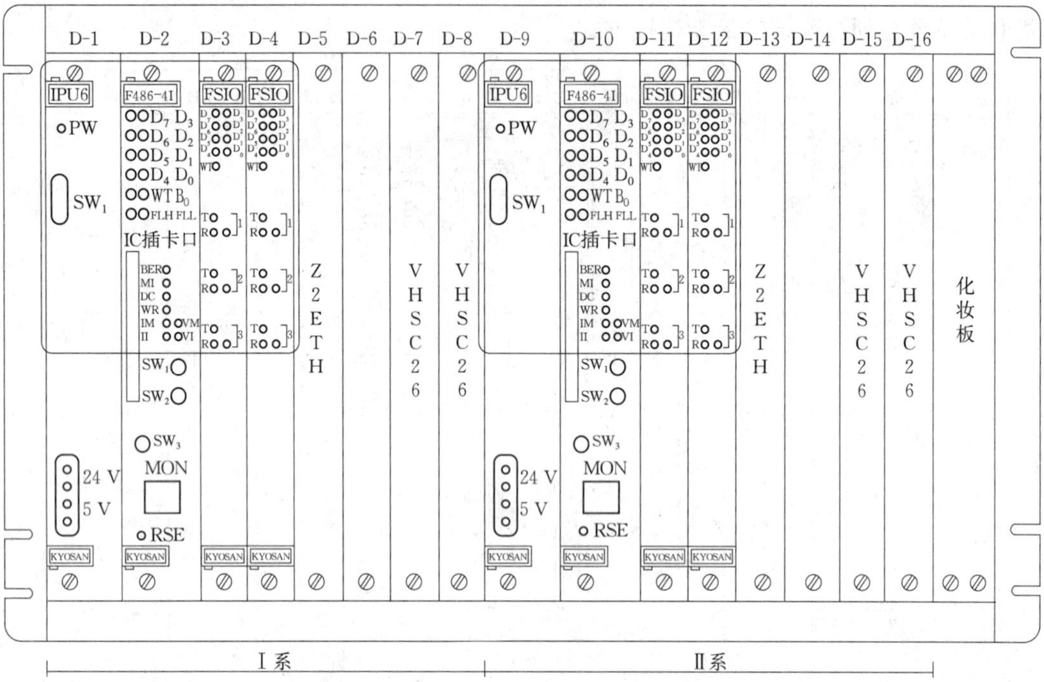

图 4-1-28 前置通信机机架正面示意图

(2)F486-4I 板

是前置通信机的 CPU 板,运行通信程序,完成与联锁逻辑部、列控系统的 TCC、RBC 通信数据的处理功能。

(3)FSIO 板

在有前置通信机的联锁系统中,还要设一个能查看前置通信机状态及与相关外部系统的通信及工作状态的通信监测机。FSIO 板完成与通信监测机的通信接口功能。

(4)VHSC26 通信扩展板

VHSC26 通信扩展板是 125 M LAN 局域网逻辑运行板,完成前置通信机与联锁逻辑部之间的通信功能。每一系包含两块 VHSC26 板,分别连接左环通道和右环通道。两块板卡硬件完全相同,但节点地址开关的设置不同。

需要注意的是:每块 VHSC26 板均设有 SW_1 电源开关,开启前置通信机的某一系时,需将本系两块 VHSC26 板卡的电源开关都开启,否则该系统无法正常启动。

(5)Z2ETH 以太网板

是前置通信机的以太网接口板,通过该板接入安全数据通信网,实现与 TCC、RBC 的通信连接。

2. 联锁机与前置通信机的连接方式

(1)联锁机与前置通信机间通过 125 M LAN 局域网连接。125 M LAN 是由左环和右环双环光缆构成的局域网,保证网络连接的可靠性,联锁机与前置通信机连接如图4-1-29所示。

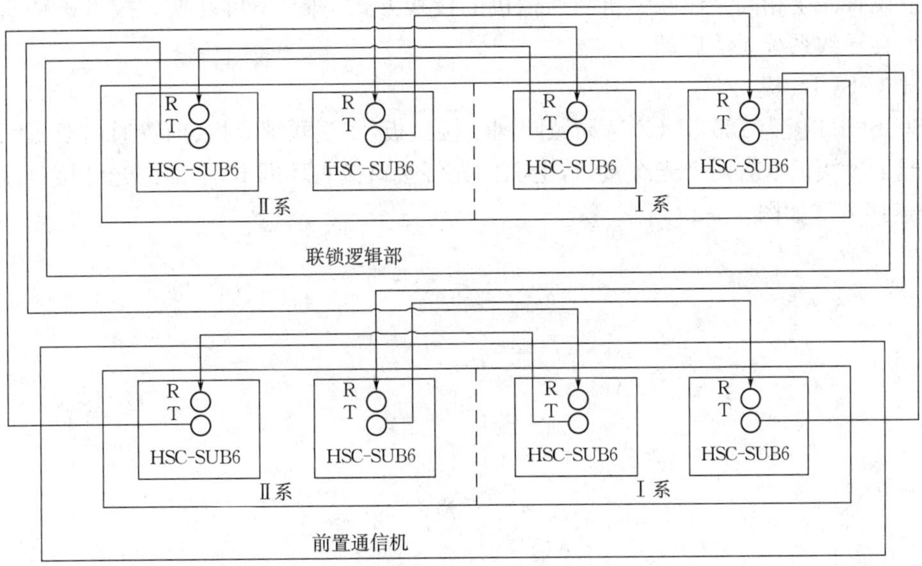

图 4-1-29　联锁机与前置通信机连接示意图

(2)为了实现 125 M LAN 网络连接，在每系联锁机和每系前置通信机机架背面是都要增加两块 HSC-SUB6 板，在 IPU6 板后增加一块 DID 板。联锁机、前置通信机机架背面示意图如图 4-1-30 所示。

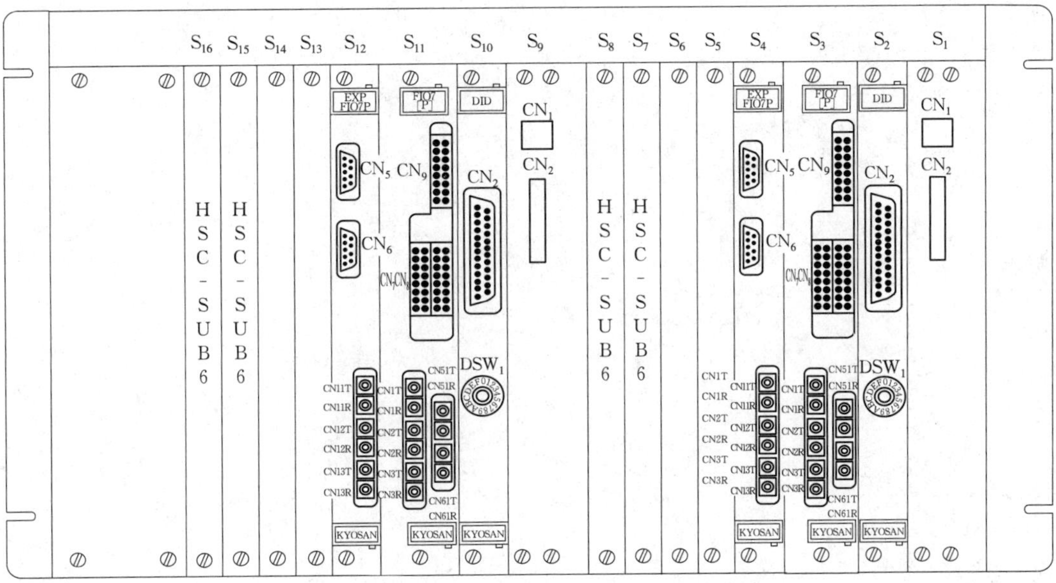

图 4-1-30　联锁机、前置通信机机架背面示意图

各电路板功能如下：

①DID 板

在 DID 板后有一个 CN_2 接口，在该接口上接入一个 DB25 插头(孔式)，联锁双机、前置通信双机的 DID 板上都要接入 DB25 插头，用来设置 125 M LAN 环网的物理地址。Ⅰ、Ⅱ系的

插头地址设置完全相同。但联锁机与通信机的接线方式不同，不可互换。拔下该插头或插头插接不牢会导致系统无法启动。

②HSC-SUB6 板

HSC-SUB6 板为 125 M LAN 局域网网络接口板，实现联锁双机、前置通信双机间的通信接口功能。每块板卡有两个光纤接口，上面的光纤接口接右环网 R，下面的光纤接口接左环网 T，光纤连接方式如图 4-1-29 所示。

任务二　DS6-K5B 型计算机联锁系统操作

【知识目标】

1. 掌握 DS6-K5B 型计算机联锁系统开、关机方法和步骤。
2. 掌握 DS6-K5B 型计算机联锁系统控制台操作方法和步骤。
3. 掌握 DS6-K5B 型计算机联锁系统电务维护台操作方法和步骤。

【能力目标】

1. 具备熟练开启和关闭 DS6-K5B 型计算机联锁系统的能力。
2. 具备熟练使用控制台设备完成各种联锁功能的能力。
3. 具备熟练使用电务维护台查询各种记录信息的能力。

【相关知识】

DS6-K5B 型计算机联锁系统通过控制台接受操作控制命令，实现联锁控制功能；通过机械室电务维护台查看各种记录信息，实现对联锁系统的监督、维护功能。下面从开、关机方法和控制台、电务维护台操作三方面介绍一下设备的操作使用方法。

一、系统的开机与关机

（一）系统开机启动

系统从冷机（未加电）状态启动，应首先确认所有设备连接正确，接插件连接牢靠，然后进行。给设备加电应按照先外围，后联锁的顺序进行。

（1）接通 UPS 220 V 电源。确认 UPS 输出 220 V 电压正确。

（2）接通控制台设备电源。控制台设备包括：控显双机、显示器、控显转换箱。

（3）接通监测机（含显示器）电源。

（4）接通微机电源柜电源。确认两路 24 V 电源输出正常。

（5）接通联锁Ⅰ系和联锁Ⅱ系的电源开关。在联锁机 F486-4I 模块的 IC 卡插槽内插入 IC 卡，如有两个 IC 卡，可同时插在两系联锁机上；如只有一个 IC 卡，可先插入一系联锁机，待其进入运行状态后，取出 IC 卡，再插入另一系联锁机。联锁机从 IC 卡读入程序和数据约需 30 s 左右。首先加电并插有 IC 卡的联锁机将进入“主系”状态运行，另一机进入“从系”状态运行。

（6）接通各 ET 机架上每个 ET-LINE 和 ET-PIO 模块的电源开关。确认每个模块进入正常工作状态：“Normal”、“System”指示灯亮；“TxD”指示灯闪光。

至此，DS6-K5B 型计算机联锁系统从冷机状态加电启动完成。

（二）系统关机

系统停机下电，原则上应按上述的逆向顺序，依次切断各设备的电源。

二、控制台操作

DS6-K5B 型计算机联锁系统提供多种操作方式，这里介绍使用鼠标操作、显示器显示的方式。采用鼠标办理行车作业的操作方法与按钮式操纵盘的操作方法基本相同。

(一)站场图形显示

DS6-K5B 型计算机联锁系统控制台显示屏提供了丰富的信息，可以帮助值班员更好地了解站场的情况。显示界面分上、下两部分，上部是菜单栏：左边是系统状态表示区，右边是系统按钮区；下部是视图区：包括功能按钮区、站场图区、指示灯区、提示报警区。

1. 信号机显示

列车信号机关闭状态显示红色圆形表示灯，开放时显示与室外一致颜色的表示灯；调车信号机关闭状态显示蓝色圆形表示灯，开放调车信号时显示白色表示灯。

信号机发生灯丝断丝时，除有灯丝断丝报警外，信号机禁止灯光闪烁。

2. 轨道区段显示

轨道区段解锁状态显示为蓝色线段；区段锁闭显示白色；区段占用显示红色。无岔区段名经常显示在轨道线段上；道岔区段名平时不显示。可用"显示区段名"按钮调出显示和消除显示。

3. 道岔表示

道岔通过所在轨道区段断开和连接的状态表示当前开通的位置。道岔在定位时，道岔名显示绿色；道岔在反位时，道岔名显示黄色；道岔发生挤岔故障时，道岔名显示红色并闪烁。

道岔单独或总锁闭时，在道岔岔尖处显示一个圆圈。道岔锁闭在定位，圆圈为绿色；道岔锁闭在反位，圆圈为黄色；道岔解锁后，圆圈消失。

道岔封闭、上电解锁时，道岔名称上显示一个红框。道岔解封后，红框消失。

4."铅封"按钮的计数显示

"铅封"按钮的操作次数由控制台微机自动累计计数。按压"显示计数"按钮，可在屏幕上调出计数显示，再次按压"显示计数"按钮，可在屏幕上消除计数显示。

需要注意的是，控制台微机采用 A、B 双机互为备用。A 机中的按钮计数值，只记录 A 机工作时"铅封"按钮的操作次数。同样，B 机中的按钮计数值，只记录 B 机工作时"铅封"按钮的操作次数。因此，A 机和 B 机中的按钮计数值是不同的。

A 机工作时，显示器上显示的是 A 机中的计数；B 机工作时，显示器上显示的是 B 机中的计数。当 A 机和 B 机交换工作时，会出现显示的按钮计数值不连续的现象。

因此，当在控制台上调出按钮计数显示，登记时须注意，并在记录中注明，当前是 A 机工作，记录的是 A 机中的计数。若当前是 B 机工作，则记录的是 B 机中的计数。

5. 按钮封闭显示

"列车"按钮封闭后，对应信号机名称显示红色；"调车"按钮封闭后，其对应信号机名称显示红色。

系统对"铅封"按钮的破封操作自动累计操作次数。

6. 操作和报警提示

显示器屏幕的下方状态栏是操作提示显示区。左边是提示信息，用红色汉字显示当前办理的作业。当前操作提示覆盖先前操作提示。

操作提示显示区中间偏左为报警提示区；操作提示显示区中间偏右是解锁延时时间显示区。

7. 系统信息提示

在显示器屏幕的下方菜单栏的右边是系统状态表示信息。

主、备状态显示：通过指示灯表明联锁机和控显机的主、备状态。

LS_1：指示灯绿色，联锁Ⅰ系是主机，工作状态正常；指示灯黄色，联锁Ⅰ系是备机，工作状态正常；指示灯红色，联锁Ⅰ系工作发生故障。

LS_2、KXA、KXB指示灯表示同上。

网络状态显示：通过指示灯表示当前网络状态，绿灯表示网络正常；红灯表示网络故障。

注意：如果控显机与两台联锁机的通信都中断时，控显机会给出“联锁通信故障”的闪烁红字提示，表明控显机已经失去与两台联锁机的联系，应及时处理。联锁双机若因故障导致无主控制时，提示红色“联锁脱机”故障。

（二）按钮配置

1.“信号”按钮

“列车信号”按钮用信号机禁止灯光的图形表示；“调车信号”按钮用信号机名称的汉语拼音字母表示。没有对应信号机的“终端”按钮、“通过”按钮、“变更”按钮，用画在轨道线旁的方框图形表示。

2.“道岔”按钮

“道岔”按钮用道岔号的数字表示。

3.“区段”按钮

“区段”按钮用轨道区段的名称表示。

4. 功能按钮

以下功能按钮按照咽喉设置，根据上、下行咽喉分别设置在屏幕上方的左面和右面。

“总定”、“总反”按钮——用于单独操纵道岔。

“单锁”、“单解”按钮——用于对道岔进行单独锁闭和单独解锁操作。道岔单独锁闭后可以排列经过该道岔所在位置的进路，但是不能单操道岔。

“岔封”、“岔解”按钮——在施工、维修等情况下对道岔进行单独封锁、解封操作。道岔封锁后不能再排列经过此道岔所在位置的进路，但是可以单操道岔。

“钮封”、“钮解”按钮——用于对信号按钮进行封闭、解封操作。“信号”按钮锁闭后不能排列以此信号为始、终端的进路。

“取消”、“人解”按钮——用于取消进路和人工解锁进路。

“总锁”按钮——用于引导总锁闭操作。

“区解”按钮——用于区段事故解锁。

以上所有按钮若按钮名为红色，则表示其为需破铅封的按钮，否则表示其为不需要破铅封的按钮。

5. 其他按钮

其他按钮包括：“上电解锁”、“引导”、“四线制改方”、“备机故障”、“分路不良”、“坡道解锁”、“非常站控”按钮等。

（三）操作方法

1. 进路操作

（1）建立进路

①建立一般进路：顺序单击进路的“始端信号”按钮和“终端信号”按钮。

②建立变更进路：顺序单击“始端信号”按钮、“变更”按钮和“终端信号”按钮。

③建立引导进路：首先单击“引导”按钮，输入密码（888）后，再单击“确认”按钮，然后单击进路“终端”按钮。

④信号机内方第一个轨道电路区段故障时建立“引导”进路操作：首先单击引导按钮，输入密码（888）后，再单击“确认”按钮，然后必须断续地单击“引导信号”按钮。重复单击的间隔时间不应超过 15 s，否则引导信号自动关闭。

（2）解锁进路

①取消进路

办理取消进路操作：顺序单击“总取消”按钮和“进路始端信号”按钮。

②人工解锁进路

办理人工解锁进路操作：首先单击“总人解”按钮，输入密码（888）后，再单击“确认”按钮。在 15 s 倒计时内单击进路的“始端信号”按钮，进路即进入人工解锁延时状态，屏幕下方出现进路延时解锁时间的倒计时。

③引导进路解锁

引导进路解锁操作：首先单击“人解”按钮，出现密码框后输入密码（888）并单击“确认”按钮，再按压“引导”按钮或其对应“列车信号”按钮，出现密码框后输入密码（888）并单击“确认”按钮，此时引导进路解锁。

④区段事故解锁

计算机联锁系统不设区段事故解锁盘。在屏幕的左、右上方分设两个咽喉区的区段事故解锁按钮。

注意：为安全起见，信号开放且列车接近后，如因故信号故障关闭，自信号故障关闭起，进站信号机及正线出站信号机需 3 min、其他信号机需 30 s 延时后，进行区段事故解锁操作方可生效。

操作：首先单击“区段事故解锁”按钮，将弹出破封密码确认框，输入密码并确认，然后单击“区段”按钮。

（3）重复开放信号

信号因故关闭，但开放条件仍然满足，可以通过单击“进路始端”按钮完成信号重开。

操作：单击“进路始端”按钮。

2. 单独操作

（1）道岔操作

①道岔单独操纵：首先单击“道岔总定”或“道岔总反”按钮，再单击需要操纵的“道岔”按钮，完成道岔单操定位或反位的操作。

②道岔单独锁闭或单独解锁：首先单击“道岔单锁”或“道岔单解”按钮，再单击“道岔”按钮，完成道岔单锁或单解的操作。一次“道岔单锁”或“道岔单解”按钮只能单锁或单解一个道岔。

③道岔封闭或解封：首先单击“道岔封闭”或“道岔解封”按钮，再单击“道岔”按钮。

(2)按钮操作

为了防止误操作，可以采取对“信号机”按钮进行戴帽处理，来完成对“信号机”按钮的封锁。

①按钮封锁操作：单击“钮封”按钮，再按压待钮封的“信号机”按钮。

②按钮解封操作：单击“钮解”按钮，完成解封操作。

3. 分路不良操作

为实现分路不良操作，显示器设置“分路铅封自复式”按钮，用一个白色方框表示。

对区段进行分路不良操作后，该区段显示为点划线，区段颜色保持不变。道岔按照岔前、岔定、岔反分别显示。

分路不良的操作过程如下：

(1)无岔区段(股道)：首先用鼠标单击相应的“分路”按钮，输入密码(888)后，再单击“确认”按钮，其方框颜色由白色转为黄色凹下状态，在10 s延时时间内用鼠标右键单击无岔区段名称或股道车次号按钮，相应的无岔区段或股道显示为分路不良状态(点划线)。

(2)道岔区段：首先用鼠标单击“分路”按钮，输入密码(888)后，再单击“确认”按钮，其方框颜色由白色转为黄色凹下状态，在10 s延时时间时内用鼠标右键单击道岔名称，出现相应道岔名称及其前、定、反选择框，用鼠标左键单击选择框中“岔前”、“岔定”、“岔反”其中之一，在相应道岔处显示岔前或岔定、岔反的点划线。

分路不良的取消操作和设置分路不良的操作相同，即按照设置的方式再操作一遍，即可取消分路不良的设置。

4. 其他操作

清报警：用于清除信息栏上的报警信息。

打开语音/关闭语音：用于控制是否输出声音报警信息，一般一台控显机处于报警状态即可。

重启计算机：在系统需要重启控显机时，单击此按钮，弹出密码框，输入密码，验证通过即可重启机器。

三、电务维护台的操作

电务维护台中的监测机记录本站所有联锁设备的状态变化情况，电务维修人员可以通过查询记录和回放历史，观察联锁设备状态的变化，便于分析判断所有联锁设备的使用、工作情况且为电务维修人员查找故障提供帮助。

监测机界面主要包括：站场图形显示、系统信息查询、联锁系统运行图等，可根据不同的需求调用不同的界面，观察所需信息，下面介绍各部分的功能及使用方法。

(一)图形显示功能

1. 站场图形显示

站场图形显示有实时、历史两种，在用户界面右下方有两个带灯按钮“实时模式”、“回放模式”，按压相应按钮，表示灯亮绿灯表示处于按下状态，并且界面显示为按钮对应模式。

(1)实时模式显示

①行车状况

反映区段、道岔、信号机等站内设备的变化情况。

②系统通信状态

包括联锁控显运行状态、I/O 系统状态。

③按钮闪烁、按钮封闭

按钮闪烁表示为有效的进路按钮状态。

④道岔控制状态

表示道岔所处的控制状态，单封、单锁等。

⑤零散信息表示灯

表示联锁零散继电器的状态，如半自动、自动闭塞等。

(2)历史回放模式显示

连续显示指定范围内的现场设备状态变化过程。

①用鼠标单击“回放模式”按钮，此时“回放模式”按钮变绿，为按下状态。

②用鼠标单击“回放日期”右侧的弹出按钮，然后用鼠标在列表中点一下需要回放的起始日期，数据将出现在表格中。

③选定好“开始时间”，设定“回放速度”。根据需要选择“单步后退”、“单步前进”、“连续前进”和“连续后退”四种方式进行回放，观察现场变化情况。

④如需显示文字记录，单击“显示文字”按钮；如想隐藏文字记录，单击“隐藏文字”按钮。通过显示文字可以查看当时的设备变化情况。

2. 系统工作状态图形

系统工作状态图形表明了联锁系统内部的通信状态及联锁系统与 CTC 外部计算机联锁设备的连接状态。用鼠标选中“系统图形”选项，红色表示停机或故障；黄色表示热备；绿色表示主用。

3. 站场图形缩放

用鼠标单击子菜单“缩小”、“还原”、“放大”，站场图形会在原有图形基础上做出相应得变化。

4. 站场图形及 I/O 图形

用鼠标单击菜单“站场图形”、“I/O 图形”，监测界面在两图间切换。

(二)系统信息查询

系统对现场所有设备的变化情况均记录在数据库中，可按要求查询。以文本、表格的方式显示及打印各设备的变化信息。查询分为设备实时状态查询和历史信息记录查询。

为了方便查询，按照设备分别可以对“全体设备”、“区段信息”、“信号信息”、“道岔信息”、“零散信息”、“提示信息”、“按钮信息”、“报警信息”、“输出命令”进行查询。

1. 实时信息查询

在主菜单上单击“信息查询”、“全体设备”或直接单击“全体设备”按钮，显示全体设备信息窗口，窗口左边表示全体设备继电器实时状态；窗口右边表示设备状态变化信息，记录的时间精确到毫秒。

(1)用鼠标拖动表格右侧滚动条中的滑动块，可查看全部的查询结果。左边表格栏显示的是全体设备实时状态；右边表格栏显示的是实时变化设备状态。

(2)用鼠标单击图形窗口右上角的“关闭窗口”键，则退出查询窗口。

(3)用鼠标单击图形窗口上面的各种选择项，可选择想具体查看的信息种类。全体设备查询选择项如图 4-2-1 所示。

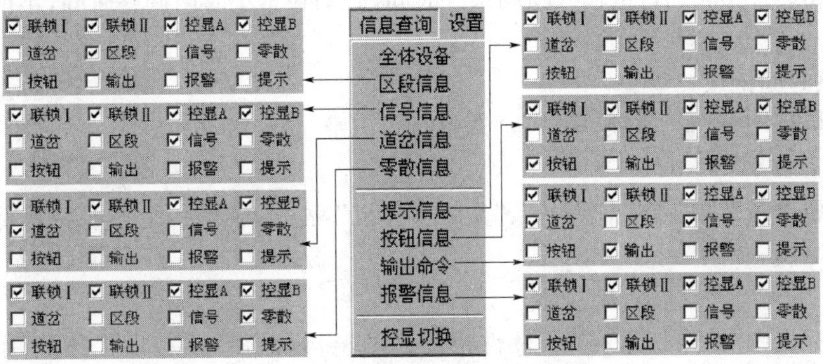

图 4-2-1　全体设备查询选择项

注：DS6-K5B 型计算机联锁系统文字表述为实际继电器的状态。

“区段信息”、“信号信息”、“道岔信息”、“零散信息”、“提示信息”、“按钮信息”、“报警信息”、“输出命令”的实时状态查询方法与“全体设备”基本一致。

2. 历史信息查询

选择方法：在菜单上先单击“查询选择”，选择需要的时间段，打开查询窗口。

(1)用鼠标单击“查询选择”，选择需要查询的起始时间和终止时间，考虑到数据量大的问题，查询时间最好选择在 1 h 范围内，查询时间间隔不能超过 2 h。若要查看 2 h 以上的内容时，需分段进行。

(2)选择好时间后，用鼠标单击“查询”键，则所需的信息显示在窗口内，可以拉动游标任意观看。

3. 打印历史信息

(1)在选择好了时间以后，单击“数据打印”，出现打印窗口。

(2)可以直接选择“打印”或先选择“打印预览”。

(3)通过“打印预览”观察所选择的打印数据，并根据需要选择相关的内容，单击“打印”即可。已经下发的打印命令可通过主菜单“打印清除”删除，打印纸张的大小由程序指定。

4. 导出历史信息

数据导出可将所选择时间段内的设备数据存到磁盘上。导出的数据内容为查询显示后的数据，文件格式为文本文件，可在其他计算机上直接观看。

(1)在选择好了时间以后，单击“数据导出”前，请插入软盘。

(2)单击“数据导出”按钮。

(3)数据导出完毕后，出现提示结束的对话框。

5. 破封统计

用鼠标单击菜单“破封统计”，界面显示控显 A 机、控显 B 机破封按钮动作次数的记录，以月为基本时间。

(三)其他功能

1. 设置

该部分菜单主要包括“调整系统时间”、“调整时间记录”。

(1)调整系统时间

①先用鼠标选中“设置”选项，再选取“调整系统时间”。

②输入密码(2 000)后，可输入新的系统时间，必须在本小时内调整时间，不能跨小时调整时间。

(2)调整时间记录

先用鼠标选中“设置”选项，再选取“调整时间记录”。

2. 关闭系统

用鼠标单击子菜单“重启计算机”、“关闭计算机”，密码确认后，监测机将执行用户操作重启或关闭监测机。

3. 清除打印

先用鼠标选中“清除打印”选项，软件将调出 Windows 系统的打印任务框，用户可通过该对话框对打印任务进行删除、暂停等操作。

4. 远程维护

远程维护方案为在后台运行客户端控制软件，各站配置相同。通过拨号方式建立连接，将共享的数据内容复制到维护中心即可。如要连接远程，现场只需把电话线接到调制解调器的 LINE 端口即可。

任务三　DS6-K5B 型计算机联锁系统检修与故障处理

【知识目标】

1. 掌握 DS6-K5B 型计算机联锁系统各部分面板指示灯含义。
2. 掌握 DS6-K5B 型计算机联锁系统日常巡视的步骤、内容和方法。
3. 掌握 DS6-K5B 型计算机联锁系统集中检修的步骤、内容和方法。
4. 掌握 DS6-K5B 型计算机联锁系统常见故障的分析、处理方法。

【能力目标】

1. 具备熟练完成 DS6-K5B 型计算机联锁系统日常巡视的能力。
2. 具备熟练完成 DS6-K5B 型计算机联锁系统集中检修的能力。
3. 具备熟练处理 DS6-K5B 型计算机联锁系统常见故障的能力。

【相关知识】

DS6-K5B 型计算机联锁系统是以计算机技术为核心，采用通信技术、可靠性与安全性技术实现车站联锁功能的实时控制系统。因此，设备检修及故障判断要借助设备各部分面板指示灯指示完成，下面首先介绍 DS6-K5B 型计算机联锁系统机柜布置及各部分面板指示灯含义。

一、机柜布置及各部分面板指示灯含义

（一）机柜布置

DS6-K5B 型计算机联锁系统分别安装在电源柜、联锁机柜、电子终端柜、监控机柜内。根据站场规模不同，联锁系统使用的电子终端架的个数不等，所使用的机柜数量也不等。中小规模车站可使用三个机柜：一个电源柜、一个监控机柜和一个联锁机柜，电子终端安放在联锁机柜内；如果站场规模比较大，需要增设电子终端柜。DS6-K5B 型计算机联锁系统机柜如图 4-3-1所示。

1. 电源柜

在电源柜内安装有电源控制面板，接入电源屏提供的一路经过净化的 220 V 交流电源，为联锁设备供电。

联锁设备需要的直流 24 V 电源是由电源柜内的四台 24 V 直流稳压电源提供的，按照其承担负载性质的不同分为逻辑电源和接口电源，两类电源分别由两台直流稳压电源并联供电（站场规模较大时采用四台逻辑电源并联供电），保证每一类电源有一台发生故障时不影响该类电源所带负载的供电。

如果电源屏不带 UPS，电源柜还要增设 USP 设备和电源控制箱。

2. 联锁机柜

一般联锁机柜安装有一个联锁逻辑部、电子终端机笼和前置通信机（在高铁车站上设置，用来通过安全数据信息网和其他信号系统通信）。

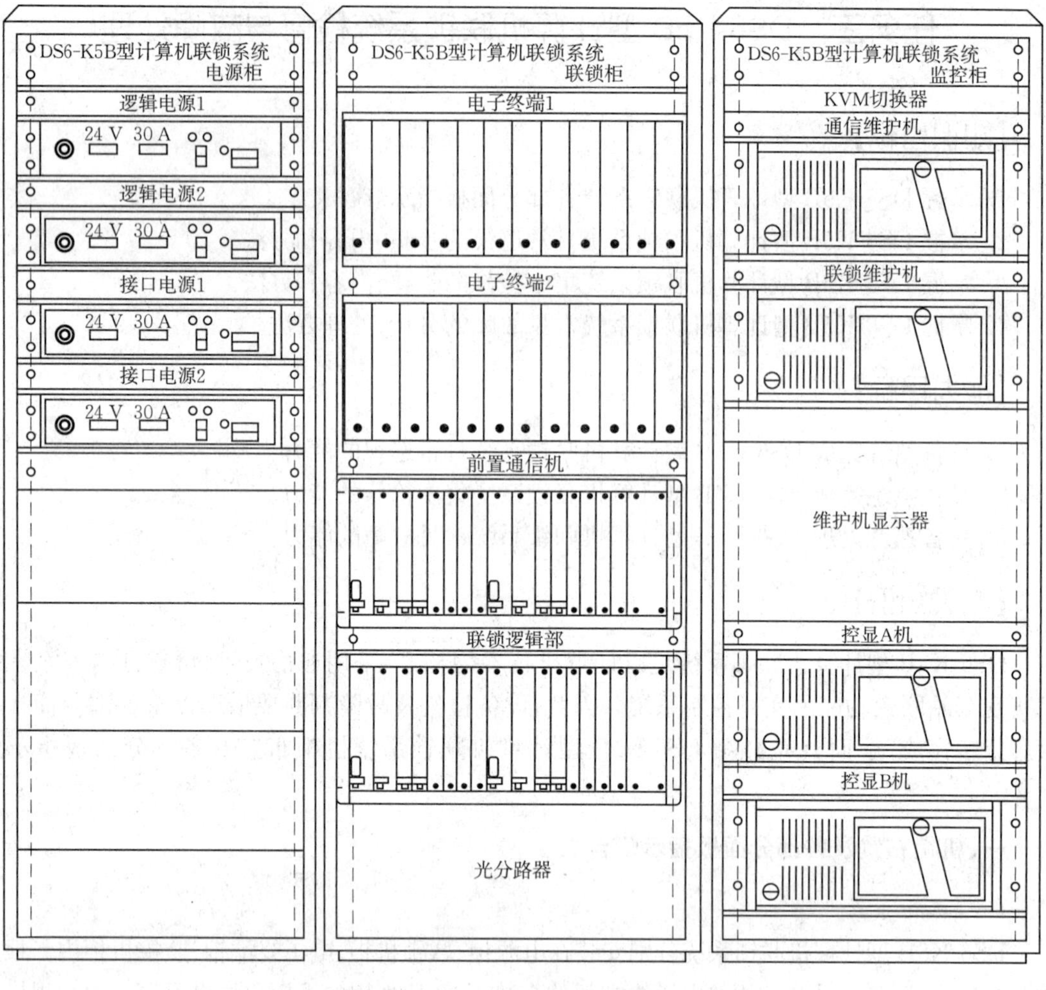

图 4-3-1 DS6-K5B 型计算机联锁系统机柜布置图

联锁逻辑部运行联锁程序完成联锁逻辑运算，生成输出命令（包括继电输出和通信输出），并完成信息采集和通信信息接收。

前置通信机完成通信传输功能，向下与联锁逻辑部通信，向上与 TCC、RBC 及相邻 IL（联锁车站）通信。

电子终端将采集到的现场设备状态发送给联锁逻辑部作为联锁运算的基本数据，同时将联锁逻辑部产生的输出命令转化成 24 V 直流电平驱动相应的继电器。

3. 电子终端机柜

站场规模较大时联锁机柜内安装的电子终端机笼不够使用，要加装电子终端机柜，功能同联锁机柜内电子终端。

4. 监控柜

监控柜内安装有两台控显机、一台电务维护机（也称监测机）、一台通信监测机（在高铁车站上设置，是前置通信机的维护设备）、一台 KVM 切换器、一台显示器及鼠标等。

两台控显机按照先入为主的原则，先开机运行的成为主控机，后投入运行的成为热备机。控显双机分别通过视频信号长线和串行通信长线各连接一套操作显示设备，两套操作显示设备可以同时使用，当正在使用的一套操作显示设备故障时，马上启用另一套操作显示设备，不会对行车作业造成影响。

电务维护机（也称监测机）用于记录联锁设备的实时及历史数据，一旦发生故障，可以通过站场图形回放和查询历史信息记录来分析故障原因，并对问题进行处理。

通信监测机（也称通信维护机）用于记录通信前置机工作状态及与 TCC、RBC、IL（邻站联锁）的通信状态，当发生通信故障时可以通过该记录分析故障原因，并对问题进行处理。

（二）设备面板指示灯含义

1. 联锁机各功能板面板指示灯及含义

（1）F486-4I 板面板指示灯及开关含义

F486-4I 板面板指示灯非常丰富，可以反映联锁机软、硬件常见故障，并且面板上还有开关、插座和按键能设置完成联锁机的各种工作状态，如图 4-3-2(a)所示。

①软件状态指示灯的含义

只有在 D_7 灭灯系统运行正常时，其他指示灯才有意义。联锁机软件状态指示灯含义见表 4-3-1。

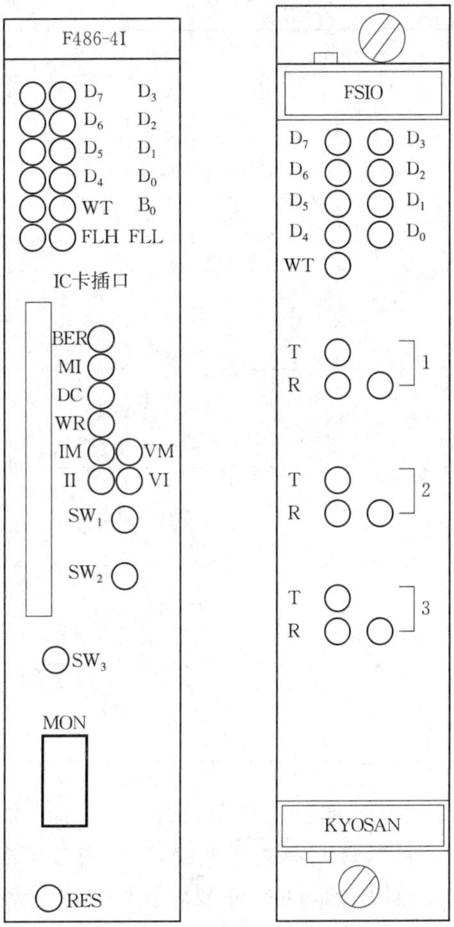

(a)　F486-4I　　　(b)　FSIO

图 4-3-2　F486-4I 和 FSIO 板面板示意图

表 4-3-1　联锁机软件状态指示灯含义

序号	指示灯名称	状态	含　义
1	D_7	亮	系统停机
		灭	系统运行正常
2	D_6	亮	数据连接成功
		灭	数据连接失败
3	D_5	预留	预留
		预留	预留
4	D_4	亮	APL 开始执行
		灭	APL 停止执行（APL：应用程序逻辑）
5	D_3	亮	执行控制功能
		灭	控制功能停止

续上表

序号	指示灯名称	状态	含　义
6	D_2	亮	两系不同步
		灭	两系同步
7	D_1	亮	本板为主系
		灭	本板为从系
8	D_0	亮	本板为Ⅰ系
		灭	本板为Ⅱ系
9	WT	闪光	"看门狗"状态正常
		亮或灭	"看门狗"状态故障
10	B_0	亮	VME总线无错
		灭	VME总线出错
11	FLH、FLL	闪光	总线时钟状态正常
		亮或灭	总线时钟状态故障
12	BER	亮	外部RAM访问总线出错
		灭	外部RAM访问总线正确

②软件故障指示灯含义

当D_7灯亮表示系统停机，有故障时，D_7～D_0的显示为系统故障状态二进制编码，F486-4I面板指示灯D_7～D_0故障代码含义见表4-3-2，系统故障状态码共有33种，电务维修人员可根据故障状态码含义判断故障原因。

表4-3-2　F486-4I面板指示灯D_7～D_0故障代码定义

序号	D_7～D_0代码	停机原因	注　释
1	81	非正常中断	
2	82	主设备启动错	初始化后主设备未正常运行
3	83	模块查询错	
4	84	关键字(Key Code)错	
5	85	参数错	K6. DAT文件CRC/SUM错
6	86	初始化时间错	APL初始化时间不够
7	87	"看门狗"错	
8	88	S-SYS输出错	S-SYS输出反馈错
9	89	RAM检查错	
10	8A	预留	
11	8B	定时起错	

续上表

序号	D_7～D_0代码	停机原因	注　释
12	8C	PI 输入错	
13	8D	从设备参数错	从设备参数版本与主设备不同
14	8E	总线(BUS)错	时钟信号停止
15	8F	数据连接错	
16	91	时钟停止电路错误 1	当输出 1 时时钟停止电路错
17	92	时钟停止电路错误 0	当输出 0 时时钟停止电路错
18	94	主设备内部错	
19	95	从设备内部错	
20	96	初始化 APL 检查错	初始化时 APL 代码检查错
21	97	APL 检查错	运行时 APL 代码检查错
22	E1	初始化 RAM 检查错	
23	F1	ET 控制数据长度错	ET 控制数据长度大于最大值
24	F3	ET 控制数据发送错	执行发送前发送缓冲区有数据
25	F4	ET SIO 错	ET SIO CPU 启动错
26	F8	MT SIO 错	MT SIO CPU 启动错

③联锁机硬件故障指示灯含义

MI、DC、WR、IM、VM、II、VI 表示硬件工作状态，各指示灯的含义见表 4-3-3。

表 4-3-3　F486-4I 硬件工作状态指示灯含义

序号	功　能	MI	DC	WR	IM	VM	II	VI
1	ROMPe-fetch	×	○	○	○	×	—	—
2	ROM/IC 读	×	×	○	○	×	—	—
3	IC 卡写	×	×	×	○	×	—	—
4	内部 IO 读	○	×	○	—	—	○	×
5	内部 IO 写	○	×	×	—	—	○	×
6	中断响应(ACK)	○	○	○	—	—	—	—
7	VME(A24)读	×	×	○	○	○	—	—
8	VME(A24)写	×	×	×	○	○	—	—
9	VME(A16)读	○	×	○	—	—	×	○
10	VME(A16)写	○	×	×	—	—	×	○

注：○：表示亮灯；×：表示灭灯；—：表示无关。

④联锁机各种开关、插座及按键的功能及含义

SW_1：SW_2 是运行方式设置开关，开关必须设置成相同状态，其含义见表 4-3-4，MON 为调试用接口；RES 是系统复位开关。

表 4-3-4　联锁机各种开关状态及含义

序号	开关名称	状态	含　义
1	SW_1、SW_2	1	正常方式
2	SW_1、SW_2	F	表示调试方式
3	SW_3	0	总输入开关

(2)FSIO 板面板指示灯及含义

FSIO 板面板示意如图 4-3-2(b)所示，D_7～D_0是软件状态指示灯，其含义见表 4-3-5。WT 是运行状态指示灯；T、R 表示数据通信状态，T 闪光表示正在发送数据；R 闪光表示正在接收数据。

表 4-3-5　D_0～D_7软件状态指示灯含义

LED	信　息	正常状态	故障状态
D_0	LED 输出	亮	灭(在向 LED 输出之前停止)
D_1	初始化完成	亮	灭(初始化完成前停止)
D_2	中断(Interrupt)ASK OK	亮	灭(F486 中断不正确)
D_3	发送停止命令	灭	亮(接收到来自 F486 的停止命令)
D_4	DPRAM 初始化	灭	亮(DPRAM 初始化未完成)
D_5	运行停止命令	灭	亮(收到来自 F486 的停止命令)
D_6	DPRAM 写故障	闪	亮或灭(DPRAM 写故障)
D_7	DPRAM 读故障	闪	亮或灭(DPRAM 读故障)

2. 电子终端各板卡面板表示灯含义

电子终端机笼内的 ET-LINE 和 ET-PIO 板的面板如图 4-3-3 所示。

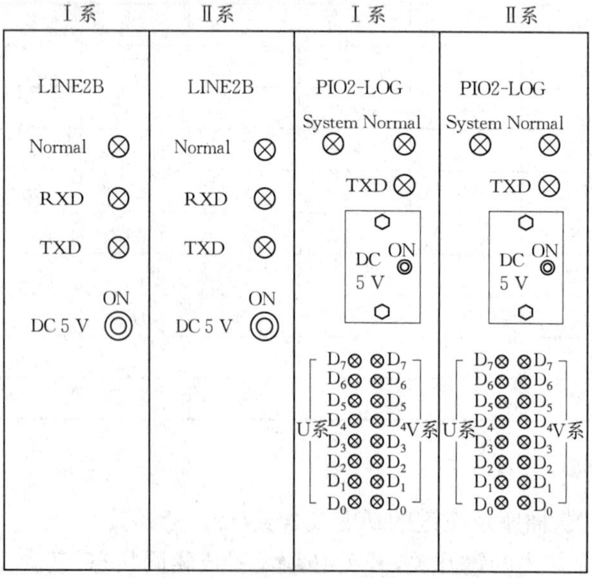

图 4-3-3　电子终端各板卡指示灯示意图

ET-LINE 板上的 Normal 指示灯亮表示运行正常，灭表示故障停止；RXD 闪烁表示数据接收，TXD 闪烁表示有数据发送；DC 5 V 为电源开关。

ET-PIO 板上的 Normal 指示灯亮表示工作正常，灭表示故障停止；System 指示灯亮表示有电源，系统正常，灭表示没有电源，系统故障；TXD 闪烁表示有数据发送；ET-PIO 中分别有两个 CPU，用 U 系和 V 系表示，其表示灯对应相应的 CPU 的工作状态，U 系和 V 系工作状态指示灯含义分别见表 4-3-6 和表 4-3-7。

表 4-3-6　ET-PIO 板 U 系工作状态指示灯含义

<table>
<tr><th>LED</th><th>表示内容</th><th>意　义</th></tr>
<tr><td>D_7</td><td>端末种类 8</td><td rowspan="4">表示为“6”</td></tr>
<tr><td>D_6</td><td>端末种类 4</td></tr>
<tr><td>D_5</td><td>端末种类 2</td></tr>
<tr><td>D_4</td><td>端末种类 1</td></tr>
<tr><td>D_3</td><td>正在执行 AP</td><td>按定周期进行的诊断处理时点灯</td></tr>
<tr><td>D_2</td><td>使用回线</td><td>ET-PIO 的 ET-NET 回线是交互使用的，当回线 1 使用中时点灯
ET-PIO2 的二重回线是同时使用的，没有交互变换，所以总是灭灯</td></tr>
<tr><td>D_1</td><td>RX</td><td>ET-PIO 是表示 ET-NET 使用中的回线的受信状态回线，受信时点灯
ET-PIO2 是表示 ET-NET 的回线 1 的受信状态，受信时点灯</td></tr>
<tr><td>D_0</td><td>SIO 出错</td><td>ET-PIO 是表示 ET-NET 的使用回线的受信状态，受信异常发生时点灭灯
ET-PIO2 是表示 ET-NET 的回线 1 的受信状态，受信异常发生时点灭灯</td></tr>
</table>

表 4-3-7　ET-PIO 板 V 系工作状态指示灯含义

<table>
<tr><th>LED</th><th>表示内容</th><th>意　义</th></tr>
<tr><td>D_7</td><td>端末种类 8</td><td rowspan="4">表示设定的电子端末序号 1～15</td></tr>
<tr><td>D_6</td><td>端末种类 4</td></tr>
<tr><td>D_5</td><td>端末种类 2</td></tr>
<tr><td>D_4</td><td>端末种类 1</td></tr>
<tr><td>D_3</td><td>正在执行 AP</td><td>按定周期进行的诊断处理时点灯</td></tr>
<tr><td>D_2</td><td>使用回线</td><td>ET-PIO 的 ET-NET 回线是交互使用的，当回线 1 使用中时点灯
ET-PIO2 的二重回线是同时使用的，没有交互变换，所以总是灭灯</td></tr>
<tr><td>D_1</td><td>RX</td><td>ET-PIO 是表示 ET-NET 使用中的回线的受信状态回线，受信时点灯
ET-PIO2 是表示 ET-NET 的回线 1 的受信状态，受信时点灯</td></tr>
<tr><td>D_0</td><td>SIO 出错</td><td>ET-PIO 是表示 ET-NET 的使用回线的受信状态，受信异常发生时交互点灭灯
ET-PIO2 是表示 ET-NET 的回线 1 的受信状态，受信异常发生时交互点灭灯</td></tr>
</table>

二、DS6-K5B 型计算机联锁系统维护

(一)日常巡视

1. 询问

向车站值班员了解设备运用情况,检查有无与联锁系统有关的设备故障。

2. 运转室控制台巡视

(1)控制台显示设备外观检查,显示信息、外观巡查。

(2)设备外观及加封、加锁装置良好,检查破封记数情况。

(3)查看鼠标操作、语音报警是否正常,仪表指示是否正确。

(4)显示器工作正常,表面清洁。

(5)各部插接件接触可靠,固定良好。

3. 机械室巡视

(1)机柜巡视检查

①各机柜安装正直稳固,无倾斜,各机器代号清晰正确。

②各处防尘、防鼠良好。

③机柜风扇工作正常,各种工作指示灯显示正确,检查无报警指示,机柜盘面手柄、开关位置正确,无局部过热、异常噪音和异常气味,计算机箱、机柜通风良好;机柜内部设备如路由器、协议转换器、交换机或集线器正常,电源无过热。

④环境温度 5 ℃~30 ℃,联锁机柜、监控柜、电源柜等无过热现象,无异味。

⑤电源柜、UPS、各电源模块无过热,指示灯显示正常,机箱、机柜通风良好,查看无告警信息,温控开关设置符合要求。

⑥机柜内防雷元器件无失效。

(2)控显双机与电务维护台巡视

①查询控显双机与监测机面板指示灯,确认工作状态。

②在维修机上查看各种记录,查询有无异常报警信息。发现错误信息和不正常情况时,及时分析处理,并通知上级主管部门。

③显示器、键盘清扫前,应对信息数据及时进行软盘保存、处理。

(3)联锁机巡视

①检查各板卡指示灯有无故障显示,及查看联锁双机的工作状态。F486-4I 板上 D_1 亮表示为主系,确认并记录联锁Ⅰ、Ⅱ系的主从关系,与前一班比较两系主从关系有无变化;D_2 灭灯两系同步,D_2 亮灯两系不同步,确认从系是否与主系同步;FSIO 板上指示灯 RX、TX 灯的状态,确认联锁和电子终端之间的通信状态正常(闪亮正常,灭灯或稳定亮灯为异常),未使用的回线通信状态指示灯灭灯。

②检查机笼背面光缆连接是否牢固,未使用的光接口上是否扣好遮光罩;

③备品、备件检查数量满足额定要求,性能良好。

(4)电子终端巡视

①观察 ET-LINE 板的 Normal 灯是否稳定点亮,TXD、RXD 灯是否闪烁,如果是,工作正常;如不是,工作异常。

②观察 ET-PIO 板的 Normal、System 灯是否稳定点亮，TXD 灯是否闪烁，如果是，工作正常；如不是，工作异常。

(5)逻辑 24 V 电源和接口 24 V 电源巡视

①观察各直流稳压电源面板指示的电压值应为 24～26 V，电流值宜小于 14 A。

②观察各直流稳压电源是否有声光报警。

(二)集中检修

1. 控制台检修

(1)控制台内部清洁，防尘良好。

(2)各部螺丝紧固，插接件安装牢固，接触良好。

(3)各部配线无破损、无混电现象，光纤固定良好，弯曲半径大于 5 cm，备用光纤有防尘帽。

(4)电缆沟内干净整洁，盖板严密，引入电缆固定、封堵严实，防鼠、防火措施良好。

2. 机械室检修

(1)接口架

①各部螺丝紧固，插接件安装牢固，接触良好。

②配线无破皮，绑扎整齐。

(2)UPS 电源检修

①检查 UPS A、UPS B 工作正常。

②检查 UPS A、UPS B 放电试验。

(3)机柜检修

①机柜内部清洁，线缆、光纤固定良好，光纤弯曲半径大于 5 cm，备用光纤有防尘帽，排列整齐，风扇工作正常。

②各项工作完毕后要进行主、备机倒换试验。

注意事项：试验时应要点进行，应用关闭主用机电源的方法进行。

③各部螺丝紧固，插接件接触可靠良好，安装牢固。

④电缆沟干净整洁，盖板严密，引入电缆固定、封堵严实，防鼠、防火措施良好，机房内防静电措施良好。

(4)控显双机与电务维护台检修

①控显双机切换试验：切换试验时虽不影响使用，但应征得车站值班员的同意，在没有开放信号的情况下进行。

②各部螺丝紧固，各类板件的插接件接触可靠良好，安装牢固。

③显示器、键盘清扫，对信息数据及时进行软盘保存、处理。

④控显双机、维修机风扇防尘罩清扫。

⑤监测机日期、时钟应正确，有误差时，在维修机或控制台上及时进行调整。

(5)联锁机、电子终端检修

①联锁机电源指示灯、运行指示灯、主、备灯、同步灯正常，无故障显示。

②电子终端各板工作正常，相应指示灯正常闪烁。

③备品、备件检查，各种备板数量满足额定要求，性能良好。在“天窗”点内将备品、备件进行带电试验，确保备品、备件处于良好状态。

3. 试验、测试

(1)联锁机二重系的 IC 卡位置正确，不得随意放置。

(2)根据手册仔细检查各模块的指示灯状态，以确认是否正常运行。

(3)UPS 电源检修内容及方法严格按照随机使用手册及有关规定执行，每年进行四次充放电试验。

(4)计算机联锁电源柜地线接至贯通地线，接地电阻不大于 1 Ω。

(5)测试各种电源符合规定相应型号标准。

(三)维修注意事项

(1)联锁机冷机启动需从 IC 卡上读入程序和数据才能进入正常运行。因此 IC 卡平时应插在 IC 卡插槽内。这样，系统在停电恢复后可自动投入运行。

注意：IC 卡易受静电冲击损坏，须妥善保管。

(2)系统各设备间采用了光缆连接。光缆较为脆弱，应注意以下事项：

①不要用手触摸光缆接头的光端口。光缆接头不用时，一定要戴上防尘帽。

②光缆的弯曲半径一定要在 5 cm 以上，否则将造成光缆断裂。

③不可使光缆受到强烈的撞击、震动和重力挤压、拉扯。

④拆卸光缆连接须握住光缆接头的外壳拔插，不可拉拽光缆线。

⑤连接光缆接头要注意插头与插座的吻合，同时要拧紧固定螺丝。

(3)系统中所有的电路板和模块严禁在带电的情况下拔插。违反此项规定将造成设备损坏。

(4)ET-LINE 模块上的电源开关扳动时须用手握住开关柄轻轻向外拉出，然后再扳动。不可直接用力扳。

(5)检修作业前首先要消除静电，并确定防静电手环与机柜连接是否良好，机柜接地是否良好。

(6)检修时要求逐系检修，尤其在更换板卡时，一定要确认当前系是否是备用系，并确认操作影响范围。

三、DS6-K5B 型计算机联锁系统常见故障处理

联锁系统发生故障，首先观察控制台显示屏上的故障现象，判断故障影响范围，区分是联锁系统硬件设备故障，还是继电结合电路故障。如果是硬件设备故障，确定故障点后，用备品进行更换。更换前必须首先切断被更换模块的电源，从机架上取下故障模块，插入新模块，然后加电恢复。系统的冗余设计，容许单重系模块断电更换，不间断系统运行。

(一)K5B 联锁系统硬件设备常见故障处理方法

1. 电源故障

(1)逻辑电源故障

逻辑电源发生故障时，联锁机、电子终端机笼内各板均不能开启。检查逻辑电源是否有声光报警，各开关位置是否正确，面板指示电压值是否在 24～26 V，逻辑电源的电流值之和是否小于额定负载。如都正常，检查输出配线；不正常，更换相应故障电源模块。

(2)接口电源故障

接口电源故障时，全站无采集，即控制台站场图形没有设备状态信息，无法驱动继电

器，会发出声光报警，此时要检查电源开关位置正确，测量接口电源电压是否在 24～26 V，逻辑电源的电流值之和是否小于额定负载。如都正常，检查输出配线；不正常，更换相应故障电源模块。

2. 联锁逻辑部故障处理

(1) Ⅰ系或Ⅱ系异常停机，F486-4I 板 D_7 红灯点亮。

处理办法：

①记录停机状态下 F486-4I、FSIO 面板指示灯状态，反馈给一级维护中心。

②在 F486-4I 板插入 IC 卡的情况下，将故障机的电源开关扳下，再重新扳起加电，即可恢复正常。

③如不能启动，则需要更换该系板卡(通常是 F486-4I 板或 FSIO 板)。

(2)从系与主系不同步，从系 F486-4I 板上 D_2 灯点亮。

处理办法：

①在站场上无任何作业的情况下，重新启动从系。

②若仍不同步，要点将联锁双系重新启动。

3. 电子终端故障处理

(1)机笼内各板均不能工作，电源指示灯灭。

处理办法：

检查该机笼逻辑 24 V 电源接线端子或插头，检查逻辑电源模块。

(2)ET-LINE 板 Normal 灯不亮，RXD 灯不闪烁。

处理办法：

检查 ET-LINE 板后面光缆接插是否牢固。

(3)ET-PIO 板 Normal 指示灯灭灯。

处理办法：

重新开启该 PIO 板电源开关，应可以正常启动，若不能启动，则需用备用板更换该板。

(4)若某一对 PIO 对应的所有采集信息无表示或对应的所有驱动位均不能驱动继电器。

处理办法：

检查该对 PIO 背面的接口 24 V 电源的接线端子、插头或保险。

4. 控显单机和电务维护机故障处理

(1)无法开机，机器内置电源风扇不转，前面电源指示灯不亮。

处理办法：

该机电源故障，需更换电源。

(2)开机后，机器内发出“嘀、嘀…”间断的报警声。

处理办法：

内存条或显卡接触不良，需打开机箱盖，重新拔插内存条及显卡即可恢复。

(3)电源正常的情况下无法开机，无报警声。

处理办法：

可能是主板与机箱底板接触不良或主板故障，重新拔插主板，若不能恢复则需更换主板。

(二)继电结合电路故障处理

1. 采集结合电路故障处理

(1)故障分析方法

①在控制台观察故障现象，若是关于信号、道岔、轨道区段表示故障，初步判断为采集故障。

②进一步确认，在继电器架上观察有关继电器的状态，如果相关继电器吸起，说明是采集结合电路故障。

③在监测机上观察采集信息表示灯的状态和控制台故障现象是否一致，一致，表明计算机联锁机柜侧无故障；不一致，说明电子终端或联锁机故障。

(2)故障查找方法

使用万用表，按照信号、道岔或轨道区段的采集结合电路内部接线图查找故障点。

2. 驱动、控制电路的故障处理

(1)故障分析方法

①在控制台上观察故障现象，若是信号、道岔设备不能操作，初步判断为驱动、控制电路故障。

②办理操作的同时在继电器架上观察有关继电器的状态，如果相关继电器未吸起，说明是驱动电路故障；继电器吸起过，说明是控制电路故障。

(2)故障查找方法

①若是驱动电路故障，使用万用表，按照信号、道岔驱动结合电路内部接线图查找故障点。

②若是执行电路故障，使用万用表，按照信号、道岔执行电路内部接线图查找故障点。

复习思考题

1. DS6-K5B 型计算机联锁系统主要技术特点有哪些？
2. DS6-K5B 型计算机联锁系统按层次结构分为几层？各层组成及含义是什么？
3. DS6-K5B 型计算机联锁系统由哪几部分组成？各部分功能有哪些？
4. 简述 DS6-K5B 型计算机联锁系统中“故障—安全”的联锁机工作原理。
5. 简述 DS6-K5B 型计算机联锁系统中联锁机与其他部分间的连接方式。
6. 简述 DS6-K5B 型计算机联锁系统中电子终端设备与其他部分间的连接方式。
7. 分析 DS6-K5B 型计算机联锁系统输入采集接口电路的工作原理。
8. 分析 DS6-K5B 型计算机联锁系统输出驱动接口电路的工作原理。
9. 简述客运专线中使用的 DS6-K5B 型计算机联锁系统与既有线使用的区别。
10. 简述 DS6-K5B 型计算机联锁系统开、关机步骤。
11. 简述 DS6-K5B 型计算机联锁系统检修作业的内容和步骤。
12. DS6-K5B 型计算机联锁系统由哪几个机柜组成？各机柜中包括哪些设备？
13. 简述联锁机各板卡面板指示灯的含义。
14. 简述电子终端各板卡面板指示灯的含义。
15. 分析控制台显示屏上某轨道区段红光带故障的可能原因有哪些？

项目五　iLOCK 型计算机联锁设备维护

【项目导引】

iLOCK 型计算机联锁系统是由卡斯柯（CASCO）信号有限公司研制开发，在既有线和城市轨道交通中广泛地运用。通过学习，在掌握了 iLOCK 型计算机联锁系统组成、功能及工作原理的基础上，进一步掌握 iLOCK 型计算机联锁系统操作使用方法、检修作业内容步骤，以及故障分析、判断、排除的方法，具备熟练地完成 iLOCK 型计算机联锁系统维护工作，达到车站与区间维修信号工岗位的要求。

任务一　iLOCK 型计算机联锁设备的认知

【知识目标】

1. 掌握 iLOCK 型计算机联锁系统的技术特点、硬件结构、设备组成及作用。
2. 掌握 iLOCK 型计算机联锁系统的接口电路工作原理。

【能力目标】

1. 具备从层次结构正确理解 iLOCK 型计算机联锁系统组成及各部分作用的能力。
2. 具备从冗余结构正确理解 iLOCK 型计算机联锁系统可靠性、安全性保障技术的应用。
3. 具备识别、分析 iLOCK 型计算机联锁继电结合电路的能力。

【相关知识】

iLOCK 型计算机联锁系统是卡斯柯信号有限公司采用法国 ALSTOM 公司成熟的安全型专用联锁机，结合既有的通过原铁道部检测和认证的 VPI 系统联锁软件，而开发的“二乘二取二”架构的多重冗余智能安全型计算机联锁系统。

iLOCK 型计算机联锁系统是在一般的“二乘二取二”安全结构基础上，再增加独立的“故障一安全”校验模块，采用 NISAL 专利技术，构成的智能安全型计算机联锁系统，具有较高的安全性和可靠性，在国铁和地铁信号控制系统中大量地运用。NISAL 技术是 ALSTOM 通过国际权威机构认证的安全技术。

一、iLOCK 型计算机联锁系统结构

iLOCK 系统由人机界面子系统（MMI）、值班员台子系统（GPC）、联锁处理子系统（IPS）、

诊断维护子系统(SDM)、冗余网络子系统(RNET)及电源子系统(PWR)6 个子系统组成。

iLOCK 型计算机联锁系统结构如图 5-1-1 所示。

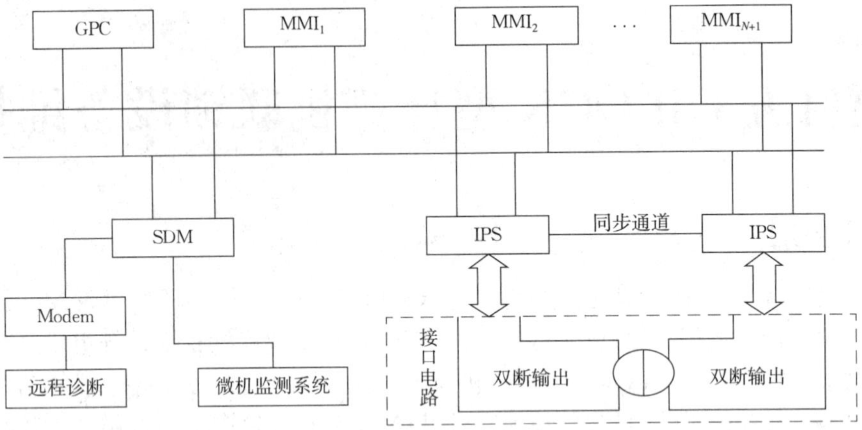

图 5-1-1　iLOCK 计算机联锁系统结构框图

人机界面子系统(MMI):是 iLOCK 系统与操作员之间的交互接口。根据铁路运营的要求,在比较大的车站,设有值班员台子系统(GPC),供值班员监视站场内列车运行情况,以及站场状态。GPC 的界面显示与 MMI 完全一致。

联锁处理子系统(IPS):是由一个或多个机柜组成的二乘二取二系统,A 系和 B 系无论是否同时启动,双系开机并通过安全校验后即能很快自动同步。A 系和 B 系采集共享、并行输出,当一个系某一路采集或输出发生错误时,只要另一个系对应的码位不发生错误,即不会影响系统的运行。单系实行双通道采集、双断稳态输出,只有在双通道运算结果一致、双通道总线控制结果一致、双通道输出电路完好等各项"二乘二取二"严格条件都满足以后,才使输出真正有效。

诊断维护子系统(SDM):是维修人员进行系统维护和信号设备监测的工具。

冗余网络子系统(RNET):是实现各子系统间信息交换的设备。

电源子系统(PWR):为 iLOCK 联锁系统各部分提供安全、可靠的各类电源。

二、iLOCK 型计算机联锁系统硬件组成及各部分功能

(一)人机界面子系统(MMI)

MMI 通常由工控机、显示器、鼠标、键盘等设备组成,也可根据用户要求采用控制台、大表示屏、数字化仪等。MMI 采用"$N+1$"的系统结构,"N"套设备为主用设备,"1"套为备用设备。通常,MMI 显示器上显示站场,值班员用鼠标进行有关操作,系统给予简洁明了的表示和语音提示。

人机交互界面子系统根据需要也可以配备车站值班员工作台(称 GPC 台),只有较大规模的车站设车站值班员工作台(GPC 台),用来供车站值班员监视车站信号员办理各种作业及站内和接近区段列车的运行情况。GPC 的显示界面与 MMI 完全相同,但是它没有操作功能。

人机界面子系统功能有:实现车站值班员发送控制命令和接收现场表示信息;提供用户所

要求的其他表示与报警信息；通过高速网络实现MMI之间、MMI与SDM子系统和仿真测试系统之间信息交换；实现与其他外部系统（如TDCS、CTC）之间的信息交换。

（二）诊断维护子系统（SDM）

SDM与微机监测站机构成二合一的微机监测与诊断维护子系统，主要完成系统维护及接口设备监测的功能。SDM由一台计算机、彩色显示器及激光打印机组成。

SDM的功能如下：

（1）联锁处理子系统（IPS）的系统诊断与维护。通过高速网口接收IPS的诊断结果信息、输入/输出信息、全站简化参数信息、指定参数详细信息。系统正常工作时，不需要查询，SDM自动接收IPS的工作信息，当SDM故障修复后或与联锁处理子系统通信恢复后，SDM仍能接收到IPS记录的一天内的报警和错误信息。

（2）通过网络接收来自MMI和IPS的操作和表示信息，记录关键操作和表示。

（3）站场显示、历史回放。

（4）网络管理。

（5）通过Modem实现远程诊断接入。

（6）通过CAN总线或串口接收微机监测机的监测信息。

根据需要，SDM可以与不同的中央维修中心接口。

（三）联锁处理子系统（IPS）

联锁处理子系统（IPS）是iLOCK型车站计算机联锁系统的核心，主要完成联锁的逻辑运算、数据的接收、检验、发送等功能。

联锁处理子系统（IPS）采用二乘二取二冗余结构，A系和B系无论是否同时启动，双系开机并通过安全校验后即能很快自动同步。A系和B系采集共享、并行输出，当一个系某一路采集或输出发生错误时，只要另一个系对应的码位不发生错误，即不会影响系统的运行。单系实行双通道采集、双断稳态输出，只有在双通道运算结果一致、双通道总线控制结果一致、双通道输出电路完好等各项“二乘二取二”严格条件都满足以后，才使输出真正有效。双系切换由联锁系统切换机箱实现。

联锁处理子系统（IPS）的硬件由一个或多个机柜组成，包含一个以上的机箱，机箱中有一定数量的印制电路板，连接它们的线路，以及与其他设备交换信息的接口。iLOCK型计算机联锁系统机箱高度为9U，扩展机箱高度为6U，每层机箱有14个槽道，灵活及可扩展性好。主要由VLE板、VPS板、I/O BUS_2板、I/O BE_2板、VIIB板、VOOB板六种电路板构成。电路板间通过系统母版总线、I/O接口通道、差分总线通信。IPS子系统硬件组成结构示意图如图5-1-2所示。

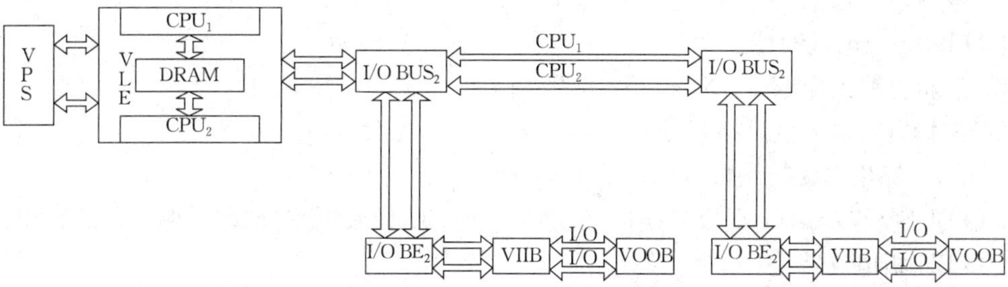

图5-1-2　IPS子系统硬件组成结构示意图

1. 安全逻辑运算板(VLE)

VLE 板是整个联锁处理子系统的核心,包括:通过 I/O 选址读取输入/输出信息、进行联锁运算、与 MMI、SDM、其他 iLOCK 系统通信等。对于大型联锁车站或采用光缆通信的车站,为了缓解 VLE 板的通信压力,其中的安全通信由 CPU/PD_1 板完成。VLE 板通过总线与 VPS 板、CPU/PD_1 板通信。

VLE 板电气特性:

(1)逻辑电路工作电压:4.75～5.25 V DC。

(2)逻辑电路最大电流:4 A。

(3)通信口绝缘电压:>4 000 V RMS。

2. 安全校验板(VPS)

VPS 板是 iLOCK 型计算机联锁系统的安全型监视机构,独立于 VLE 板面对系统进行全面的安全检查。它以一定的间隔接收到一组编码检查信息,如经检查这组信息正确,则输出一个安全型数字信号,这个信号通过一个安全型滤波器滤波并用于励磁一个安全型继电器 VRD,用以证明系统自检正常。所有通向 iLOCK 型计算机联锁系统的安全型输出的电源都经过该继电器 VRD 的前接点。当发现系统有错误时,在 90 ms 内 VRD 继电器失磁,然后这个安全型继电器将会切断 iLOCK 所有的安全型输出的电源。VRD 继电器在 VPS 经过 7 个周期连续检查后,证明系统是正常时才能再度激励,以确保系统安全。

VPS 板电气特性:

(1)逻辑电路供电电压:DC 4.75～5.25 V。

(2)逻辑电路工作电流:500 mA。

(3)继电器驱动电路的输入电压:DC 9～15 V。

(4)继电器驱动电路的工作电流:40 mA。

(5)继电器落下最大延时:90 ms。

(6)VPS 板驱动 VRD 继电器的最小励磁电流:0.019 2 A。

(7)VPS 板驱动 VRD 继电器的线圈电阻:100 Ω。

(8)VPS 板驱动 VRD 继电器的输入电压:36×(1±5%) V。

3. 输入/输出总线接口板(I/O BUS_2)

I/O BUS_2 板是 VLE 板和输入/输出板交换信息的通道,I/O BUS_2 为输入板的测试数据和输出板的端口校验数据提供存储空间;同时它也包含逻辑和时序电路,以控制输出端口的连续校验。I/O BUS_2 板能与 I/O BE_2 板交换信息,通过 I/O BE_2 板实现差分驱动,驱动双断输出板。

I/O BUS_2 板电气特性:

(1)逻辑电路工作电压:DC 4.75～5.25 V。

(2)逻辑电路最大电流:300 mA。

4. 输入/输出总线扩展板(I/O BE_2)。

I/O BUS_2 板与 I/O BE_2 板交换信息,通过 I/O BE_2 板实现差分驱动,驱动双断输出板。

I/O BE_2 板电气特性:

(1)逻辑电路工作电压:DC 4.75～5.25 V。

(2)逻辑电路最大电流:300 mA。

5. 双采安全型输入板(VIIB)

VIIB板为iLOCK型计算机联锁系统的两个CPU分别采集提供相同的接口。每块VIIB板有16个输入端口,每个输入端口对应一个指示灯,当某端口有输入信号时,相应的指示灯点亮。

VIIB板电气特性:

(1)逻辑电路供电电压:DC 4.75～5.25 V。

(2)逻辑电路工作电流:500 mA。

(3)采集电路的工作电压:DC 9～30 V。

(4)输入电流:12.8～33.0 mA。

(5)继电器输出端绝缘电压:>3 000 V RMS。

6. 安全型双断输出板(VOOB)

VLE板通过VOOB板产生输出信号,驱动接口设备,并且系统能实时检测VOOB板输出的正确性,输出与实际驱动的一致性。作为双断输出板,VOOB板为“二乘二取二”系统的两个CPU分别提供正、负电控制对象。每块VOOB板有8对输出,每对输出设一个正电输出和一个负电输出,对应一个有效输出。每对输出端口设一个指示灯,当正电和负电输出同时有效时,相应的指示灯点亮。

VOOB板的电气特性如下:

(1)逻辑电路供电电压:DC 4.75～5.25 V。

(2)逻辑电路工作电流:500 mA。

(3)驱动电路的工作电压:DC 9～30 V。

(4)输入电流:12.8～33.0 mA。

(5)继电器输出端绝缘电压:>3 000 V RMS。

7. 母板(MB)

母板是iLOCK联锁处理子系统中各印制电路板之间连接的桥梁,通过母板VLE板可以进行I/O选址,可以与输入/输出板交换数据,从而达到了整个联锁处理子系统之间的信息互通。

MB的电气特性如下:

(1)逻辑电路工作电压:4.75～5.25 V DC。

(2)逻辑电路最大电流:系统母板最大电流4 A;输入/输出母板最大电流1 A。

由于输入/输出板的逻辑电路工作电与输入/输出电同时从输入/输出母板接入,它们之间的绝缘电压为:>3 000 V AC RMS。母板有浪涌保护设计。

(四)冗余网络子系统(RNET)

iLOCK型计算机联锁系统采用基于高速交换机的以太网冗余网络结构,进一步加强了网络系统的可靠性。通过网络通信的各子系统均安装有两块以太网接口卡,将其接入冗余网络,一条网络故障,各子系统可以自动通过另一条网络通信,并在SDM子系统中给出故障诊断信息,便于及时维护。

由于模块化设计,iLOCK型计算机联锁系统采用“$N+1$”热备冗余的操作员台MMI、冗余联锁机 IPS、双网、双 UPS 等全面冗余结构，任意一个或多个子系统故障时，iLOCK 型计算机联锁系统能通过自动重组，继续稳定可靠地工作。

IPS 既可以采用两系并行控制的工作方式，也可以选用双系热备模式。并行控制的可靠性更高，但双系热备方式比较节能省电。iLOCK 型计算机联锁系统输出板有单断或双断、输入板有单采和双采两种不同的类型可供用户选择。

iLOCK 型计算机联锁系统特有的"双系采集共享和双系并行控制"技术，使每个联锁运算计算机及其采集板、输出板，都成为一个相对独立的子系统。当两个联锁机的输入/输出出现交叉故障（如联锁 A 机采集故障、联锁 B 机输出板故障）时，仍能继续正常工作，并不会导致其他子系统无故切换。

（五）电源子系统（PWR）

iLOCK 型计算机联锁系统采用两系单独供电的方式供电，A 系由 A 路电源系统供电，B 系由 B 路电源系统供电。

iLOCK 型计算机联锁系统采用了双 UPS 热备的冗余供电方式。来自电源屏的单相交流电经过二级电源防雷后输入在线式 UPS，UPS 输出净化 220 V 交流电，经过电源柜配电端子排供给 iLOCK 各子系统。系统电源配置如图 5-1-3 所示。

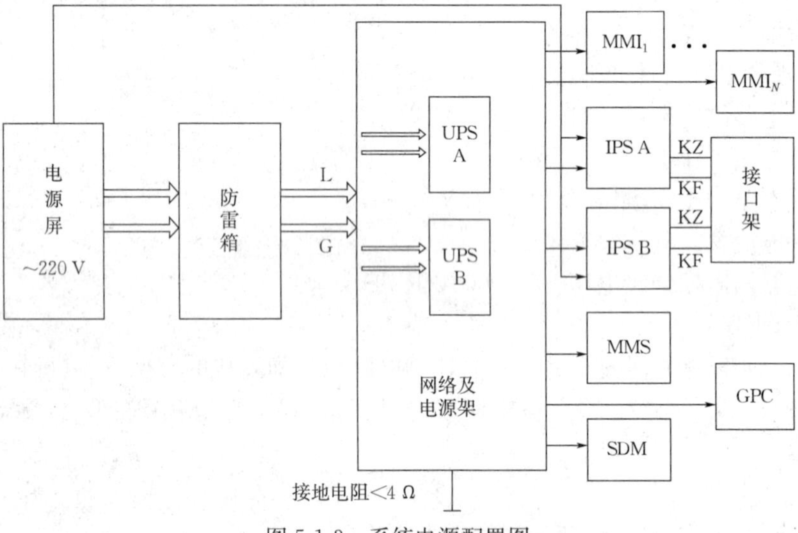

图 5-1-3　系统电源配置图

正常情况下，系统由主 UPS 供电，当主 UPS 出现故障时，电源切换电路自动切换至备用 UPS，当两个 UPS 均不能正常工作时，电源切换电路自动切换至由电源屏直接供电。两个 UPS 之间也可通过切换按钮实现人工切换。电源切换不影响系统的正常工作。

三、iLOCK 型计算机联锁系统的主要特点

（一）高安全性

iLOCK 型计算机联锁系统的"故障—安全"设计采用欧洲铁路标准 EN 50129 中推荐的"故障—安全"型设备体系结构。欧洲铁路标准 EN 50129，对铁路安全电子系统推荐了反应故障—安全、组合故障—安全和固有故障—安全三种"故障—安全"型设备的体系结构。

1. 反应故障—安全

这种体系是由快速的故障检测和对任何危险失效进行避错来保证它的安全。反应故障—安全系统的控制和防护部分是完全独立的两部分硬件，而且这两个部分的硬件功能不同，软硬件也不同。反应故障—安全原理如图 5-1-4 所示。

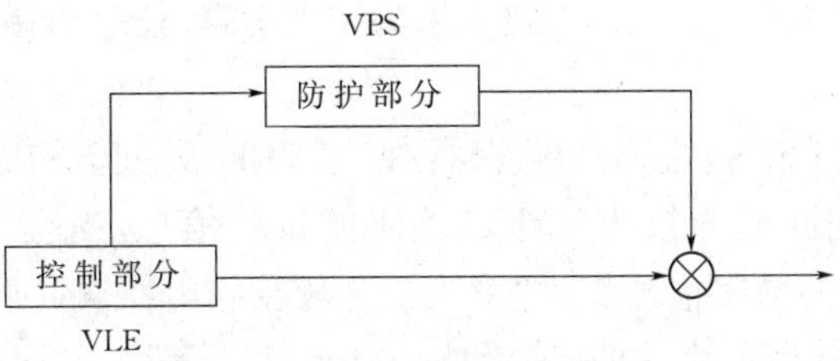

图 5-1-4　反应故障—安全原理图

2. 组合故障—安全

铁路信号计算机安全系统中常用的组合故障—安全系统结构模式有二取二、三取二等。使用这种技术时，每个安全性相关功能必须至少由两个部件同时执行，每个部件应当独立于其他的部件。只有当大多数部件一致时，才允许进行输出。组合故障—安全原理如图 5-1-5 所示。

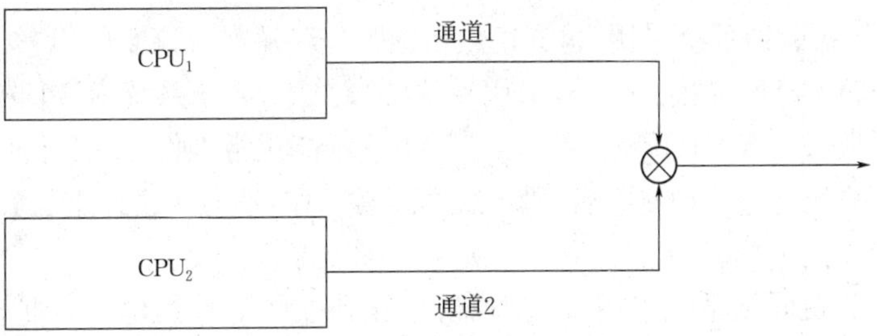

图 5-1-5　组合故障—安全原理图

3. 固有故障—安全

这种技术是在假定单个部件所有可信的失效模式均无危险的情况下，允许一个安全性功能由一个单独部件来执行。固有故障—安全原理如图 5-1-6 所示。

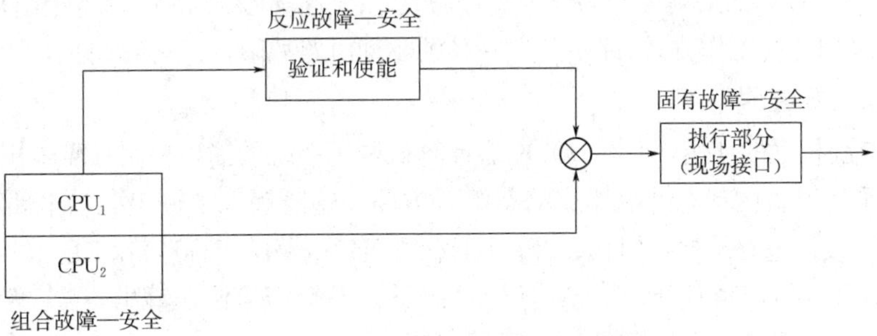

图 5-1-6　固有故障—安全原理图

iLOCK 型计算机联锁系统中的 VPS 板、VIIB 板、VOOB 板以及安全输出板中的 AOCD 元器件，均像安全型继电器一样具有固有故障—安全特性。

iLOCK 型计算机联锁系统综合运用了反应故障—安全、组合故障—安全和固有故障—安全技术。

VLE 板采用“二乘二取二”结构，软件采用双 CPU 独立运算，两个 CPU 运算采用的数据互不相同。两个 CPU 分别进行一个通道的运算，只有运算结果相同时，才允许输出。

iLOCK 型计算机联锁系统的 VOOB 和 VIIB 板采用了双驱双采技术。由 VLE 板中的 CPU_1 和 CPU_2 分别控制 VOOB 板输出的 KZ 和 KF 电源，其中任一出错都将切断输出。VIIB 板上的每一路采集，都由 CPU_1 和 CPU_2 独立采集参加运算，任一出错将导致采集失败。

4. VPS 校验

VPS 校验实际上是 IPS 的动态安全监视器，它与 VLE 板一起，构成 IPS 的安全检查核心。

VPS 在精确的周期间隔内接收一组经编码的校验信息，当且仅当校验信息均正确时，VPS 才能输出一个安全的数字信号作为“系统安全校验继电器”的励磁电源，这种电源只在每次系统安全校验通过后才能产生，并只能维持 50 ms，如下一个 50 ms 安全校验周期有任何出错的报警，将立即切断供给各个输出端口的 KZ 或 KF。

系统的这种快速的反应故障—安全机制，保证了即使输出端口有出错的可能性，VPS 也能在该错误产生实际的效果之前，可靠切断 IPS 的安全输出电源，保证系统输出控制的安全。

（二）高可靠性

1. 多重冗余技术

iLOCK 型计算机联锁系统采用“$N+1$”热备 MMI、双系并行控制的 IPS、双网通信、双 UPS 热备供电，采用逻辑上环网连接。另外，采用模块隔离技术，各子系统内部切换不影响其他子系统正常工作，即任何一个 MMI、IPS、网络设备或 UPS 不能正常工作，或者即使上、下相邻两级设备发生交叉故障，系统通过自动重组后，仍可继续正常工作，不会导致其他子系统无故切换。

2. 高防雷和高抗干扰能力

iLOCK 型计算机联锁系统采用多处理器、相互独立的计算机电源保护、防浪涌和双重电源防雷、机箱屏蔽接地、分区滤波等技术，使设备具有较高的防雷和抗干扰能力。iLOCK 型计算机联锁系统优异的防雷和抗干扰性能，使得在电气化区段使用 iLOCK 型计算机联锁系统时，一般不需要对信号楼进行增设墙体屏蔽的改造，节约了综合投资。

3. 采集共享、并行输出

IPS A 和 IPS B 分别采集现场的码位后，通过安全通信将采集的信息传送给对方；IPS A 和 IPS B 的输出采用并行工作方式，即使其中一系的驱动电路故障，也不会影响本系安全输出。

（三）接口电路简单

NISAL 专利技术的使用，使得 iLOCK 型计算机联锁系统的输出控制只需采用普通安全型继电器，不需要采用昂贵的动态继电器或动态组合电路。这既确保了输出驱动电路的安全性和可靠性，又简化了接口电路结构，并且大大降低了室内接口电路的工程造价和用户的维修成本。

由于 iLOCK 型计算机联锁系统在任何情况下都不会产生错误输出，在定型的道岔启动电路中不需要再串入轨道继电器条件实现区段锁闭。

（四）维护手段全面

iLOCK 型计算机联锁系统的自诊断功能完善，故障定位到板级，输入/输出板故障定位到具体位。用户可通过观察指示灯或在 SDM 上单击“诊断维护电子向导”等多种方式进行故障处理。同时，系统配有远程诊断接口，可接至卡斯柯公司进行远程故障诊断。

（五）系统适用面广

iLOCK 型计算机联锁系统支持单点和多点安全型串行通信，有与国外多种 ATP 系统实现安全通信的经验。系统组态灵活，能很方便地构成车站或区域计算机联锁，并能与 TDCS、CTC、微机监测及地铁 ATP、ATS 等系统接口，同时具有优化硬件配置的特点，有利于减少系统的综合投资。

四、iLOCK 型计算机联锁系统的接口系统

接口系统此处系指机械室内对外与现场设备相连，对内与主控系统相连的电路系统，主要由继电电路、配线和结合电路，以及防护电路等组成。iLOCK 型计算机联锁系统的接口电路主要分为机架间接口电路、采集接口电路、驱动接口电路。

（一）机架间接口电路

机架间接口电路主要指采集、驱动电源的形成电路，如图 5-1-7 所示。

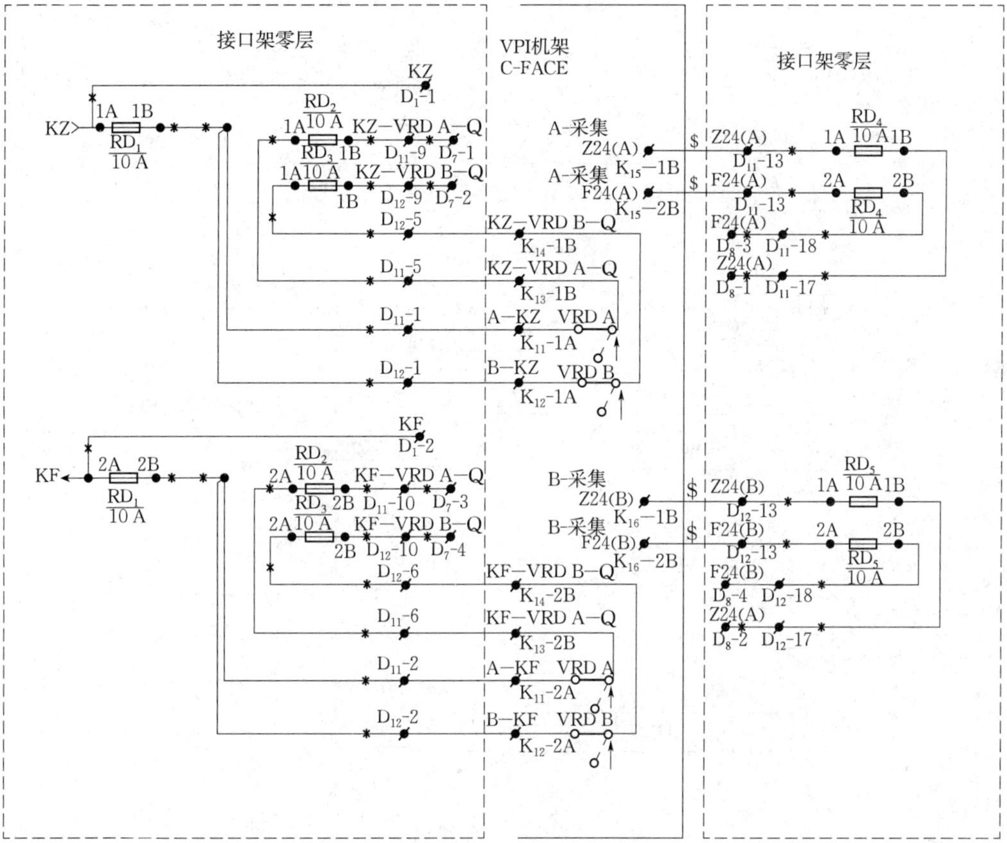

图 5-1-7　机架间接口电路

（二）输入（采集）接口电路

iLOCK 型计算机联锁系统的采集电路分为模拟量的采集和开关量的采集。模拟量的采集主要是指信号机点灯电路的电流采集，也可以根据需要采集道岔表示电压和三相交流道岔的功率。

1. 模拟量采集电路

信号机点灯采集电路由电流互感器和灯丝综合采集器组成，每个灯丝综合采集器可采集 4 路信号机电流。采集电路连接很简单，只要将电流互感器串联在点灯电路中即可。电流互感器为无源模块，自身不用电源，利用电磁感应将流经传感器线圈孔内的电流转换成交流电压，送给信号机采集单元。点灯电路模拟量采集原理如图 5-1-8 所示。

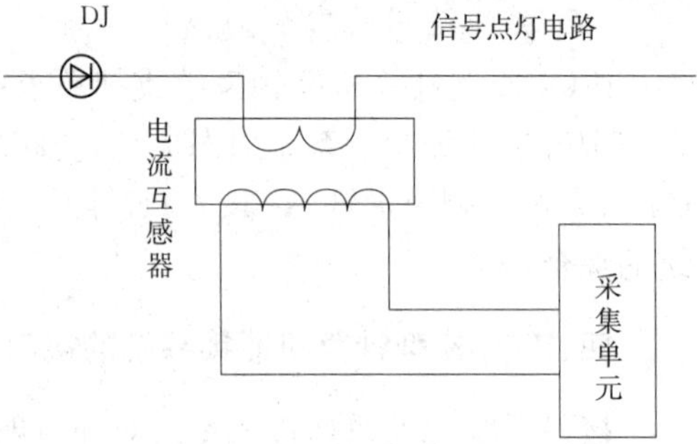

图 5-1-8　点灯电路模拟量采集原理图

2. 开关量采集电路

现场信号设备的状态由继电器监督，通过安全型输入板采集继电器的接点状态。iLOCK 型计算机联锁系统的开关量采集电路原理和采集流程分别如图 5-1-9 和图 5-1-10 所示。

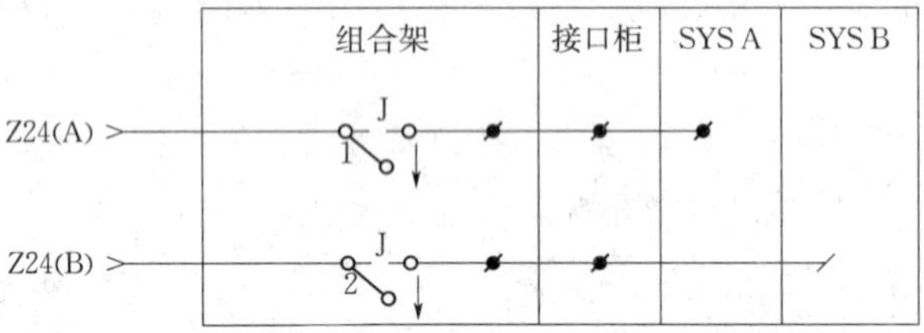

图 5-1-9　开关量采集接口电路工作原理图

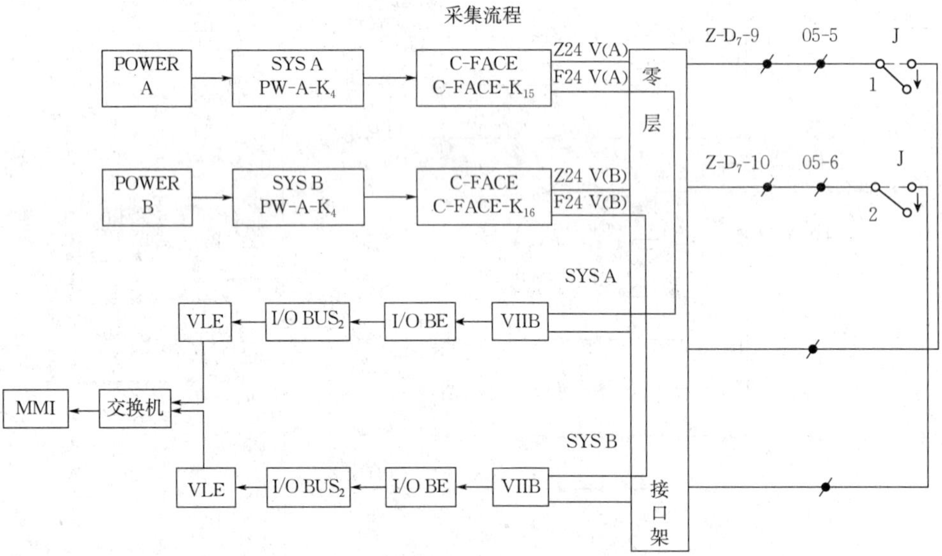

图 5-1-10　开关量采集流程

3. iLOCK 型计算机联锁系统需要采集的继电器

(1)道岔：DBJ、FBJ 前接点。

(2)信号机：DJ、2DJ 前接点(2DJ 根据需要采集)。

(3)轨道区段：GJ 前接点(一送多受时，仅采集主 GJ)。

(4)主、副电源：ZDYJ 前接点。

(5)FDYJ:前接点。

(6)主灯丝断丝报警:DSJ 前接点。

(7)熔丝断丝报警:RBJ 前接点。

(8)轨道停电:GDJ 前接点。

(9)系统工作继电器:SYS A 前接点、SYS B 前、后接点。

iLOCK 型计算机联锁系统采集的继电器与其他大多数计算机联锁系统有所不同(如 TYJL-Ⅱ型)。它不再采集信号继电器 XJ(如 LXJ、YXJ、ZXJ、TXJ、LUXJ、DXJ)的接点,而是采集灯丝继电器前接点和信号点灯电路中的电流。

(三)输出(驱动)接口电路

1. 驱动接口电路工作原理

iLOCK 型计算机联锁系统驱动电源采用静态方式。计算机联锁在系统内部完成了动态输出,不再采用动态继电器,以静态的方式直接驱动无极继电器。以列车信号继电器 LXJ 为例,其驱动接口电路原理如图 5-1-11 所示。

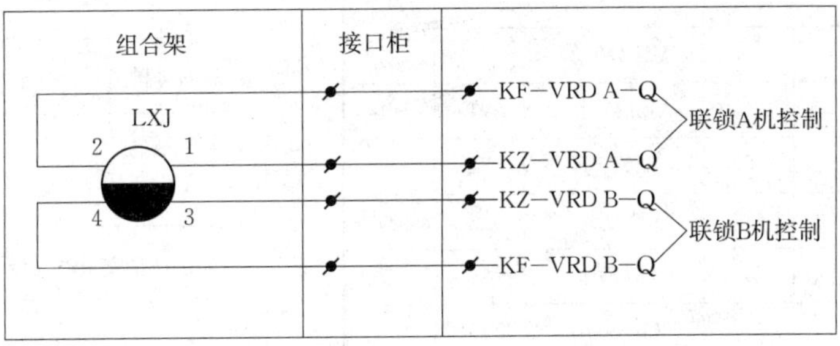

图 5-1-11　驱动接口电路原理图

2. 双断驱动

iLOCK 型计算机联锁系统的 VOOB 板采用了双断驱动技术,由 VLE 板中的 CPU_1 和 CPU_2 分别控制 VOOB 板输出的 KZ 和 KF 电源,其中任一出错都将切断输出。iLOCK 型计算机联锁系统驱动板具有回采功能,可以判断被驱动的继电器是否吸起。双断驱动流程如图 5-1-12 所示。

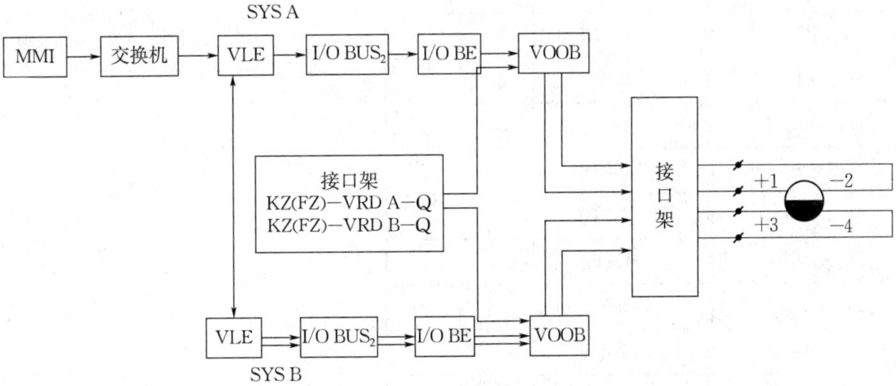

图 5-1-12　双断驱动流程图

3. iLOCK 型计算机联锁系统需要驱动的常见继电器

(1)进站:LXJ、ZXJ、TXJ、(LUXJ)、YXJ。

(2)出站带调车:LXJ、DXJ。

(3)调车:DXJ。

(4)道岔:DCJ、FCJ、SJ。

(5)系统工作继电器:SYS A、SYS B。

(6)电铃继电器 DLJ:根据需要每站设一个,用于接通室外电铃。

(四)iLOCK 型计算机联锁系统机架间配线

iLOCK 型计算机联锁机架接口端子编号方法:机柜号+机箱类型+机箱号+端子号。

1. 采集接口机架间配线(表 5-1-1)

表 5-1-1　采集接口机架间配线

端子号	A-I/O-1-X3				端子号
	3		4		
	VIIB16(2)		VIIB16(3)		
a1	1/3DBJ	1	29DBJ	21	c1
a3	1/3FBJ	2	29FBJ	22	c3
a5	5DBJ	3	31DBJ	23	c5
a7	5FBJ	4	31FBJ	24	c7
a9	7/9DBJ	5	33/35DBJ	25	c9
a11	7/9FBJ	6	33/35FBJ	26	c11
a13	11/13DBJ	7	37DBJ	27	c13
a15	11/13FBJ	8	37DBJ	28	c15
a2	F24(A)	9	F24(A)	29	c2
a16	F24(A)	10	F24(A)	30	c16
a17	15DBJ	11	39DBJ	31	c17
a19	15FBJ	12	39FBJ	32	c19
a21	17/19DBJ	13	41DBJ	33	c21
a23	17/19FBJ	14	41FBJ	34	c23
a25	21/23DBJ	15	43DBJ	35	c25
a27	21/23FBJ	16	43FBJ	36	c27
a29	25/27DBJ	17	45DBJ	37	c29
a31	25/27FBJ	18	45FBJ	38	a31
a18	F24(A)	19	F24(A)	39	a18
a32	F24(A)	20	F24(A)	40	a32

机柜号—机箱类型—机箱号—端子

3和4号槽道号，一个端子对应两块输入板

VIIB16是安全输入板，3说明是第3块VIIB

接24V负电源，(A)表示A机的负电源，所有，同种类的电源必须在接口柜的端子上环接，A机和B机分别环接

2. 驱动接口机架间配线(表 5-1-2)

表 5-1-2　驱动接口机架间配线

端子号	A-I/O-2-X3				端子号
	D3		D4		
	VOOB8(2)		VOOB8(3)		
a2	KZ-VRDA-Q	1	KZ-VRDA-Q	21	c2
a3	KZ-VRDA-Q	2	KZ-VRDA-Q	22	c3
a6	KF-VRDA-Q	3	KF-VRDA-Q	23	c6
a7	KF-VRDA-Q	4	KF-VRDA-Q	24	c7
a10	15DCJ+	5	29DCJ+	25	c10
a11	15DCJ−	6	29DCJ−	26	c11
a13	15DCJ+	7	29DCJ+	27	c13
a14	15DCJ−	8	29DCJ−	28	c14
a16	17/19DCJ+	9	31DCJ+	29	c16
a17	17/19DCJ−	10	29DCJ−	30	c17
a19	17/19DCJ+	11	29DCJ+	31	c19
a20	17/19DCJ−	12	29DCJ−	32	c20
a22	21/23DCJ+	13	33DCJ+	33	c22
a23	21/23DCJ−	14	33DCJ−	34	c23
a25	21/23DCJ+	15	33DCJ+	35	c25
a26	21/23FBJ−	16	33DCJ+	36	c26
a28	25/27DCJ+	17	35/37DCJ+	37	c28
a29	25/27DCJ−	18	35/37DCJ−	38	c29
a31	25/27FCJ+	19	35/37DCJ+	39	c31
a32	25/27FCJ−	20	35/37DCJ−	40	c32

VOOB是安全型输出板，3说明第3块VOOB板，一个端子对应两块出板

接条件电源，(A)表示A机的电源，所有同种类的电源必须在接口柜的端子上环接，A机和B机分别环接

任务二　iLOCK 型计算机联锁系统操作

【知识目标】

1. 掌握 iLOCK 型计算机联锁系统 MMI 操作方法和步骤。
2. 掌握 iLOCK 型计算机联锁系统 DSM 操作方法和步骤。

【能力目标】

1. 具备熟练操作 MMI 子系统的能力。
2. 具备熟练使用 SDM 查询各种记录信息的能力。

【相关知识】

一、MMI 操作

MMI 子系统系统采用多窗口界面，在正常运行状态下主窗口显示站场图，下方是命令工具条，上方是设备状态栏，中间有可以移动的操作信息框。除此以外，系统还提供方便的菜单式窗口提示。

主窗口站场图的显示与 6502 基本一致，主要包括：站场显示、各类报警表示灯、状态表示灯及接发车箭头等。

操作命令工具条是 MMI 操作的关键，主要包括以下操作按钮："排列进路"、"总取消"、"信号重开"、"引导"、"总人解"、"道岔总定"、"道岔总反"、"道岔单锁"、"道岔解锁"、"封锁"、功能按钮、"区故解"、"控制区域"等。

（一）系统启动后 MMI 的操作步骤

当 MMI 开机启动后，MMI 的界面上自动显示站场图形，此时站场图上所有区段显示粉红色，MMI 不能进行任何操作。当 MMI 与联锁机通信正常后，MMI 上显示全站所有区段锁闭（绿光带）、所有咽喉总锁闭（道岔号显示红色）、"全站封锁"和"上电解锁"按钮亮红灯。此时应按以下顺序办理：

（1）取得控制权。

（2）解除"全站封锁"。

（3）解除所有咽喉的"引导总锁闭"。

（4）办理"上电解锁"。

注意：

（1）如果不使用"上电解锁"的方法，也可通过"区故解"来逐个解锁各个区段达到解锁全站所有区段的目的。

（2）"上电解锁"按钮必须在亮红灯后 8 min 内办理，超时后将不能使用"上电解锁"的方法进行全站的区段解锁。这时必须通过"区故解"来逐个解锁各个区段达到解锁全站所有区段的目的。

（二）MMI控制区域的切换

MMI显示的范围有限，如果站场较小，只需设一个控制区域，则只需要用一台MMI进行控制，另一台MMI做备用。主用MMI显示器上状态栏“当前控制区域＝1”，而备用MMI显示器上状态栏“当前控制区域＝0”；如果是比较大的站场，可将站场分割成两个或更多的区域，则一个MMI可控制一个或几个区域，这样可以同时对不同区域进行操作，在用MMI显示器上状态栏显示“当前控制区域＝1（如站场上行咽喉）或＝2（如站场下行咽喉）或＝3（如站场上行和下行咽喉）”等代表相应区域的号，备用MMI显示器上状态栏显示“当前控制区域＝0”。

在对站场的每个区域进行操作的时候，有时因为各种原因需要对MMI控制区域进行重新分配，则提供了两种方法进行切换：

（1）取消控制权。在正用的MMI上（即当前控制区域不等于0的MMI上）单击“控制区域”按钮，则弹出“切换控制区域”窗口，在弹出的对话框内单击控制区域内的“√”，使其为空，再单击“确定”，则该MMI取消了对该控制区的控制权。

（2）取得控制权。在原来无控制权需要获得控制权的MMI上单击“控制区域”按钮，则弹出“切换控制区域”窗口，在弹出的对话框内单击“重新分配控制区域”，则弹出一个“重新分配所有控制区”窗口，通过选择控制区域后的下拉列表的MMI名使其取得对相应区域的控制权。此法可取得一个或几个控制区域的控制权。一旦此MMI取得了某个区域的控制权，则原先取得该区域控制权的MMI自动失去对该区域的控制。

（三）MMI的站场图窗口

站场图窗口显示一幅完整的车站信号平面图，背景为黑色，主要包括以下几部分：

（1）系统设备状态栏

显示车站号、与工作联锁机通信的MMI的序号、本机的序号及当前控制区域。

（2）信号机名称及显示

信号机主要分为进站信号机、进路信号机、出站信号机、出站兼调车信号机和调车信号机等。通常，进站信号机和进路信号机有两个灯位，其余均只有一个灯位。信号机显示与现场信号机显示一致。

（3）“列车”按钮

“列车”按钮为方形绿色按钮。排列进路时，按下列车进路的“始端”按钮，如按钮有效，此按钮显示蓝色，所有有可能成为进路终端及变更按钮黄闪，按下所排进路的“终端”按钮，如此终端有效，则“始端”、“终端”按钮开始白闪，所选进路显示灰色光带，其余“终端”按钮恢复常态。信号开放后，“始”、“终”端按钮都恢复常态。

（4）“调车”按钮

“调车”按钮为圆形灰色按钮。排列进路时，按下调车进路的“始端”按钮，如按钮有效，此按钮显示蓝色，所有有可能成为进路终端的按钮黄闪，按下所排进路的“终端”按钮，如此终端有效，则“始端”、“终端”按钮白闪，所选进路显示灰色光带，其余“终端”按钮恢复常态。信号开放后，“始”、“终”端按钮都恢复常态。

（5）道岔及道岔号

当道岔处在定位状态时，道岔号显示绿色；当道岔处在反位状态时，道岔号显示黄色。当操纵道岔（单独操纵或进路操纵）从定位转到反位时，在操纵过程中，道岔号闪烁。

道岔的定位位置应与信号平面图上的开向一致，当道岔定、反位转换后，开向应做相应改变。

道岔在四开位置时，道岔名和岔尖红闪，并发出语音报警；道岔修复后，道岔显示正常开向，道岔号码变为绿色或黄色，该道岔恢复使用。

当道岔单锁时，该道岔号显示红色；当道岔解锁时，该道岔号恢复原来显示。

当办理咽喉引导总锁时，全咽喉道岔锁闭，其号码全显示红色；办理咽喉引导总锁恢复时，全咽喉道岔解锁，其号码恢复原来显示。

（6）轨道电路

区段空闲时，轨道电路显示蓝色光带。

当区段占用时，区段显示红色光带，对于道岔区段，当道岔挤岔时，该道岔区段的岔前显示红色光带。

当区段锁闭时，区段显示白色光带或绿色光带；白色光带表示该区段锁闭且不能用区段解锁解，绿色光带表示该区段锁闭且可用区段解锁解。

（7）其他表示及按钮

①报警类表示灯

a. 熔丝报警表示灯：常态隐藏。站内熔丝断丝时，熔丝报警灯亮红灯，并有语音提示。

b. X、S灯丝报警表示灯：常态隐藏。站内下行咽喉或上行咽喉的灯丝断丝时，表示灯点红灯，并有语音提示。故障修复后，表示灯恢复常态。

c. 挤岔表示灯：常态隐藏。当道岔挤岔或断表示时，挤岔表示灯点红灯，并有语音提示；道岔修复后，挤岔表示灯恢复常态。

d. 同步报警表示灯：常态隐藏。当主、备联锁机不同步时，同步表示灯亮红灯。

e. 轨道停电表示灯：常态隐藏。当轨道电源停电时，轨道停电表示灯点红灯，并有语音提示；轨道电源恢复供电后，“轨道停电”表示灯恢复常态。

f. 移频报警表示灯：常态隐藏。当移频设备故障时，移频报警表示灯点红灯，并有语音提示；轨道电源恢复供电后，“移频报警”表示灯恢复常态。

g. 区间灯丝表示灯：常态隐藏。当区间灯丝断丝时，区间灯丝表示灯点红灯，并有语音提示；区间灯丝故障恢复后，区间灯丝表示灯恢复常态。

②各类设备状态表示灯

a. 主、副电源表示灯：常态隐藏。主电源工作时，表示灯亮绿灯；副电源工作时，表示灯亮黄灯。在主电源切换时有语音提示。

b. 延时解锁窗口：常态隐藏。接近区段占用时人工解锁各种进路时显示，并有倒计时时间提示。

c. 30 s表示灯、3 min表示灯：常态隐藏。在各种故障情况下需延时解锁、取消非进路调车、坡道延时解锁、中岔延时解锁等情况下，显示红灯，并倒计时时间提示。

d. X、S排列表示灯：常态亮灰色。当排列下行咽喉或上行咽喉进路时，X排列表示灯或S排列表示灯白闪，进路建立后排列表示灯恢复常态。

e. 联锁A机/联锁B机表示灯：当联锁A机为主机时，联锁A机表示灯点绿灯；当联锁B机为主机时，联锁B机表示灯点绿灯。

(8)各类按钮

①"引导"按钮:对于每个接车口,都设有一个"引导"按钮,常态为灰色。办理引导接车时,表示灯点白闪,并有语音提示;当办理了引导进路解锁后,表示灯恢复常态。

②"X、S 引导总锁"按钮:常态为灰色。办理下行咽喉或上行咽喉引导总锁时,下行或上行引导总锁灯点红灯,并有语音提示;当取消引导总锁后,表示灯恢复常态。特别注意:引导总锁时不能办理任何操作(除了全站封锁),必须解除引导总锁才可进行以后的操作。

③"全站封锁"按钮:在系统开机或不同步状态下联锁机切换,全站封锁表示灯亮红灯。特别注意:全站封锁时不能办理任何操作(除了"引导总锁"和"总取消"按钮),必须解除全站封锁才可进行以后的操作。

④"同步检查"按钮:是一个系统进行同步检查的报警灯,仅 iLOCK 型计算机联锁系统有。

⑤"上电解锁"按钮:在两个联锁机同时开机时"上电解锁"按钮会亮红灯,按压此按钮后可解除全站的绿光带。

(四)各种操作

1. MMI 的命令工具条

MMI 命令工具条是 MMI 系统的主要组成部分,相当于 6502 控制台上的操作按钮。它包含"列车"按钮、"调车"按钮及一些功能按钮。通过鼠标或光笔按压按钮可办理各种作业。

2. 进路建立

一般情况下,MMI 缺省状态为排列进路状态。用鼠标操作时,只要将鼠标的光标移至"列车"按钮、"调车"按钮上,单击鼠标左键即可。具体过程如下:

先用鼠标左键单击"进路建立"图标,此时"进路建立"图标显示白色。在站场图上用鼠标左键单击所排进路的"始端"按钮,再用鼠标左键单击一下进路的"终端"按钮,此时排列表示灯白闪,进路上道岔自动选排,转至规定位置上。

如果排列的是变更进路,则按压按钮的顺序是:"始端"按钮、"变更"按钮,最后是"终端"按钮。

办理长调车进路时,先在站场图上单击所排进路的始端,再单击此长调车进路的最后一个"终端"按钮。

办理通过进路时,一般先按下"始端通过"按钮,然后按下对应的"终端列车"按钮;通过进路也可以分段办理,即先办理正线发车进路,后办理正线接车进路,进站信号机显示绿灯,指示列车通过本站。

3. 取消进路

当需要取消进路时,具体操作如下:

先用鼠标左键单击"取消进路"图标,此时"取消进路"图标显示白色。然后用鼠标左键单击所取消进路的"始端"按钮即可。

4. 信号重开

当信号开放后由于轨道电路瞬时分路或其他原因而关闭,故障恢复后,开放信号的条件又满足,此时若需要重开信号,则用鼠标左键单击"信号重开"图标,此时"信号重开"图标显示白色。然后用鼠标左键单击所需重开的"信号机"按钮,如操作有效,则发出一声声响,按钮白闪。同时"信号重开"图标恢复原色,"进路建立"图标显示白色。在延时解锁期间,不能重复开放信号。

5. 引导进路

当进站信号机(或接车进路信号机)因轨道电路故障不能正常开放,可采用引导锁闭进路方式开放引导信号。办理引导进路时有语音提示,办理办法如下:

先单独操纵道岔,把进路开通好;若因轨道电路故障,则应由车站值班员再次确认故障区段空闲;然后进行登记,按下"破铅封"按钮(保持按下状态),用鼠标单击按下"引导按钮"按钮,弹出密码窗口,输入办理引导手续密码(相当于6502的破铅封),若密码正确,此时"引导按钮"图标显示白色,直接用鼠标左键单击"引导按钮",如操作有效,则发出一声声响,同时"引导"按钮图标恢复原色,当"进路建立"图标显示白色时,即可松开"破铅封"按钮。此时"引导"按钮亮白闪。

如果进路上道岔失去表示,敌对信号未关闭,敌对进路未解锁,对应列车信号在延时解锁,股道敌对照查等条件不满足,即使"引导"按钮按下,MMI拒绝办理。

若进站信号机内方第一区段轨道电路良好,当列车压入信号机内方第一区段时,引导信号自动关闭。若进站信号机内方第一区段轨道电路故障,则在列车进入信号机内方第一区段之前,必须每隔30 s内办理一次引导操作,以使引导信号保持开放(如同6502控制台值班员要一按下"引导"按钮,在确认列车进入信号机内方后才可松开"引导"按钮)。在值班员确认列车完全进入股道后,可用人工解锁的方法解锁引导进路。

在引导信号开放后,若要取消引导进路,可用"总人解"办理,使用"取消进路"办理仅关闭引导信号,不能解锁进路。

6. 引导总锁

当道岔失去表示或向非接车进路引导接车时,用引导进路锁闭方式不能开放引导信号,此时必须采用引导总锁闭办理引导接车。办理引导总锁闭有语音提示,办理方法如下:

在确认道岔位置正确(无表示的道岔应由车务人员在现场确认)、进路空闲、未建立敌对进路时,用单独操纵道岔方式预选进路,再办理登记手续。按下"破铅封"按钮(保持按下状态),用鼠标单击按下"引导总锁"按钮,弹出密码窗口,输入办理引导总锁手续密码,确认密码正确后,此时"引导总锁"图标显示白色。用鼠标左键单击"引导总锁"按钮,如操作有效,则发出一声声响,同时"引导总锁"图标恢复原色,当"进路建立"图标显示白色时,即可松开"破铅封"按钮。此时"引导总锁"按钮亮红灯,本接车咽喉内的联锁道岔均锁在原来位置。然后办理引导接车(方法同引导办理),引导信号开放,但无白光带显示。在引导信号开放后,若要关闭引导信号,可用办理解锁引导总锁闭的方法(即再办理一次引导总锁的全过程),不可用"总取消"和"总人解"来办理。

7. 总人解

当需取消已处于接近锁闭状态(接近区段有车、信号开放、进路空闲)的进路时,使用"总人解";在办理取消引导接车进路时,使用"总人解"。另外在取消进路时,可使用"总取消",也可使用"总人解"。

办理的方法是:按下"破铅封"按钮(保持按下状态),用鼠标单击按下"总人解"按钮,弹出密码窗口,输入办理总人解手续密码,确认密码正确后,此时"总人解"图标显示白色。用鼠标左键单击接近锁闭进路的"始端"按钮,如操作有效,则发出一声声响,同时"总人解"图标恢复原色,当"进路建立"图标显示白色时,即可松开"破铅封"按钮。在办理取消引导接车进路时,同样办理使"总人解"图标显示白色,再用鼠标左键单击引导进路的"始端"按钮,使引导进路解锁。

8. 区故解

由于故障区段未能正常解锁或需要通过区段解锁关闭信号时，使用“区故解”。

办理的方法是：按下“破铅封”按钮（保持按下状态），用鼠标单击按下“区故解”按钮，弹出密码窗口，输入办理区故解手续密码，确认密码正确后，此时“区故解”图标显示白色。用鼠标左键逐一单击办理区段故障解锁的区段，如操作有效，则发出一声声响，“区故解”图标直到单击工具条上其他按钮才恢复原色，当办理完成所有要解锁区段时，即可松开“破铅封”按钮。

注意：用鼠标左键单击区段时，有方框显示才表示已选中该区段。

9. 道岔定操

在道岔未被进路锁闭、没有咽喉引导总锁和道岔没有单锁的条件下，可进行道岔单操。用鼠标左键单击“道岔定操”图标，此时“道岔定操”图标显示白色。再用鼠标左键单击相应道岔的道岔号（注意：用鼠标单击道岔号时，有白色方框显示才表示已选中该道岔），如操作有效，则发出一声声响，同时“道岔定操”图标恢复原色，“进路建立”图标显示白色。此时处在反位的道岔号由黄色变成白色，表示道岔由反位转向定位，当转换完毕，该道岔号变成绿色。

10. 道岔反操

办理方法同“道岔定操”，道岔由定位转向反位。

11. 道岔单锁

用鼠标左键单击“道岔单锁”图标，此时“道岔单锁”图标显示白色。再用鼠标左键单击相应的道岔号，如操作有效，则发出一声声响，同时“道岔单锁”图标恢复原色，“进路建立”图标显示白色。此时该道岔号显示红色，表示该道岔单锁已完成。

12. 道岔解锁

按下“破铅封”按钮（保持按下状态），用鼠标单击按下“道岔解锁”按钮，弹出密码窗口，输入办理道岔解锁密码，确认密码正确后，此时“道岔解锁”图标显示白色。再用鼠标左键单击相应的道岔号，如操作有效，则发出一声声响，同时“道岔解锁”图标恢复原色，在“进路建立”图标显示白色时便可松开“破铅封”按钮。此时该道岔号恢复原色，表示该道岔已解锁。

13.“封锁”按钮

由于现场施工或故障等原因需要封锁（停用）区间、股道、信号、道岔，此时便可进行封锁操作。按下“破铅封”按钮（保持按下状态），用鼠标单击按下“封锁按钮”图标，弹出密码窗口，输入办理相应密码，确认密码正确后，此时“封锁按钮”图标显示白色。再用鼠标左键单击需要封锁的区间、股道、信号、道岔的名称，则发出一声声响，同时图标恢复原色，在“进路建立”图标显示白色时便可松开“破铅封”按钮。此时被封锁的对象粉红色闪光。取消封锁时重复以上操作即可，封锁后不能使用该设备。

14. 功能按钮

(1)各种闭塞按钮

半自动闭塞主要有“闭塞”、“复原”、“事故”按钮；自动闭塞主要有“改变方向”、“接车辅助”、“发车辅助”、“总辅助”按钮。

办理以上操作时，先单击功能按钮，再单击相应按钮，有些按钮还需要加密码和破铅封。

(2)“全站封锁”按钮

“全站封锁”按钮常态不显示，当联锁机在开机或不同步的状态下切换，“全站封锁”按钮出现并亮红灯。此时全站处于封锁状态，不能对室外的设备进行任何操作，必须取消“全站封锁”。

操作方法：值班员先按下“破铅封”按钮（保持按下状态直至“全站封锁”按钮不显示），用鼠标左键单击功能按钮的图标，再用鼠标左键单击“全站封锁”按钮表示灯，屏幕上弹出密码窗，值班员输入相应的密码，确认密码正确后，“全站封锁”按钮不显示，系统可继续操作。

(3)“同步检查”按钮

同步检查是一个系统进行同步检查的报警灯。当系统显示该表示灯（按钮）时，车站人员应及时配合转动“破铅封”钥匙、单击功能按钮的图标和该表示灯（按钮），并根据提示正确输入密码，以使系统及时回到 MMI 正常操作状态。

(4)“上电解锁”按钮

上电解锁常态不显示。在两台联锁机都关机重启运行后，“上电解锁”按钮出现并亮红灯，整个站场处于锁闭状态。

操作方法：当取消各咽喉的引导总锁、取消全站封锁后，按下“破铅封”按钮（保持按下状态直至全站区段锁闭恢复），可用鼠标左键单击“功能按钮”，再用鼠标左键单击“上电解锁”按钮，屏幕上弹出密码窗，值班员输入相应的密码，确认密码正确后，“上电解锁”按钮不显示，此时全站绿光带解锁，系统恢复正常操作。

(5)分路不良

当由电务确认室外某轨道区段或道岔区段分路不良后，此时值班员可通过 MMI 上的功能按钮“分路不良”完成相应分路不良设置，以提示值班员该故障设备处于分路不良状态。

①分路不良的设置操作方法

首先用鼠标左键按压功能按钮“分路不良”，再用鼠标左键按压相应分路不良设备，此时 MMI 界面上会出现“分路不良设置”窗口

“区段分路不良”设置：如果分路不良设备为轨道区段，则将分路不良设置窗口中“区段分路不良”勾上，然后单击“设置”，即完成对该设备的分路不良设置操作。

“道岔分路不良”设置：如果是道岔设备，分“岔前分路不良”、“定位分路不良”、“反位分路不良”三种情况，同“区段分路不良”的设置操作。

完成分路不良设置后，MMI 界面上该设备蓝光带就会出现虚断，并且不断闪烁，同时该设备名称变为红色。

②分路不良设置的确认操作

用鼠标左键再次按压功能按钮“分路不良”，按压该分路不良设备，此时同样会出现上述分路不良设置窗口，再按压“确认分路不良”即完成了对该故障设备分路不良设置的确认操作，此时所设置的分路不良设备由原来的闪烁“虚断”状态变为稳定“虚断”状态。

③解除分路不良设置的操作

在由室外检查确认该故障设备分路不良解除后，值班员可再次通过 MMI 上功能按钮“分路不良”对该设备进行解除分路不良设置，即同样用鼠标左键按压功能按钮“分路不良”，按压该分路不良设备，在分路不良设置窗口中将对应的“√”取掉，再按压“设置”即可完成取消分路不良的设置操作。

④分路不良设置后的光带显示

设置后的分路不良设备不影响 MMI 上进路选排及走车，车压上时 MMI 上显示由“虚断”

蓝光带变为“虚断”红光带，区段锁闭后，变为“虚断”白光带，当进路走车解锁后，分路不良区段光带会重新闪烁，需再次办理分路不良设置的确认操作，闪烁“虚断”状态即可变为稳定“虚断”状态。

轨道区段分路不良：道岔区段、尽头轨区段、无岔区段、接近/离去区段、股道，统属于区段分路不良。

道岔分路不良：岔前分路不良、定位分路不良、反位分路不良。

二、SDM操作

使用SDM诊断子系统可以极大地缩短维修人员判断、处理故障的时间，减轻工作人员负担，提高工作效率。

SDM主要完成计算机联锁系统的诊断维护及接口设备的在线监测的功能。最简SDM由一台工业控制计算机、一台彩色显示器、鼠标、键盘组成，根据客户需要还可以提供打印、双套热备等。作为iLOCK型计算机联锁系统的子系统，它实现对iLOCK型计算机联锁系统设备和接口设备的在线监视和记录。根据客户的要求，SDM可以联网，提供远程诊断功能。

SDM的主画面显示网络管理图，SDM网络管理图用来显示iLOCK型计算机联锁系统各子系统之间的联系情况，表示各子系统工作状态和线路链接状态。由于一台计算机上一般只运行一个程序，即一个程序对应一台机器，为方便起见，计算机上的程序状态简称为机器状态，机器状态有两种：程序处于正常运行状态（用绿色显示）和程序处于非正常运行状态（用黄色或红色显示）。线路状态分为正常状态（显示为绿线）和故障状态（显示为红线）。SDM网络管理如图5-2-1所示。

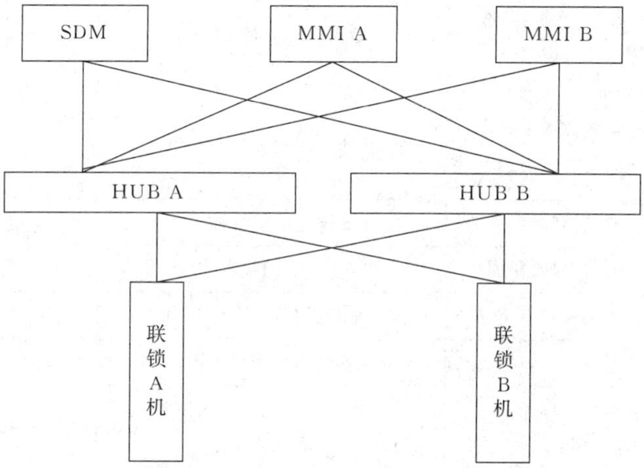

图5-2-1　SDM网络管理图

SDM界面中的“菜单栏”及其功能：

(1)记录信息。查询数据库中的历史数据，存储时间为一个月，主要分为：开关量数据库、诊断文件记录、参数追踪记录表、系统检测回放、MMI操作记录、输入码位记录表、输出码位记录表。

(2)查看信息。查询实时信息，主要分为：参数追踪设定、联锁系统通信状态图、系统检测、输入码位对照、输出码位对照、原始数据窗口。

(3)帮助信息。版本信息、目录和索引、修复数据库、清空数据库。

(4)站场显示。切换到站场显示界面。

下面主要介绍记录信息和查看信息两方面的内容。

(一)记录信息

1. 开关量数据库

用来监视、记录开关量的发生时刻、恢复时刻。打开开关量数据库窗口,通过各种功能选项可以实现对下列记录表的查询,具体为“全体开关量记录”、“轨道占用记录”、“调车、列车信号记录”、“灯丝报警记录”、“定反表状态记录”及“其他报警”。

各种记录表格显示的内容为:序号表示此条信息在记录集中的位置;发生时间表示该动作的具体发生时刻;恢复时间表示该动作取消的具体时刻;延时时间表示此动作延续的时间。

2. 诊断文件记录

记录 IPS 的工作状态。可根据需要选择所要查看的日期和联锁机,再选择“显示记录”,将会在列表中列出自动诊断的全部信息,若选择“退出”,将返回主画面。“诊断信息”中显示内容及故障说明见表 5-2-1。

表 5-2-1 “诊断信息”中显示内容及故障说明

序号	故障信息	故障类型	说明
1	奇周期系统正常 偶周期系统正常	系统正常	系统正常
2	系统报警 输入板输入数据错误 第几层第几槽道第几灯位出错	输入板输入数据错误	系统报警,仍可工作
3	系统报警 双通道输入数据不一致 第几层第几槽道第几灯位出错	双通道输入数据不一致	系统报警,仍可工作
4	系统报警 安全通信接收错误	安全通信接收错误	系统报警,仍可工作
5	系统报警 非安全通信接收错误	非安全通信接收错误	系统报警,仍可工作
6	系统报警 安全通信校核字错	安全通信校核字 VSOCKW 错	系统报警,仍可工作
7	系统报警 安全通信信息位错	安全通信信息位错	系统报警,仍可工作
8	系统报警 普通和自锁布 尔表达式有非法码字	普通和自锁布尔表达 式有非法码字	系统报警,仍可工作
9	系统报警 定时器初始化布尔 表达式初始化时出错	定时器初始化布尔表达 式初始化时出错	系统报警,仍可工作
10	系统报警 定时器初始化布尔 表达式运行时出错	定时器初始化布尔表达 式运行时出错	系统报警,仍可工作
11	系统报警 定时器结果布尔 表达式结束时处理出错	定时器结果布尔表达 式结束时处理出错	系统报警,仍可工作

续上表

序号	故 障 信 息	故 障 类 型	说　　明
12	系统报警　定时器结果布尔表达式刚完成时处理出错	定时器结果布尔表达式刚完成时处理出错	系统报警，仍可工作
13	系统报警　定时器结果布尔表达式计时进行时处理出错	定时器结果布尔表达式计时进行时处理出错	系统报警，仍可工作
14	系统报警　通道1输出电流检查出错第几层第几槽道第几灯位出错	通道1输出电流检查出错	系统报警，仍可工作
15	系统报警　通道2输出电流检查出错第几层第几槽道第几灯位出错	通道2输出电流检查出错	系统报警，仍可工作
16	系统报警　没有VPS采集	没有VPS采集	系统报警，仍可工作
17	系统报警　输出端口未驱动第几层第几槽道第几灯位	输出端口未驱动	系统报警，仍可工作
18	系统故障　主校核字错	主校核字错	致命错误，系统停止工作
19	系统故障　重校核字错	重校核字错	致命错误，系统停止工作
20	系统故障　VPS出错	VPS出错	致命错误，系统停止工作
21	系统故障　VRD继电器前接点采集不到	VRD继电器前接点采集不到	致命错误，系统停止工作
22	系统故障　AB机标志采集不到	AB机标志采集不到	致命错误，系统停止工作
23	系统故障　主备机标志采集不到	主备机标志采集不到	系统报警，不能与MMI联机
24	系统故障　通道1输入板故障第几层第几槽道第几灯位出错	通道1输入板故障	系统报警，仍可工作
25	系统故障　通道2输入板故障第几层第几槽道第几灯位出错	通道2输入板故障	系统报警，仍可工作
26	系统故障　通道1输出板故障第几层第几槽道第几灯位出错	通道1输出板故障	致命错误，系统停止工作
27	系统故障　通道2输出板故障第几层第几槽道第几灯位出错	通道2输出板故障	致命错误，系统停止工作
28	系统故障　输入板拔出	输入板拔出	系统报警，仍可工作

3. 参数追踪记录表

对曾经追踪过的参数变化信息进行记录。选择此功能后，可根据需要选择所要查看的联锁机，再选择“显示记录”，则将在列表中列出参数的诊断信息，若选择“退出”，将返回主画面。

表格显示的内容为：序号表示此条信息在记录集中的位置；联锁机名称表明所选择的联锁机；参数名称表示该参数在布尔代数中的名称；参数值表示追踪参数运算过程中的值；诊断时间表示追踪参数变化的时刻。

为了方便查询追踪的参数，可在关键字搜索中键入所要查找的参数名称，按下“搜索”按钮，则会在列表中显示出此参数的记录集。

4. 系统检测回放

回放联锁机工作状态，选择此功能后，拖动滚动条，选择需要回放数据的开始时间，在“时间长度”栏中，可以选择最长 24 h 的回放时间长度，按下“确定”按钮，则以输入信息为依据进行联锁机工作状态的回放，此时 SDM 自动关闭“系统检测回放信息”窗口，打开回放控制窗口，如果选择“取消”，则取消本次操作，返回主画面。

上方为联锁机的工作状态显示，下方为“系统检测再现窗口”(再现窗口可以根据需要自由移动)。当联锁机故障，相对应的机架整个框架显示为红色；若工作正常，则显示为蓝色。

在播放过程中，“当前记录时间”显示播放数据的当前时间，上方显示联锁机工作状态的变化，其下方的滚动条显示当前记录的位置。当联锁机工作状态没有变化时，记录时间是以一小时为间隔，有变化时，实时显示。

在播放过程中，可以通过改变播放速度来控制速度的快慢；可以通过再现窗口中的滚动条来调整播放位置，跳过不重要的部分；可以通过“暂停”按钮，使播放暂时停止，以便仔细查看当前的状态；可以通过“＜＜”按钮，来查看联锁机前一时间的状态；可以通过“＞＞”按钮，来查看联锁机后一时间的状态；可以通过“停止”按钮，来停止播放，并回到开始播放时的状态；可以通过“返回”按钮，回到主画面。

当用户需要查看某一机架印制电路板的工作状态时，可以在停止或暂停的状态下，将光标放在该机架上，按下左键，界面显示说明如下：

上方为印制电路板的工作状态显示，下方为“系统检测再现窗口”。当电路板有故障时，该板显示为红色，并且其所在的那一层机箱用红框框起来；当电路板工作正常时，显示为灰色。如果用户需要查看某一层机箱的各个电路板的灯位状态，则可以在停止或暂停的状态下。

在该电路板位置按下左键：

上方为每块印制电路板的灯位显示图，下方为“系统检测再现窗口”。绿色灯位表示正常，红色灯位表示故障。如果用户需要回到查看上级印制电路板的状态，按下鼠标右键，就可以了。

在再现窗口中，除“返回”按钮只在显示联锁机工作状态时有效外，其他按钮操作及显示意义均一致。

5. MMI 操作记录

此功能记录 MMI 操作的信息。

查询记录时，先在“请选择日期”栏选择日期，再单击右边的“显示记录”，列表中显示当天的操作信息。并且为了方便查询，可以对操作名称进行筛选排序，具体操作为：在操作名称一列中，对任意一行的名称双击，就可在列表中得到此名称的记录集。

为了便于快速查询操作数据，可在关键字搜索中键入所要查找的名称，按下“搜索”按钮，则在列表中显示出相关的记录集。

6. 输入码位记录表

此功能记录联锁机输入码位的信息：查询输入码位信息时，先选择日期，再单击按钮“显示记录”，列表中显示所选日期的输入码位信息。

为了便于快速查询输入码位数据，可在关键字搜索中键入所要查找的输入码位名称，按下“搜索”按钮，则在列表中显示出相关的记录集。

在此对话框中，左边表格显示联锁 A 机的输入码位信息，右边表格显示联锁 B 机的输入码位信息。表格内容包括：

(1)“序号”。表示此条信息在记录集中的位置。

(2)“开关量名称”。表示输入码位名称。

(3)“发生时间”。表示输入码位为 1 时的具体发生时刻。

(4)“恢复时间”。表示输入码位为 0 时的具体发生时刻。

7. 输出码位记录表

此功能记录联锁机输出码位的信息：查询输出码位信息时，先选择日期，再单击“显示记录”按钮，列表中显示所选日期的输出码位信息。

为了便于快速查询输出码位数据，可在关键字搜索中键入所要查找的输出码位名称，按下“搜索”按钮，则在列表中显示出相关的记录集。

在此对话框中，左边表格显示联锁 A 机的输出码位信息，右边表格显示联锁 B 机的输出码位信息。表格内容为：

(1)“序号”。表示此条信息在记录集中的位置。

(2)“开关量名称”。表示输出码位名称。

(3)“发生时间”。表示输出码位为 1 时的具体发生时刻。

(4)“恢复时间”。表示输出码位变为 0 时的具体发生时刻。

(二)查看信息

1. 参数追踪设定

SDM 可以对所指定的参数进行当前状态查询。选择此功能后，在此对话框中，“编辑参数名”一栏中最多可以写入 20 个参数，SDM 将对这 20 个参数进行实时参数追踪。在对话框的右侧将显示此参数的实时变化的波形。高电平表示参数为“1”，低电平表示参数为“0”。

当单击某一参数前的序号时，在对话框下方的编辑栏中，会显示该参数的布尔表达式(即联锁逻辑电路)。

SDM 可以列出所有的参数名称，只需根据需要选择即可，单击“选择所有参数”按钮，“参数名称列表”中列出了某个联锁车站的所有参数名称，当需要选择某一参数时，用鼠标左键双击该名称，则该参数会出现在“所选参数”一列，继续进行以上操作可以选择多个(不超过 20 个)参数。当不清楚所要追踪的具体参数名称时，可在搜索编辑框中输入此参数的部分名称，然后按下“搜索”按钮，就会在参数列表中有所提示。选择完需要追踪的参数后，按下“确定”按钮，则返回上级对话框，并且以上所选参数显示在参数追踪表格中。

追踪参数时，先选择“A 机”或“B 机”，单击“开始”按钮开始追踪，“暂停”停止追踪，“退出”返回主界面。

2. 联锁系统通信状态图

显示网络中各子系统间的通道状态。通道是指两台机器上的程序建立起来的互相传输数据的 TCP 连接。一般情况下，一条通道由一对 IP 地址确定。

状态主要分为两种：正常状态(以绿色圆点图案显示)和断开状态(以红色圆点图案显示)。

3. 系统检测

系统检测用于对联锁机的实时检测，可以对 iLOCK 型计算机联锁系统的印制电路板进行逐级故障诊断，系统板定位至板级，输入/输出板定位至码位。

界面显示联锁 A、B 机的工作状态。把鼠标移动到机架框图上时，可出现提示信息。当联锁机工作正常，则显示为蓝色，提示信息为“系统正常，右键返回主画面”；若工作不正常，相对应的机架整个框架显示为红色，提示信息为“左键单击进入下级诊断，右键返回主画面，回车键切换到诊断记录”。诊断记录画面即前面介绍的“诊断文件记录”，可定位到产生该故障的具体记录信息，查看该故障的发生时间。

把鼠标移到某块印制电路板时，可出现提示信息。当电路板工作正常时，显示为灰色，提示信息为“正常，右键返回上级诊断画面”；当电路板有故障时，显示为红色，并且其所在的那一层机箱用红框框起来，提示信息为“左键单击进入下级诊断，右键返回上级诊断，回车键切换到诊断记录”。如果要继续查看某一层机箱的各个印制电路板的灯位情况，则光标在电路板位置时单击左键，显示系统检测某层每块印制电路板的灯位显示图，把鼠标移到具体灯位时，可出现提示信息。红色灯位表示故障，提示信息为“右键返回上级诊断画面，回车键切换到诊断记录”；绿色灯位表示正常，提示信息为“正常，右键返回上级诊断画面”。

4. 输入码位对照

输入码位对照是用来对比联锁 A 机和 B 机的输入码位是否一致。选择此功能后，选择所要查看的联锁机箱。若联锁 A 机和联锁 B 机输入一致且都为“1”时点绿灯，输入一致且都为“0”时点黄灯，输入不一致时点红灯。将鼠标移至红灯灯位会出现提示信息，提示为联锁 A 机“0”、联锁 B 机“1”。单击“退出”返回主界面。

5. 输出码位对照

输出码位对照是用来对比联锁 A 机和 B 机的输出码位是否一致。选择此功能后，选择所要查看的联锁机箱。若联锁 A 机和联锁 B 机输出一致且都为“1”时点绿灯，输出一致且都为“0”时点黄灯，输出不一致时点红灯。将鼠标移至红灯灯位会出现提示信息，显示具体的码位。点击“退出”返回主界面。

6. 原始数据窗口

查看所接收的原始数据，选择此功能后，可以查询原始数据。

任务三 iLOCK 型计算机联锁系统检修与故障处理

【知识目标】

1. 掌握 iLOCK 型计算机联锁系统各部分面板表示灯含义。
2. 掌握 iLOCK 型计算机联锁系统检修作业的步骤、内容和方法。
3. 掌握 iLOCK 型计算机联锁系统集中检修的步骤、内容和方法。
4. 掌握 iLOCK 型计算机联锁系统常见故障的分析处理方法。

【能力目标】

1. 具备熟练完成 iLOCK 型计算机联锁系统日常巡视的能力。
2. 具备熟练完成 iLOCK 型计算机联锁系统集中检修的能力。
3. 具备熟练处理 iLOCK 型计算机联锁系统常见故障的能力。

【相关知识】

一、iLOCK 型计算机联锁系统各部分面板表示灯含义

(一)联锁系统切换机箱面板表示灯及手柄含义

系统切换机箱提供系统两系的切换功能,并对每系的工作状况给出指示。系统切换机笼表面板如图 5-3-1 所示。

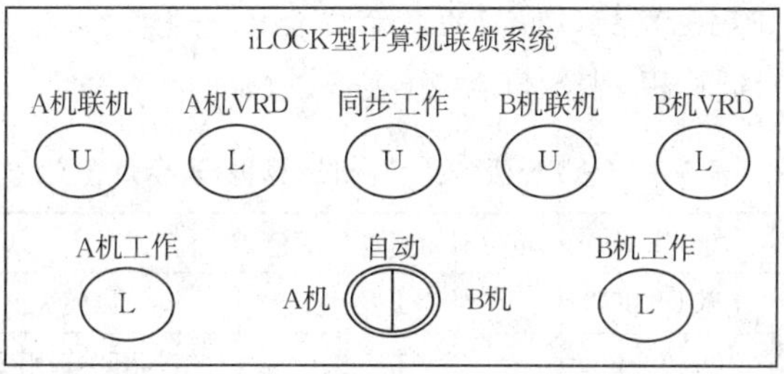

图 5-3-1 系统切换机笼表面板

系统切换机箱上有如下表示灯和按钮:

(1)联机灯。该灯点亮表示联锁 A 机与 MMI 通行正常。

(2)工作灯。该灯点亮表示 A 机的工作继电器励磁吸起。

(3)VRD 灯。该灯点亮表示联锁 A 机系统硬件检查正确,VRD 继电器吸起。

(4)同步灯。该灯点亮表示联锁 A 机与联锁 B 机的采集码位一致。

(5)双系切换手柄。该手柄有“A 机”、“自动”、“B 机”3 个位置,其中手柄扳到“A 机”位置表示系统切换至 A 机工作,A 机为主机,B 机为备机。手柄扳到“自动”位置表示系统运行在原有的主机或备机状态下,当主机发生故障,系统可自动切换至备机工作。在正常情况下,手柄必须扳到“自动”位置。

（二）电源系统切换机箱表示灯及按钮含义

观察联锁电源切换机笼的各指示灯，确认联锁机的供电等信息。电源切换机笼面板如图 5-3-2所示。

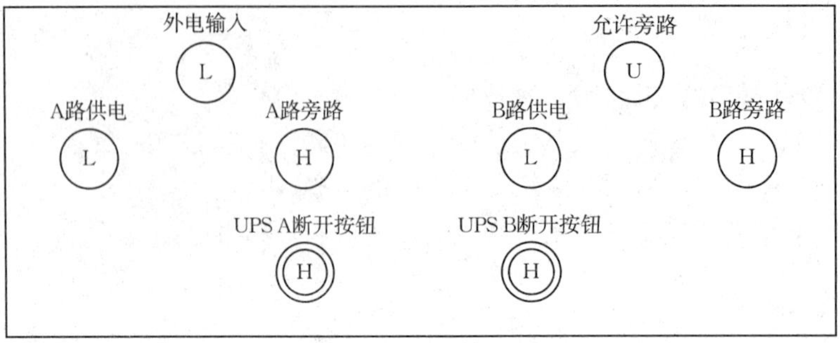

图 5-3-2　电源切换机笼面板

其电源切换机箱上的表示灯及按钮如下：

(1)外电输入灯。该灯点亮表示有由电源屏经过防雷箱送过来的交流 220 V 电源。

(2)允许旁路灯。该灯点亮表示在 UPS A 或 UPS B 故障时，联锁机可以直接使用经过防雷箱过来的 220 V 电源。

(3)A 路/B 路工作灯。该灯点亮表示系统使用的 220 V 是经过 UPS 净化以后送出来的电源。

(4)A 路/B 路旁路灯。该灯点亮表示 A 系使用的电源没有经过 UPS，直接由旁路供电。

“断开 UPS A”/“UPS B”按钮。按下此按钮即为断开 UPS A 电源供电，A 系/B 系直接由旁路供电。

（三）联锁系统各种印刷电路板(PCB)的表示灯含义

1. VLE 板(安全逻辑运算板)表示灯含义(表 5-3-1)

表 5-3-1　VLE 板(安全逻辑运算板)表示灯含义

器件名称	标识符	单位	数量	颜色	说明
并行口	SECURITE	个	1		接模块 1 并行口，引出在面板上
电源开关	ON/OFF	个	1		开关选用免误碰型，引出在面板上
电源指示灯	PWR	只	1	红	有 5 V 电源电压时常亮
CPU_1软件控制灯	L_1A～L_4A	只	4	绿	2×2 排列四个灯由 CPU_1软件控制
CPU_1高速串口 1 指示灯	VSL_1A	对	1	红绿	指示数据收发，纵行排列 422 电平
CPU_1高速串口 2 指示灯	VSL_2A	对	1	红绿	指示数据收发，纵行排列 422 电平
CPU_1高速串口 3 指示灯	VSL_3A	对	1	红绿	指示数据收发，纵行排列 485 电平
CPU_1高速串口 4 指示灯	VSL_4A	对	1	红绿	指示数据收发，纵行排列 485 电平
CPU_1网口 1 指示灯	NET_1A	对	1	红绿	指示数据收发，纵行排列
CPU_1网口 2 指示灯	NET_2A	对	1	红绿	指示数据收发，纵行排列
CPU_1CAN 口 1 指示灯	CAN_1A	对	1	红绿	指示数据收发，纵行排列
CPU_1CAN 口 2 指示灯	CAN_2A	对	1	红绿	指示数据收发，纵行排列

续上表

器件名称	标识符	单位	数量	颜色	说　明
CPU_1普通串口1指示灯	COM_1A	对	1	红绿	指示数据收发,纵行排列232电平
CPU_1普通串口2指示灯	COM_2A	对	1	红绿	指示数据收发,纵行排列422电平
CPU_2软件控制灯	L_1B～L_4B	只	4	绿	2×2排列四个灯由CPU_2软件控制
CPU_2高速串口1指示灯	VSL_1B	对	1	红绿	指示数据收发,纵行排列422电平
CPU_2高速串口2指示灯	VSL_2B	对	1	红绿	指示数据收发,纵行排列422电平
CPU_2高速串口3指示灯	VSL_3B	对	1	红绿	指示数据收发,纵行排列485电平
CPU_2高速串口4指示灯	VSL_4B	对	1	红绿	指示数据收发,纵行排列485电平
CPU_2网口1指示灯	NET_1B	对	1	红绿	指示数据收发,纵行排列
CPU_2网口2指示灯	NET_2B	对	1	红绿	指示数据收发,纵行排列
CPU_2CAN口1指示灯	CAN_1B	对	1	红绿	指示数据收发,纵行排列
CPU_2CAN口2指示灯	CAN_2B	对	1	红绿	指示数据收发,纵行排列
CPU_2普通串口1指示灯	COM_1B	对	1	红绿	指示数据收发,纵行排列232电平
CPU_2普通串口2指示灯	COM_2B	对	1	红绿	指示数据收发,纵行排列422电平
复位按钮	RESET	个	1		可同时复位两个CPU模块
VCC测试端子	VCC	孔	1		接5 V,引出在面板上
GND测试端子	GND	孔	1		接GND,引出在面板上
串行口	MAC	个	1		DB9插座,引出在面板上,其中2、3、5脚接模块1的普通RS-232串口;6、7、9脚接模块2的普通RS-232串口

2. VPS板(安全校验板)表示灯含义(表5-3-2)

表5-3-2　VPS板(安全校验板)表示灯含义

器件名称	标识符	单位	数量	颜色	说　明
电源指示灯	PWR	只	1	红	有电源电压时常亮
VPS读写指示灯	REQ/RDY	对	1	红绿	指示数据收发
VITAL RELAY	RELAY	只	1	红	指示VITAL RELAY状态
复位按钮	RESET	个	1		复位CPU模块
VCC测试端子	VCC	孔	1		接5 V,引出在面板上
GND测试端子	GND	孔	1		接GND,引出在面板上

3. I/O BUS_1 板表示灯含义(表 5-3-3)

表 5-3-3　I/O BUS_1 板表示灯含义

器件名称	标识符	单位	数量	颜色	说　明
电源指示灯	PWR	只	1	红	有电源电压时常亮
第一路读写指示灯	RD/WR	对	1	红绿	指示第一路 I/O BUS 数据收发
第二路读写指示灯	RD/WR	对	1	红绿	指示第二路 I/O BUS 数据收发
VCC 测试端子	VCC	孔	1		接 5 V,引出在面板上
GND 测试端子	GND	孔	1		接 GND,引出在面板上

4. I/O BUS_2 板(输入/输出总线接口板)表示灯含义(表 5-3-4)

表 5-3-4　I/O BUS_2 板(输入/输出总线接口板)表示灯含义

器件名称	标识符	单位	数量	颜色	说　明
电源指示灯	PWR	只	1	红	有电源电压时常亮
读写指示灯	RD/WR	对	2	红绿	指示双通道 I/O BUS_2 数据收发
VCC 测试端子	VCC	孔	1		接 5 V,引出在面板上
GND 测试端子	GND	孔	1		接 GND,引出在面板上

5. I/O BE 板表示灯含义(表 5-3-5)

表 5-3-5　I/O BE 板表示灯含义

器件名称	标识符	单位	数量	颜色	说　明
电源指示灯	PWR	只	1	红	有电源电压时常亮
VCC 测试端子	VCC	孔	1		接 5 V,引出在面板上
GND 测试端子	GND	孔	1		接 GND,引出在面板上
读写指示灯	RD/WR	对	1	红绿	指示 I/O BE 板数据的收发

6. I/O BE_2 板表示灯含义(表 5-3-6)

表 5-3-6　I/O BE_2 板表示灯含义

器件名称	标识符	单位	数量	颜色	说　明
电源指示灯	PWR	只	1	红	有电源电压时常亮
VCC 测试端子	VCC	孔	1		接 5 V,引出在面板上
GND 测试端子	GND	孔	1		接 GND,引出在面板上
读写指示灯	RD/WR	对	2	红绿	指示双通道 I/O BE_2 板数据的收发

7. VIIB 板(安全型双采输入板)表示灯含义(表 5-3-7)

表 5-3-7　VIIB 板(安全型双采输入板)表示灯含义

器件名称	标识符	单位	数量	颜色	说　明
电源开关	ON/OFF	个	1		开关选用免误碰型,引出面板上
电源指示灯	PWR	只	1	红	有电源电压时常亮
VCC　测试端子	VCC	孔	1		接 5 V,引出在面板上
GND　测试端子	GND	孔	1		接 GND,引出在面板上
读写指示灯	RD/WR	对	2	红绿	指示 VIIB 板数据读写
第 1～16 路采集	1～16	只	16	绿	平时熄灭,采集到数据后点亮

8. VOOB 板(安全型双断输出板)表示灯含义(表 5-3-8)

表 5-3-8　VOOB 板(安全型双断输出板)表示灯含义

器件名称	标识符	单位	数量	颜色	说　明
电源指示灯	PWR	只	1	红	有电源电压时常亮
VCC 测试端子	VCC	孔	1		接 5 V,引出在面板上
GND 测试端子	GND	孔	1		接 GND,引出在面板上
读写指示灯	RD/WR	对	2	红绿	指示 VOOB 板数据读写
第 1～8 路输出	1～8	只	8	绿	平时熄灭,有输出时点亮

二、iLOCK 型计算机联锁系统检修作业

iLOCK 型计算机联锁系统的检修作业主要分为:日常养护、集中检修和“天窗”点检修。

(一)日常养护

检查系统主机(机柜上的各种运行表示灯显示状态)、各种电路板及接插件状态、电源、控制台(显示器)工作状态,无异常现象。

日常巡视内容:

(1)观察联锁系统切换机笼的各表示灯,确认联锁机的主、备机状态、联机状态、同步灯状态等信息。

①A 机联机灯:和 MMI A 联机正常亮稳光。

②B 机联机灯:和 MMI B 联机正常亮稳光。

③A 机 VRD 灯:A 机 VRD 吸起亮稳光。

④B 机 VRD 灯:B 机 VRD 吸起亮稳光。

⑤A 机工作灯:备机灭灯。

⑥B 机工作灯:稳光,B 机为主机。

⑦手动倒机开关:平常置于自动位。

⑧同步工作灯:稳光,双系同步。

(2)观察联锁 C 架上电源切换机笼的各指示灯,确认联锁机的供电等信息。

①外电输入表示灯:外电有输入亮稳光。

②允许旁路表示灯:旁路电路正常亮稳光。

③A 路供电表示灯:UPS A 供电亮稳光。

④A 路旁路表示灯:UPS A 故障时亮稳光。

⑤B 路供电表示灯:UPS B 供电亮稳光。

⑥B 路旁路表示灯:UPS B 故障时亮稳光。

⑦UPS 断开按钮:"天窗"时 UPS 断开实验旁路。

(3)观察 VLE、VPS、I/O BUS$_2$、I/O BE$_2$ 及 VOOB、VIIB 板的读、写灯是否规律、整齐。

(4)检查 MMI 备机是否工作正常;MMI 界面上是否有报警灯。

(5)查看 SDM 的实时报警信息。

(6)检查风扇运行情况,保持机箱通风良好。

(7)检查室内继电器件工作状态,有无异常现象。

(二)集中检修

(1)设备清扫,接插件及各部螺丝检查、紧固,各部配线检查。

(2)清理计算机、UPS 通风防尘网。

(3)时钟精度校核。

(4)备用板卡轮用。

(5)检查整修防尘、防鼠设施。

(三)"天窗"点检修

单季使用 A 机,双季使用 B 机,使双系分别经常都能处在工作状态。同时,在进行人工切换时,50 s 内人工切换最多为两次。每次切换后,都将手柄恢复在自动挡位。

电压测试:系统 5 V 电压测试;系统 24 V 电压测试;VLE 板、I/O 板的 5 V 电压测试;电源屏引过来的 KZ/KF 24 V 电的电压测试;UPS 放电试验。

1. 人工倒机

单季使用 A 机,双季使用 B 机,使双系分别经常都能处在工作状态。同时,在进行人工切换时,50 s 内人工切换最多为两次。每次切换后,都将手柄恢复在自动挡位。

2. UPS 放电

为延长 UPS 电池的使用寿命,建议每季度对 UPS 进行一次放电作业。

3. 电压测试

(1)测试计算机内部各类电源电压。

(2)联锁机工作电源 5 V,要求在系统板子上测量达到 4.9～5.25 V。

(3)联锁机采集电源 24 V(iLOCK),要求在接口架处测量在 22～26 V(iLOCK)。

(4)联锁机 24 V 电源,要求在 SYS A/SYS B 线圈处测量 22～25 V。

(5)联锁机驱动电源 KZ/KF—VRD A/B—Q,要求在接口架处测量 22～26 V。

4. 备品检查

为确保冷备的硬盘肯定是完好的,要求每年进行一次确认检查。检查时必须将要更换硬盘的工控机正常关闭,取出原工作硬盘,再将冷备的硬盘插入,重启工控机,把换下来的硬盘再作为备用盘。

为确保冷备的 PCB 板是完好的，要求每年进行一次确认检查。检查时必须将要更换 PCB 板的联锁机正常关闭，拔出原有 PCB 板，再将冷备的 PCB 板插入该槽道，重启联锁机，把换下来的 PCB 板再作为备用。

三、iLOCK 型计算机联锁系统常见故障处理步骤及方法

（一）联锁系统各种印刷电路板（PCB）故障处理方法

1. PCB 故障诊断

iLOCK 型计算机联锁系统有故障诊断功能，可以对系统的印制电路板（以下简称 PCB）进行故障判断。故障的 PCB 必须送回卡斯柯公司进行维修。

iLOCK 型计算机联锁系统 PCB 的故障诊断可以有以下几种方法：

（1）观察 PCB 的 LED 灯。每块 PCB 的面板上有许多表示灯，这些表示灯能够用于判断 PCB 的故障。有经验的维修人员，根据 iLOCK 型计算机联锁系统内表示灯的不同状态能很快找到故障的 PCB。

（2）通过系统维护台来诊断。系统维护台可用来查询系统运行状态，获得较详细的故障信息或用来查询布尔逻辑参数的结果和输出状态，读出输入结果或许多其他系统内部参数。

在进行系统诊断维护时，首先应检查以下内容：在 PCB 的电压测试点上测量到的电压值必须在 4.85～5.25 V 之间；供给 VPS 板的 12 V 电源必须在 9.0～16.0 V 之间；VLE 板上的应用芯片里的数据是最新版本。

2. PCB 板故障处理

一旦确定印制电路板故障，按照下列步骤更换板子，并确认新板子正常工作。

（1）更换 VLE 板步骤

①关闭 IPS 电源。

②拔出故障电路板。

③拔出板上系统和应用电子盘。

④备用板安装系统和应用电子盘。

⑤检查备用板上跳线和开关的位置是否与被更换板一致。

⑥插入板子，观看 SDM 有关诊断信息。

⑦如果 SDM 诊断显示系统正常，没有必要验证板子的功能。

⑧观察系统运行至少 5 min，如果没有异常，系统恢复使用。

⑨系统维修日志中记录有关维护信息。

（2）更换 VPS 板步骤

①关闭 IPS 电源。

②拔出故障电路板。

③更换备板。

④恢复使用，在系统维修日志中记录有关维护信息。

（3）更换 I/O BUS_2（I/O BE_2）板步骤

①关闭系统电源。

②拔出故障电路板。

③更换备板。

④恢复使用，在系统维修日志中记录有关维护信息。

(4)更换 VIIB 板步骤

①关闭系统电源。

②拔出故障电路板。

③更换备板。

④恢复使用，在系统维修日志中记录有关维护信息。

(5)更换 VOOB 板步骤

①关闭系统电源。

②拔出故障电路板。

③更换备板。

④恢复使用，在系统维修日志中记录有关维护信息。

(二)联锁子系统故障处理

【故障现象 5-1】 联锁 A/B 机的“A/B 机联机”灯闪亮

正常状态下：“A 机联机”表示灯亮稳定的灯光。当此表示灯闪亮时，表示联锁机 A 机与 MMI 通信中断。

故障处理方法：检查联锁机、MMI 的通信线接触是否正常；检查 MMI 网卡是否正常；复位 CPU/PD_1 板或 VLE 板，如故障仍在，请更换 CPU/PD_1 板或 VLE 板。

【故障现象 5-2】 联锁 A/B 机的“VRD 灯”灭

正常状态下：“VRD 灯”点稳定的灯光。

故障处理方法：检查此灯的灯泡是否完好；对联锁机进行诊断，判断故障所在。

【故障现象 5-3】 联锁机“同步工作”表示灯灭

正常状态下：“同步工作”表示灯点稳定的灯光。

故障处理方法：检查此表示灯的灯泡是否完好；检查联锁 A 机和联锁 B 机间的安全通信线、非安全通信线接触是否牢固；复位 CPU/PD_1 板或 VLE 板，如故障仍在，请更换 CPU/PD_1 板或 VLE 板。

(三)采集继电器状态类故障处理

一般情况下，联锁机的第一块 VIIB16 板设为系统采集，有六个码位：VRDFRNT（采集 VRD 的前接点）、ID（区分联锁机，A 机为 ID，B 机为 ID_2，在采集板上不同位置）、SDA（手动 A，手动切换为工作机时亮）、SDB（手动 B，收到切换为备机时亮）、SYS A（工作机亮，采集工作继电器的前接点）、SYS B（备机亮，采集另一联锁机工作继电器的前接点）。这几个码位涉及系统的正常使用，若有相应码位坏了，可通过 SDM 诊断来判断。

另外系统采集还包括 UPS A 和 UPS B，这两个码位哪个灯点亮说明哪台 UPS 目前为主机（带负载工作）。

若在 MMI 上发现有道岔断表示、灯丝断丝、轨道电路红光带或其他表示信息没了等问题，则可按照以下几点查找故障：

(1)查相应继电器是否吸起，若没有吸起，则与联锁系统没有关系。

(2)若相应继电器已吸起,通过 SDM 看是否有采集板故障,若有可更换主机该采集板。

(3)若主、备机都没亮灯,则说明采集信息都未送来,说明故障在采集插头至该继电器接点之间,可通过接口架来区分故障在哪侧,然后逐点查找。

(4)若出现一块采集板上同一组的 8 个码位(甚至更多)都采集不到的情况,则肯定是该组采集码位的负电的线有问题,可从接口架相应位置查。

(5)若出现某些码位时好时坏,更换板子也是如此,则可在接口架测量一下该采集的电压,是否达到标准,若不达标,一般情况是继电器节点接触不良所致。

(四)驱动继电器励磁类故障处理

一般情况下,联锁机的第一块输出板为系统驱动,有五个码位:SYS A OK(驱动工作继电器)、A GREE(A 机点同步灯,B 机驱动同步继电器)、VRD(点 VRD 灯)、OKF(点联机灯)、ONLINE(点工作灯)。因此,若机架上有个别表示灯不亮,可先观察该系统驱动板相应驱动灯是否点亮,由此来判断指示灯的好坏。

若在 MMI 上发现有信号开不了、道岔操不动等问题,则可按照以下几点查找故障:

(1)查相应继电器是否吸起,若能吸起,则跟联锁系统没有关系。

(2)若相应继电器没有吸起,查相应输出板码位是否亮灯,若亮灯,则说明故障点在输出板至继电器励磁线圈之间,此时先测量接口架相应位置是否有 KZ 电送出,有 KZ 电则故障在接口架至继电器励磁线圈之间,没有 KZ 电则故障点在接口架至输出板之间,可查相应输出插头和信号电缆。

(3)系统驱动和系统采集、MMI 等有直接关系,某个码位若不驱动,表示的含义不同。

①VRD:只有当联锁系统采集到 VRDFRNT 码位后才点亮(系统驱动板的第三个码位)。

②OKF:当联锁机与 MMI 通信正常后一直驱动,若通信中断则为闪烁(系统驱动板的第四个码位)。

③SYS A OK:联锁机判断正常(采集到 VRDFRNT、与 MMI 通信好、比另一联锁机好、没有仿真测试等条件)后才能驱动(系统驱动板的第一个码位)。

④ONLINE:仅当采集到 SYS A 码位后点亮(系统驱动板的第五个码位)。

⑤A GREE:仅当联锁机判定与备机同步后才点亮(系统驱动板的第二个码位)。

(五)MMI 子系统故障处理

在遇到下列故障时,请重新启动相应 MMI 操作工控机:

(1)硬件连线都正确,鼠标却不能动作。

(2)界面显示程序异常关闭。

(3)鼠标单击界面无任何反应时。

(4)界面显示不再变化。

(六)SDM 诊断故障的处理举例

【故障现象 5-4】　输出端口未驱动

故障原因:这种故障是由于输出板上的电流监测模块没有监测到电流的原因而报警的。有以下几种原因可以造成这种报警:

(1)输出板该码位电流监测模块故障,不能检测电流通过,这种故障的话只需更换输出板即可恢复正常。

(2)从输出板驱动继电器之间的回路中有断线,确实造成输出板已输出而继电器不能驱动,这种故障可以通过检查继电器至联锁机柜之间的配线查出。

(3)输出板上没有驱动电源,此时输出便会报出该信息。

故障处理方法:关闭联锁机,拔出该输出板,更换新的输出板;联锁机开机,系统同步后办理操作试验原来报故障的码位是否还是有问题,若更换板子后仍有问题,检查 96 芯插头上 KZ—VRD—Q 与 KF—VRD—Q 的电,或是检查相应码位的针是否有问题,或者在驱动该码位时测量继电器线圈两端的电压是否满足要求。

【故障现象 5-5】 输出端口未驱动正电混电

故障原因:这种故障是由于外界混电造成输出板输出端口有正电,可以通过检查联锁机柜该输出板至继电器之间的配线来查找混电的位置。

故障处理方法:根据报警信息找出相应码位的 96 芯插头及其相应位置,拔出插头后测量该插头相应码位是否还有电,若没有电了,则说明混电的位置在母板和机箱处,再提供观察和测量找出真正的位置;若仍旧有电,则说明混电的位置是从 96 芯插头至组合架,可按接线的走向一级一级判断查找。

【故障现象 5-6】 输出端口未驱动负电混电

故障原因:这种故障是由于外界混电造成输出板输出端口有负电,可以通过检查联锁机柜该输出板至继电器之间的配线来查找混电的位置。

故障处理方法:根据报警信息找出相应码位的 96 芯插头及其相应位置,拔出插头后测量该插头相应码位是否还有电,若没有电了,则说明混电的位置在母板和机箱处,再提供观察和测量找出真正的位置;若仍旧有电,则说明混电的位置是从 96 芯插头至组合架,可按接线的走向一级一级判断查找。

【故障现象 5-7】 输出板出错

故障原因:输出板故障时该板报错,通过更换该报错输出板即可恢复。

故障处理方法:关闭联锁机,拔出故障板,更换新的输出板,开启联锁机。

【故障现象 5-8】 VRD 继电器前接点采集不到

故障原因:联锁系统已经自检通过,并且驱动了 VRD,但是系统采集板上没有采集到 VRD 的前接点。引起这种故障的可能原因有:

(1)系统采集板上采集 VRD 的码位故障,更换系统采集板即可恢复。

(2)电源机箱系统采集的空气开关跳开了,闭合即可恢复。

(3)VPS 板后的 96 芯插头松动,重新插好即可恢复。

(4)系统采集电缆故障,需要更换系统采集电缆。

(5)VPS 驱动 VRD 的电缆故障,需要更换电缆后恢复。

(6)VPS 板故障,造成驱动 VRD 的电压过低,更换 VPS 板。

故障处理方法:检查相关空气开关是否跳掉;检查相关插座插头是否插好;检查相关电缆是否完好,插头上的针是否完好;测试 12 V 电源是否满足要求;更换 VPS 板试验。

【故障现象 5-9】 A/B 机标志采集不到

故障原因:联锁机启动后采集不到系统的标志位,主要由以下情况:

(1)系统采集板上采集标志位的码位故障,更换系统采集板即可恢复。

(2)系统采集电缆故障,需要更换系统采集电缆。

(3)电源机箱系统采集的空气开关跳开了,闭合即可恢复。

故障处理方法:关闭联锁机,更换系统采集板;检查系统采集电缆,如有问题可更换该电缆或插头;检查相关空气开关。

【故障现象 5-10】　通道 1/2 输入板出错

故障原因:这种故障说明 VLE 上的 CPU 读/写输入板出错,引起这种问题的主要原因有:I/O BUS_2板故障;I/O BE_2板故障;总线电缆故障;输入板故障。

故障处理方法:关闭联锁机,先后更换 I/O BUS_2、I/O BE_2板、输入板试验,通过维护台看诊断结果;若先后更换 I/O BUS_2、I/O BE_2板、输入板后仍旧报错,拔下相应电缆校对及检查。

【故障现象 5-11】　通道 1/2 输出板出错

故障原因:这种故障说明 VLE 上的 CPU 读/写输出板出错,引起这种问题的主要原因有:I/O BUS_2板故障;I/O BE_2板故障;总线电缆故障;输出板故障。

故障处理方法:关闭联锁机,先后更换 I/O BUS_2、I/O BE_2、输出板试验,通过维护台看诊断结果;若先后更换 I/O BUS_2、I/O BE_2输出板后仍旧报错,拔下相应电缆校对及检查。

【故障现象 5-12】　高速串口 1/2 故障,主、备通信主通道断开

故障原因:主、备机串口 1/2 通信失败,能够引起的原因有:CPU/PD_1板或 VLE 板上串口故障,更换 CPU/PD_1板或 VLE 板即可恢复;检查主、备机通信电缆。

故障处理方法:关闭联锁备机,更换相应 CPU/PD_1板或 VLE,开启联锁机试验是否恢复;若还不能恢复,人工切换联锁机,再关闭现在的联锁备机,更换相应 CPU/PD_1板或 VLE,开启联锁机试验是否恢复;若还不能恢复,校核相应通信电缆及插头。

复习思考题

1. 欧洲铁路标准 EN 50129 对铁路安全电子系统推荐了哪几种"故障—安全"型设备的体系结构?

2. iLOCK 型计算机联锁系统由哪几部分组成?各部分的主要功能是什么?

3. IPS 子系统硬件由哪些板卡组成?各模板的作用是什么?

4. 简述 iLOCK 型计算机联锁系统采集和输出驱动的主要特点。

5. iLOCK 型计算机联锁系统驱动电源是怎样获得的?

6. VPS 校验板如何保证系统安全?

7. 诊断维护子系统(SDM)有哪些功能?

8. 系统切换面板上设有哪些指示灯和按钮?各代表什么含义?

9. 电源切换面板上设有哪些指示灯和按钮?各代表什么含义?

10. VRD A(B)继电器在什么时候吸起?

11. 如何处理常见的 MMI 子系统故障?

12. 简述采集类故障如何处理?

13. 简述驱动类故障如何处理?

参考文献

[1] 徐洪泽．计算机联锁控制系统原理及应用．北京：中国铁道出版社，2008.
[2] 赵志熙．计算机联锁控制技术．北京：中国铁道出版社，1999.
[3] 王永信．车站信号自动控制．北京：中国铁道出版社，2010.
[4] 中华人民共和国铁道部．铁路信号维护规则．北京：中国铁道出版社，2010.
[5] TYJL-Ⅱ型计算机联锁系统用户手册．北京：中国铁道科学研究院通信信号研究所，2011.
[6] EI32-JD型计算机联锁系统电务维修手册．北京：北京交大微联科技有限公司，2011.
[7] DS6-K5B型计算机联锁系统维护说明书．北京：北京全路通信信号研究设计院有限公司，2009.
[8] iLOCK型计算机联锁系统维护说明书．上海：卡斯柯信号有限公司，2010.